Knaur

Über den Autor:

David Lester hat bereits sechs Bücher über die Familie Kennedy geschrieben. Für dieses Buch hat er unzählige Familienmitglieder, Freunde und Kollegen von Jackie Kennedy interviewt. Er lebt in New York.

DAVID LESTER

Jackie Kennedy

Sie prägte eine Epoche

Aus dem Amerikanischen
von Michael Kubiak

Knaur

Die amerikanische Originalausgabe erschien 1994 unter dem Titel
»Jacueline Kennedy Onassis« bei Birch Lane Press, New York.

Besuchen Sie uns im Internet:
www.droemer-knaur.de

Vollständige Taschenbuchausgabe Februar 1999
Droemersche Verlagsanstalt Th. Knaur Nachf., München
Dieser Titel erschien bereits unter der Bandnummer 75085.

Umschlaggestaltung: Agentur ZERO, München
Umschlagfoto: Camera Press / Jacques Lowe
Gesamtherstellung: Ebner Ulm
Printed in Germany
ISBN 3-426-72221-6

2 4 5 3 1

»Während meines ganzen Lebens habe ich immer versucht, mir selbst treu zu bleiben. Das werde ich auch weiterhin tun, solange ich lebe.«

Jacqueline Kennedy Onassis

»Frauen und Musik sollten niemals altern.«

Oliver Goldsmith
She Stoops to Conquer

Widmung

Für Irene, meine Frau und Mitarbeiterin bei zwei Kindern, mehreren Büchern und zahllosen Zeitungsartikeln, die unendlich viel Weisheit und redaktionelle Erfahrung in dieses Projekt einfließen ließ. Mit Liebe und Dankbarkeit.

Inhalt

Vorbemerkungen des Autors und Danksagungen . . . 9
Prolog . . . 13

Teil eins
Supernova

1 Die Frau, die sich selbst erfand . . . 19
2 Was es bedeutet, Jackie zu sein . . . 32
3 Sie lieben, sie nicht lieben . . . 42

Teil zwei
Ein kurzer, strahlender Augenblick

4 Junge Jackie, junger John . . . 49
5 Die Wahrheit über die Ehe . . . 63
6 Jackie und die Politik . . . 82
7 Tage des Ruhms . . . 92
8 Angst vor dem Zusammenbruch . . . 105

Teil drei
Aus dem Abgrund

9 Ein Grieche mit Geschenken . . . 131
10 Die Wahrheit über *diese* Ehe . . . 153
11 Jackies Kinder – Caroline . . . 166
12 Jackies Kinder – John . . . 189

Teil vier

Zu neuen Ufern

13 Nahaufnahme 207
14 Ihr geheimnisvoller, wichtiger »Neuer« 217
15 Die berufstätige Frau 232
16 Jackie und die Kennedys 252
17 Eine finanziell unabhängige Frau 262
18 Die Kämpferin 274
19 Ihr Tod 285

Coda 299
Jacqueline Kennedy Onassis im Urteil ihrer Mitmenschen 306

Anmerkungen 313
Literaturhinweise 319

Vorbemerkungen des Autors und Danksagungen

In diesem Buch versuche ich die Schleier der Legenden, undokumentierten »Fakten« und sensationslüsternen »Exklusivmeldungen« zu durchdringen, um das zu berichten, was nach meiner Auffassung die Wahrheit über Jacqueline Kennedy Onassis ist.

Das Buch, das ich schrieb, entstand aus Interviews, die ich im Laufe der Jahre mit Personen geführt habe, die in enger Verbindung zu Jackie standen. Viele dieser Interviews sind neueren Datums, andere befanden sich in meinem Archiv. Als Journalist habe ich die Kennedys mehr als drei Jahrzehnte lang beobachtet. Um Interviews mit Mrs. Onassis habe ich mich aus zwei Gründen nicht bemüht: Erstens, die Chance, daß sie sich zu einem Gespräch für ein Buch über ihr Leben bereit erklären würde, ist geringer als Null. Zweitens, selbst wenn sie einverstanden wäre, würden – wenn man die wenigen Interviews betrachtet, die sie in fast vierzig Jahren gegeben hat – die Einschränkungen, die sie verlangen würde, die Fakten derart verändern und reinigen, daß ihr Wahrheitsgehalt nur noch gering wäre.

Ich habe mich daher vorwiegend auf meine »Kontakte« verlassen, wie Journalisten und Biographen ihre Quellen nennen. Diese sind sehr zahlreich: Meine Liste von Personen, deren Leben mit dem der Kennedy-Familie im Laufe der Jahre in Berührung kam, ist umfangreich, denn ich beschäftige mich mit dem Clan schon seit der Wahl John Kennedys zum Präsidenten im Jahr 1960. Ich habe die Beobachtungen jener aufgenommen, die ich für zutreffend hielt, und alle anderen ignoriert.

Tiefen Dank schulde ich jenen Mitgliedern der Kennedy-Familie, ihren Freunden und Mitarbeitern, die sich zu Interviews bereit erklärt haben. Jeder wird im Text gebührend erwähnt. Dankbar bin ich auch folgenden Personen, die mir bei meiner Suche nach dem Wesen Jackies an der Schwelle zum siebten Jahrzehnt ihres Lebens geholfen haben: John F. Baker, Chefredakteur von *Publisher's Weekly;* Luella Hennessey Donavan, Krankenpflegerin der Kennedys; der Modeexpertin und Redakteurin Rosemary Kent; Edwin Schlossberg, Ehemann von Caroline Kennedy und Vater ihrer drei Kinder; Richard Reston, Redakteur von *The Vineyard Gazette;* Lily Tempelsman, Ehefrau von Maurice Tempelsman; James Brady, ehemaliger Herausgeber von *Women's Wear Daily;* John Mack Carter, Chefredakteur von *Good Housekeeping;* Mary Lynn Kotz, Ko-Autorin von *Upstairs at the White House;* den Autorinnen Nena O'Neill und Frances Spatz Leighton; Sandy Boyer, Leiter des Irish Arts Center; Fotograf Brian Quigley und den freundlichen Einwohnern der reizenden Stadt Chester, Massachusetts. Andere, die wichtige Informationen beigesteuert haben – es sind zu viele, um sie hier aufzuzählen –, werden im Text oder in den Anmerkungen genannt.

Meine Aufzeichnungen über die Kennedys stellten außerdem eine wahre Fundgrube an Informationen über Jackie von Personen dar, die nicht mehr unter uns weilen, als da sind Kenneth P. O'Donnell, einer von John Kennedys engen Vertrauten und ein treuer Freund Jackies; der Autor Joe McCarthy; der Anwalt Roy Cohn und Doris Cerutti von Cerutti Children Enterprises.

Großen Dank schulde ich auch den Archivaren und Bibliothekaren für ihre großzügige und zeitaufwendige Hilfe bei der Suche nach Recherchenmaterial, um das ich bat. Die Archivangestellten der John F. Kennedy Memorial Library am Columbia Point in Boston reagierten geduldig auf meine Oliver-Twist-haften Bitten um »mehr«. Dankbar erwähne ich hier den Chefarchivar William Johnson sowie Maura Porter, June Payne und Rohn Whealan und den Archivar der audiovisuellen Abteilung, Alla Goodrich, für seine Unterstützung bei der Beschaffung von Fotografien.

Erwähnen – und ihnen einen ganz besonderen Dank aussprechen – muß ich außerdem die Mitarbeiter der bibliographischen Abteilung der Hewlett-Woodmere Public Library, die von Jeffrey Mason geleitet wird. Ich war aufrichtig erstaunt über ihre Beschaffungsmöglichkeiten. Sie lieferten mir Material, das zu finden ich bereits jede Hoffnung aufgegeben hatte. Vielen Dank auch der Municipal Art Society in New York, vor allem Douglas Cogan und Ann Anereski. Ich bedanke mich außerdem bei Christopher E. Bowen, Rechercheur und Bibliothekar, der großzügig seine Zeit und seine Erfahrung zur Verfügung stellte, um nötige Informationen zu beschaffen, und bei Eulalie Regan, der Bibliothekarin der *Vineyard Gazette.*

Zu Rate gezogen wurden weiterhin Zeitungs- und Illustriertenarchive, insbesondere die von *The New York Times, Washington Post, New York Herald-Tribune* (mittlerweile eingestellt), *Los Angeles Times, Boston Globe, Boston Herald und Springfield Union. The Ladies' Home Journal, McCall's, Look* und *Life* wurden ebenfalls um Hilfe gebeten. Zitate aus dem aus diesen Quellen eruierten Material erscheinen in den Anmerkungen.

Mein Dank gilt überdies Hillel Black, meinem Lektor, für seine Hilfe und seinen Rat während der Realisierung dieses Projekts. Meine Agentin, Anita Diament, begleitete mich auf jedem Schritt des Weges und hielt mir die Hand, wenn nötig, was oft der Fall war. Das Manuskript wurde auf einer mechanischen Schreibmaschine getippt, aber Bonnie-Ann Black führte mich dank ihrer meisterlichen Beherrschung eines Textcomputers in die neunziger Jahre.

Prolog

Im strengen Winter des Jahres 1994 wartete auf Jacqueline Kennedy Onassis eine weitere ernste Herausforderung in ihrem ungewöhnlichen Leben.

Anfang Januar konsultierte sie wegen grippeähnlicher Beschwerden ihren Arzt, der daraufhin verdächtige Knoten in ihrem Hals entdeckte. Eingehendere Untersuchungen im New York Hospital Cornell Medical Center in der East 68th Street in New York ergaben, daß sie an Lymphdrüsenkrebs erkrankt war.

Seit der Jahreswende hatten sich Gerüchte über Jackies Gesundheitsprobleme ständig verdichtet. Auf der Suche nach Fakten hatten Zeitungs-, Fernseh- und Rundfunkjournalisten Krankenschwestern und Ärzte und sogar Parkplatzwächter interviewt.

Schließlich entschloß Jackie sich zu einer Flucht nach vorn. Ja, sie sei tatsächlich krebskrank.

Am 10. Februar gab ihre langjährige Freundin und Sprecherin Nancy Tuckerman, die seinerzeit als erste der Weltöffentlichkeit verkündet hatte, daß Jackie Aristoteles Onassis heiraten werde, eine erschütternde öffentliche Erklärung ab: Jackie leide an Lymphdrüsenkrebs und unterziehe sich seit Mitte Januar einer Chemotherapie.

»Es ist zu erwarten, daß sie (die Behandlung) erfolgreich sein wird«, sagte Mrs. Tuckerman. »Die Prognosen sind hervorragend. Eine letzte Sicherheit kann es natürlich nicht geben, aber die Ärzte sind überaus optimistisch.«

Jackie litt nicht am Hodgkinschen Syndrom, obgleich beide

Krankheiten einander ähnlich sind. In beiden Fällen bilden sich Tumoren in den Lymphdrüsen, den Auffangbecken des körpereigenen Reinigungssystems. Dort werden schädliche Bakterien ausgefiltert und vom Abwehrsystem des Körpers vernichtet. Eine definitive Diagnose, ob es sich um das Hodgkinsche Syndrom oder um Lymphdrüsenkrebs handelt, erfolgt mittels mikroskopischer Untersuchungen des befallenen Gewebes.

Während der letzten Jahre hat die medizinische Wissenschaft erstaunliche Fortschritte in der Behandlung von Krankheiten der Lymphdrüsen gemacht. Obwohl man, wie Mrs. Tuckerman richtig erklärt hat, sich niemals sicher sein kann, da Jakkies Krebs frühzeitig erkannt wurde, sprechen die Statistiken für sie. Dr. Robert N. Taub, Professor für klinische Medizin am Columbia University College of Physicians and Surgeons, sagte: »Wenn die Krankheit in einem frühen Stadium diagnostiziert wird, können Patienten mit dieser Krebsart fünf oder mehr Jahre überleben.«

Jackies erste ernste Krankheit nach einem Leben bei bester Gesundheit traf sie nur sechs Monate vor ihrem 65. Geburtstag. Die Welt hat sie ständig beobachtet, seit sie die bildschöne junge Frau eines jugendlichen Senators und Präsidenten war, dann während der Zeit der Trauer nach seiner Ermordung, während ihrer zweiten Ehe mit Aristoteles Onassis, bei ihrem Aufstieg als gesellschaftlicher Superstar sowie der Erziehung ihrer beiden Kinder, Caroline und John, und sie beobachtete sie weiterhin, als sie in die reiferen Jahre kam.

Wenn über sie – wie in diesem Buch – geschrieben wurde, geschah dies in der Überzeugung, daß sie noch ein langes und glückliches Leben führen würde. Diese Erwartung stand hinter jeder Äußerung über ihre Person. Daher war es ein doppelter Schock, nicht nur daß sie erkrankt war, sondern daß sie auch so schnell gestorben ist. Obgleich ich den Text hätte überarbeiten können, um darin ihrem Tod Rechnung zu tragen, habe ich mich entschieden, den Text zu belassen, wie er war, um den Eindruck der Lebendigkeit der Frau zu erhalten, zu der sie sich entwickelt hatte. Es war dieser Geist der aufrechten, lebendigen und aktiven Frau, den ich meinen Lesern vermitteln wollte. Daher sollten die Passagen in diesem Buch, die diese Zeitabschnitte behandeln, unter diesem Aspekt gelesen und verstanden werden.

Initiiert durch große Sorge um ihren Gesundheitszustand, wurden Mitte Mai zahlreiche Meldungen – nur wenige offiziell bestätigt – von Zeitungen und Illustrierten veröffentlicht und von selbsternannten »Experten« im Fernsehen diskutiert. Am 14. April erlitt sie einen Schwächeanfall in ihrer Wohnung in Manhattan. Ihr Arzt wurde hinzugezogen und entschied, daß sie ins New York Hospital-Cornell Medical Center gebracht werden solle. Dort legte man sie in ein Einzelzimmer im vierten Stock. Zwei stämmige Wächter wurden vor dem Zimmer postiert. Maurice Tempelsman, ihr langjähriger Freund, Berater und Beschützer, dem sie treu ergeben war, stand ihr fast ständig zur Seite.

Ärzte ließen verlauten, sie leide an Magenblutungen, bedingt durch ein Magengeschwür. Eine Woche später wurde sie entlassen und nach Hause zurückgebracht. Ohne fremde Hilfe stieg sie aus dem Wagen und begab sich in ihre Wohnung. Zwei Tage später, bekleidet mit einem grauen Trenchcoat und den Kopf mit einem grau-goldfarbenen Kopftuch verhüllt, unternahm sie mit Tempelsman einen dreiviertelstündigen Spaziergang im Central Park. Dann saß sie mit ihm einige Zeit auf einer Bank in der Sonne.

Cindy Adams, die bekannte Kolumnistin der *New York Post*, deren Artikel in zahlreichen anderen Zeitschriften veröffentlicht werden, schrieb im *Ladies' Home Journal:* »Ein Krebsspezialist, der Mrs. Onassis behandelt, erklärt, ihr Zustand sei sehr ernst. Er hat Freunden gegenüber angedeutet, daß es sich um einen ›rapide fortschreitenden‹ Fall handle.« Von Mrs.

Adams, die in Jackies Nähe wohnt, weiß man, daß sie über hervorragende Informationsquellen verfügt. Gleichzeitig wies sie aber auch darauf hin, daß Nancy Tuckerman erklärt, die Aussichten seien »exzellent«.

Auf Fotografien, die nach der Operation im April gemacht worden waren, sieht Jackie erschöpft, ja sogar ausgezehrt aus. Vor der Operation, eigentlich auch vor ihrer Krankheit, sah sie so aus, wie die Menschen sie immer in Erinnerung hatten, nämlich gepflegt und schön. Sie zeigte das gleiche rätselhafte Lächeln, vermittelte den Eindruck einer unerreichbaren Illusion, und sie redete mit der gleichen Kleinmädchenstimme, mit der sie sich immer in der Öffentlichkeit äußerte.

Niemand rechnete damit, daß eine Krebserkrankung das Leben von Jacqueline Kennedy Onassis am 19. Mai 1994 auslöschen würde.

An diesem Abend verstarb sie.

Dies ist die Geschichte von Mrs. Onassis, die in ihrem reifen Alter nicht die gleiche Frau war wie in ihrer Jugend. Sie hatte sich so grundlegend verändert, daß Menschen, die glaubten, sie zu kennen und zu verstehen, zu dem Schluß kommen müssen, daß sie sich in ihr eigentlich immer getäuscht haben.

Teil eins

Supernova

1. Kapitel

Die Frau, die sich selbst erfand

Jacqueline erfand Jacqueline – von ihrem Haar, das ursprünglich widerspenstig war und regelmäßig geglättet werden muß, bis zu ihrer verführerischen, hauchenden Flüsterstimme, die sie sich angeeignet hat. Die Psychohistorikerin Nancy Gager Clinch nannte sie »ihre einstudierte Kleinmädchenstimme« und fügte hinzu: »Sie hat Jahre damit verbracht, diese Stimme zu kultivieren, bis sie zu ihrer zweiten Natur geworden war.« Aber wie Alexander und Boxendale in ihrem Buch *Behind Every Successful President* schreiben: »Nur weil das Lächeln und die Stimme Kunstgriffe waren, mußten sie nicht künstlich sein. Viel eher waren sie echte Kunst.«

Ihre Stimme wie auch ihr offenes Lachen waren Teil von Jakkies Persönlichkeit. Es ist keine Bühnenstimme, denn ihr fehlt die Kraft. Es ist auch nicht diese spezielle kultivierte Sprechweise, durch die die Absolventinnen exklusiver Mädchenpensionate einander so ähnlich klingen. Die Stimme ist ein perfektes Beiwerk zu Jackies Erscheinung als welterfahrene Mädchen-Frau. Diese Kombination paßte genauso zueinander wie eine silberne Handtasche zu einem schwarzen Abendkleid. Jackie wußte das, und es wurde ihr Markenzeichen.

Als Vergleich drängt sich Maurice Chevalier auf, der vor langer Zeit gefeierte französische Filmstar und Bühnenkünstler. Chevalier beherrschte die englische Sprache beinahe akzentfrei, aber auf der Bühne und vor der Kamera verfiel er gezielt in jene typische französische Sprechweise, von der er wußte, daß sie dem Publikum gefiel.

Auch Jackie kann ihre Stimme verändern. Sie klingt rein geschäftsmäßig bei offiziellen Anlässen im Rahmen Jackies Tätigkeit wie zum Beispiel bei Arbeitsessen, in deren Verlauf Autoren soeben veröffentlichter Bücher Journalisten, Lektoren und Kritikern vorgestellt werden. 1993 nahm Rosemary Kent, die erste Chefredakteurin des Andy-Warhol-Magazins *Interview* und führende Modejournalistin, an einem Essen anläßlich des Erscheinens eines Buchs im Park Lane Hotel in Manhattan teil. Jackie begrüßte die Gäste und unterhielt sich mit ihnen. »Ich habe nichts von ihrer typischen leisen Stimme gehört«, berichtete Mrs. Kent. »Sie trat auf als Verlagslektorin, kompetent, professionell und, natürlich, sehr freundlich.«
Im Jahr 1993 gab sie John F. Baker, dem Redaktionsleiter von *Publishers Weekly* (Fußnote: siehe Kapitel fünfzehn), dem Fachorgan des Verlagswesens, eines ihrer seltenen Interviews. »Ihre Stimme klang überhaupt nicht flüsternd«, sagte Baker. »Sie war leise, still, aber durchaus volltönend, mit sehr viel Volumen und tiefer, als man es von einer Frau mit derart zierlicher Figur erwarten würde.«
Als sie im Jahr 1978 ihre Tätigkeit als Mitherausgeberin bei Doubleday and Company begann, nahm sie an den wöchentlichen Treffen der anderen rund ein Dutzend Lektoren teil, bei denen an einem Konferenztisch neue Buchprojekte vorgestellt und diskutiert wurden. Am ersten Tag schlug sie ein Buch mit ihrer typischen Flüsterstimme vor, doch ihre Kollegen beklagten sich, sie könnten sie nicht verstehen. Daraufhin redete Jackie mit normal lauter Stimme weiter.
Jackie kann durchaus herrisch und fordernd sein, wenn sie sich über Sekretärinnen, Hausangestellte – und Ehemänner – ärgert oder wenn ihre Forderungen nicht erfüllt werden. Dann ersetzt sie die kindlich hohe Stimmlage durch eine laute Stimme. Zeugen, die bei derartigen Zornesausbrüchen zugegen sind, was sich nicht vermeiden läßt, weil Jackie keine Rücksicht auf ihr Image nimmt, wenn sie wütend genug ist,

berichten, daß sie dabei genauso angsteinflößend sein kann wie ein Ausbilder beim Militär.
Eines Nachmittags, während eines Reitturniers in Upperville, Virginia, wo sie ein Wochenendhaus besitzt, näherte sich ihr ein Mann, um sie offenbar um ein Autogramm zu bitten. »Ich möchte Sie nicht belästigen, aber ...«, begann er. Jackie schnitt ihm das Wort mit einer knappen Erwiderung ab, die alles andere als geflüstert war: »Schön, dann lassen Sie's!« und wandte sich brüsk ab.
Jahre zuvor, als Jackie ihre Tochter Caroline an der Concord Academy in Massachusetts anmeldete, stritten sie sich in der Öffentlichkeit über die Höhe von Carolines Taschengeld. Studenten, die in der Nähe waren, hörten diese Diskussion, die sich zu einem heftigen Wortwechsel steigerte. Jackie lenkte schließlich ein und erklärte sich bereit, ihrer Tochter etwas mehr als die zehn Dollar pro Woche zu geben, die sie ihr ursprünglich bewilligt hatte. Während des Streits zwischen Mutter und Tochter klang ihr Stimme laut und herrisch.
Einmal, im Jahr 1962, machte John ihr Vorwürfe, weil sie weniger als eine Viertelstunde bei der Washington Flower Show geblieben war. Bei diesem wichtigen alljährlichen Frühlingsfest sind First Ladys stets als Ehrengäste geladen und bleiben dort gewöhnlich mehrere Stunden lang und unterhalten sich mit den Frauen der Politiker, die dieses Fest sponsern. John wußte, daß Ehefrauen ihre Männer beeinflussen können, deren Unterstützung er brauchte, um Gesetzesvorschläge auf dem Capitol Hill durchzubringen.
Jackie geriet in Zorn. »Weshalb schreist du mich an?« erwiderte sie mit einer Stimme, die laut genug war, daß die Gäste in der Nähe sie hören konnten. Dann erinnerte sie ihn an einen Fehler, der ihm einige Wochen zuvor unterlaufen war. Er hatte an einem Freitag Speck zu den üblichen pochierten Eiern gegessen. Pierre Salinger, sein Pressesprecher, hatte pflichtgemäß den Speiseplan des Präsidenten bekanntgegeben, ohne

zu berücksichtigen, daß es Katholiken verboten ist, freitags Fleisch zu essen. Die Medien zwangen Salinger zu dem peinlichen Geständnis, er habe den Präsidenten offenbar mißverstanden.
Bei einer anderen Gelegenheit stritten sie und John sich über eine unangenehme politische Situation, in die der Präsident sich verstrickt hatte. William (Fishbait) Miller, der Türsteher des Repräsentantenhauses, sagte, daß zwei Beamte des Secret Service Teile der Unterhaltung mitbekamen, als JFK und Jakkie die Kirche verließen.
Jackie erhob die Stimme und sagte wütend zu ihrem Mann: »Nun komm schon, du Hurensohn. Du hast dich selbst in diese Lage gebracht, und du weißt, daß die Öffentlichkeit es verlangt. Jetzt binde dir schon deine verdammte Krawatte um, und zieh den Mantel an, und laß uns endlich gehen.«
Ihre Szenen mit Aristoteles Onassis, dem griechischen Reeder, den sie Ende 1969 heiratete, waren gewaltig – und laut. Im Januar 1972 warteten die beiden im Clipper Club, der VIP-Lounge von Pan American Airways, im Flughafen Heathrow vor den Toren Londons auf ihre Maschine. Eine Diskussion, deren Ursache unbekannt ist, entbrannte und steigerte sich bald zu einem hitzigen Wortwechsel. Es waren keine anderen Passagiere zugegen, aber ein Pan-Am-Angestellter berichtete einer Londoner Zeitung darüber, die den Streit mit einer Schlagzeile meldete:
»Es war ein heftiger Streit. Sie schrie ihn an, er solle den Mund halten und endlich auf sie hören. Die Schimpfworte flogen hin und her. Es wurde so laut, daß ich glaube, daß sie einander überhaupt nicht verstehen konnten.«
Jackie verließ die Lounge im Sturmschritt und rannte fast zu ihrem Wagen, der draußen vor dem Gebäude parkte. Dort saß sie dann und blätterte wütend in einer Illustrierten, bis ein Angestellter der Fluggesellschaft ihr Bescheid sagte, sie könne an Bord gehen. Während sie sich zur Maschine begab, erklärte

sie Ari mit scharfer und lauter Stimme: »Ich gehe zurück nach Amerika!«

Ihr Gespür für Public Relations ist sehr ausgeprägt. Als Caroline und Edwin Schlossberg am 9. Juli 1986 auf Cape Cod getraut wurden, trat Jackie aus der kleinen weißen Kirche in Centerville und lehnte, angesichts der Phalanx von Fotografen, den Kopf an Ted Kennedys Schulter. Dazu schrieb die *Washington Post:* »Sollte sie wirklich nicht gewußt haben, daß diese Geste für die Fotografen ein gefundenes Fressen war?«

Sie hat Caroline und John angewiesen, außer unter ganz besonderen Umständen, sich gegenüber den Medien nicht zu äußern. John weicht der Presse aus, lächelt freundlich und gibt schnoddrige Kommentare ab. Caroline reagiert wie eine verschreckte Taube, wenn sie von Reportern bedrängt wird. Eines Tages begegnete ich ihr auf der Main Street in East Hampton, Long Island. Sie schob einen Kinderwagen mit ihrer ältesten Tochter. Ed Schlossberg, den ich flüchtig kannte, begleitete sie.

»Hallo, Ed«, begrüßte ich ihn, als sie auf meiner Höhe waren. Er blieb stehen, um ein paar Worte mit mir zu wechseln, aber Caroline erschrak sichtlich und ging schnell weiter.

Als Harrison Rainie Material für *Growing Up Kennedy,* ein Buch über die Enkelkinder von Joe und Rose, sammelte, rief er John an und bat um ein kurzes Interview. Rainie erinnert sich: »Er war sehr nett. Er wußte, daß ich mit einigen seiner Vettern und Kusinen und Freunde gesprochen hatte, und er sagte: ›Es tut mir leid. Ich kann nicht reden. Meine Mutter würde mich umbringen.‹«

Sie inszeniert ihre Auftritte in der Öffentlichkeit geradezu meisterlich und versucht, Kontrolle über alle Aussagen auszuüben, die ihr zugeschrieben werden. Deshalb ist jede Biographie Jackies, ob ausdrücklich ausgewiesen oder nicht, »unautorisiert«, so wie auch dieses Buch. Autoren wissen, daß eine autorisierte Biographie mit unendlicher Sorgfalt überarbeitet und alles, das der Legende schaden könnte, gestrichen würde.

Es ist klar, daß sie auf einer gereinigten Version ihrer Lebensgeschichte bestehen würde, wie Rose Kennedy es in ihren Memoiren *Times to Remember,* veröffentlicht im Jahr 1974, getan hat. Rose schilderte die Familienlegende der Kennedys auf 522 Seiten, die von Schmeicheleien für jeden Familienangehörigen geradezu überfließen. Dabei ließ sie alles weg, was das sorgfältig geschaffene Image stören könnte, das Amerika und die ganze übrige Welt verzauberte.

Man nehme die Darstellung Gloria Swansons als Beispiel, von der Rose wußte, daß sie die Geliebte ihres Mannes Joe war. Sie hatte ihm seine Seitensprünge stillschweigend gestattet, nachdem sie nach der Geburt Teds das gemeinsame Schlafzimmer verlassen hatte. Rose behandelte sie als eine gute Freundin, mit der sie durch Paris streifte, um sich einzukleiden. Dieser Einkaufsbummel schloß sich an eine Kreuzfahrt an, während der Joe mehr Zeit in der Kabine der Swanson verbracht hatte als in seiner mit seiner Frau. Teddy, über dessen notorische Schürzenjägerei sie Bescheid wußte, war »außerordentlich zuvorkommend und verständnisvoll ... er war ein liebevolles Leitbild für alle Enkelkinder«. Joan Kennedy, bereits Alkoholikerin, »ging es gut«.

Jackie hat die vollständige Kontrolle über alles, was mit ihrer Erlaubnis über sie geschrieben wird. Sie demonstrierte das in dem Interview, das sie John Baker von *Publisher's Weekly* gab. Baker erzählte mir: »Das Interview wurde mit extremer Gründlichkeit vorbereitet.« Er mußte sich mit ungewöhnlich zahlreichen Einschränkungen einverstanden erklären.

- Er durfte ihre Antworten nicht auf Tonband aufnehmen, weil sie offenbar nicht wollte, daß eine Bandaufnahme von ihrer Stimme irgendwann bei einer Auktion auftauchte.
- Kein Fotograf durfte zugegen sein.

- Sie würde ausschließlich Fragen über ihre Tätigkeit als Verlagslektorin beantworten und nicht über ihr Privatleben oder ihre Lebensumstände.
- Sie verlangte das Recht, die Antworten auf Fragen zu verweigern.
- Sie verlangte das alleinige Entscheidungsrecht über die Veröffentlichung des Textes, wogegen sich die meisten Autoren wehren.
- Schließlich sollte ein »Vertrauter« zugegen sein, um zu gewährleisten, daß alle Forderungen erfüllt würden. Jackie entschied sich für Marly Rusoff, stellvertretender Direktor und Mitverleger bei Doubleday & Company, wo sie beschäftigt war.

All das sollte natürlich den Mythos Jackie erhalten.
Nach diesem öffentlichen Auftritt in gedruckter Form zog sie sich erneut zurück.

Ihre Aktionen im Laufe der Jahre liefern den überzeugenden Beweis, daß sie das Rampenlicht liebt, daß sie es braucht und daß sie, wie ein langjähriger Beobachter Jackies verlauten ließ, »beleidigt und enttäuscht wäre, wenn es ausgeschaltet würde«. Sie inszeniert ihre eigene Publicity so clever, daß ein bekannter Public-Relations-Fachmann in New York bemerkte: »Sie hätte ihre öffentliche Wirkung nicht besser steigern können, wenn sie ein Team der fähigsten Profis im Geschäft der Prominentenwerbung angeheuert und ihnen ein Vermögen gezahlt hätte.« Ihr einziger Medien-»Kontakt« ist Nancy Tuckerman, eine Freundin und frühere Privatsekretärin, die nun bei Doubleday & Co. beschäftigt ist. Tuckermans einzige Funktion für Jackies Angelegenheiten besteht darin, alle Bitten um Interviews höflich abzulehnen.
Als ihre öffentliche Karriere begann, gab Jackie, ermutigt durch John, freizügig Interviews. Seit Ende der siebziger Jahre

jedoch hat sie mit keinem Journalisten, gleichgültig, wie bekannt er auch gewesen sein mochte, über ihr Privatleben geredet.

Und darin liegt eine Erklärung für ihre nicht enden wollende Faszination. In einer Zeit der öffentlichen Beichten enthüllten Stars jeden Kalibers so gut wie alles – die Namen der Männer und Frauen, mit denen sie geschlafen haben, wie sehr oder wie wenig ihre Partner sie befriedigen konnten, ihre Sexualität, den Mißbrauch durch Eltern oder Verwandte, die sie geschlagen, vergewaltigt oder vernachlässigt hatten, die seelischen Verletzungen, die sie überstanden oder nicht überstanden haben. Jackie hingegen hat nichts verlauten lassen, sie hat ihre Geheimnisse für sich behalten.

Übermäßige Entblößung durch die Medien mindert das öffentliche Interesse bereits nach kurzer Zeit, daher offenbart Jackie immer nur soviel, daß die Öffentlichkeit stets nach mehr hungert. Sie besucht Restaurants und Theater, nimmt an gesellschaftlichen Anlässen teil, bietet den Paparazzi und den Modezeitschriften Möglichkeiten, sie zu fotografieren.

Aber danach verschwindet sie und bleibt in ihren gut bewachten Domizilen auf unbestimmte Zeit unerreichbar. »Es ist in vielerlei Hinsicht genauso wie bei Gypsy Rose Lee«, erklärte der Publizist. »Gypsy hat sich niemals ganz ausgezogen, sondern sich immer nur soweit enthüllt, um zur gefeiertsten Stripteasetänzerin ihrer Zeit zu werden. Jackie verfährt offenbar nach dem gleichen Rezept.«

Manchmal geht sie zu völlig ungewöhnlichen Zeiten zum Jogging in den Central Park, um Fotografen zu überlisten. Während dieser Exkursionen trägt sie Trainingsanzüge, ein altes T-Shirt ihres Sohnes oder etwas anderes Unauffälliges, das ihre Identität verbirgt. Sie bindet sich zuweilen auch ein Tuch um den Kopf. Aber bei anderen Gelegenheiten kleidet sie sich in einer Weise, die ihr zu einem schmeichelhaften Zeitungsfoto verhilft. Bei diesen Anlässen trägt sie dann einen hautengen

Trikotanzug, der ihren gesamten Körper bedeckt, aber ihre immer noch makellose Figur erkennen läßt.
Sie joggt ihre Runden nicht entgegen dem Uhrzeigersinn, wie andere es tun, sondern in der umgekehrten Richtung, sagte Shaun Considine, ein Journalist, begeisterter Langstreckenläufer und Jackie-Fan. Considine zitiert eine Freundin, die er Doris nennt und die den Grund erklärt. Wenn sie im Uhrzeigersinn Joggingrunden dreht, kann sie rechtzeitig die Fotografen erkennen, die vielleicht auf der Lauer liegen und auf ihr Erscheinen warten. »Sie möchte erkannt werden«, zitiert Considine seine Doris. »Wenn sie eine Kamera entdeckt, strafft sie sich plötzlich, lächelt freundlich und joggt schneller.«
Trotz ihres Beharrens auf Privatsphäre kam Jackie in einem der vergangenen Jahre zur Mitternachtsmesse in die St. Patrick's Cathedral in New York. Sie nahm nicht in der Mitte der großen Kirche Platz, wie jemand, der nicht erkannt werden möchte, es tun würde, sondern sie setzte sich mit ihren beiden Kindern in eine der vordersten Bänke. Natürlich waren plötzlich die Fotografen zur Stelle, um diese Szene festzuhalten.
»Sie wünschte Publicity, aber nach ihren eigenen Regeln«, sagte James Brady, der ehemalige Herausgeber von *Women's Wear Daily.* »Als die Jackie-Manie in den Jahren nach Camelot ihren Höhepunkt hatte, erhielten wir Telefonanrufe von Nancy Tuckerman, die uns mitteilte, daß sie am Donnerstag an irgendeinem gesellschaftlichen Ereignis teilnehme und ein Galanos-Kleid oder was immer tragen werde und daß sie am Montag in irgendeiner anderen Kreation zum Essen mit Babe Paley verabredet sei. Daraufhin schickten wir unseren besten Fotografen hin, um ihren Auftritt zu dokumentieren.«
Brady sagt aber auch: »Bei anderen Gelegenheiten riefen wir sie an, um Informationen zu beschaffen, und wurden glattweg abgewiesen.«
Diese Gewohnheit des öffentlichen Auftretens und wieder

Abtauchens wiederholt sich fugenartig in ihrem Verhalten. Während ihres gesamten Lebens in der Öffentlichkeit war sie immer eine Studie in Widersprüchen, die wiederum zu unserer ständigen Faszination von ihrer Person beitragen.
Oleg Cassini, über Jahre hinweg ihr persönlicher Modedesigner, sagte: »Sie ist ein Original und nur schwer zu entschlüsseln. An einem Tag begegnet sie einem voller Wärme, und am nächsten ist sie die Kälte in Person. So hat sie sich schon immer jedem gegenüber verhalten, auch gegenüber ihren engsten Freunden. Sie hat damit sogar die Kennedys verwirrt.«
Es gibt noch weitere Widersprüche:
Trotz der hohen Geldsummen, die sie für eigene Kleider und Accessoires ausgibt, erweist sie sich gegenüber ihren Angestellten als geradezu geizig. Die Frau, die ohne mit der Wimper zu zucken zwölftausend Dollar für ein für sie entworfenes Kleid ausgibt, weigerte sich, den gleichen Betrag als Jahresgehalt ihrer treuen und zuverlässigen Privatsekretärin Mary Barelli Gallagher zu bezahlen, die von 1957 bis 1964 für sie arbeitete. Als die Gallagher darauf hinwies, daß zwölftausend Dollar ein durchaus bescheidenes Gehalt seien im Rahmen der fünzigtausend Dollar jährlicher staatlicher Aufwandsentschädigung für Jackie, verlangte Jackie von Mary, sie solle nur noch halbtags für sie tätig sein und ihre Gehaltswünsche entsprechend reduzieren.
Rechnungen, die von Angestellten für geleistete Überstunden vorgelegt wurden, brachten Jackie in Rage. »Wollen Sie etwa behaupten«, fragte sie Mary, »daß ich für alles, was jemand hier nebenbei leistet, auch noch bezahlen muß?« Mary verblüffte Jackie zutiefst, als sie ihr erklärte, daß das amerikanische Arbeitsrecht genau das vorschreibe.
Sie nutzte ausgiebig die Möglichkeiten der Second-hand-Läden. Ein großer Teil der Kleidung, Accessoires und anderer Besitztümer gelangte auf diese Art und Weise auf den Second-hand-Markt.

Ein Einkäufer für ein Kaufhaus in Manhattan erzählte: »Jackie hat lange mit uns Geschäfte gemacht. Es fing an, als John noch Senator war, ging weiter, nachdem er zum Präsidenten gewählt wurde, und setzte sich auch während der Ehe mit Onassis fort. Sie kommt auch heute noch zu uns.
Dabei sieht der Ablauf folgendermaßen aus – sie ruft uns an, und wir begeben uns in ihr Apartment in der Fifth Avenue, um uns anzusehen, was sie alles verkaufen will. Wir einigen uns bezüglich des Preises, der für die Sachen verlangt werden soll, und dann schicken wir einen Lieferwagen hin, um die Kleider abzuholen. Wenn sie verkauft sind, erhält Jackie die Hälfte des Erlöses.«
Und dennoch, als Mary Gallagher im September 1964 ihre Tätigkeit bei ihr beendete, schenkte Jackie ihr eine wunderschöne goldene Brosche, die mit wundervollen Türkisen besetzt war. Das Stück hatte zweifellos sehr viel Geld gekostet.
Die herrisch auftretende Jackie interessiert es kaum, wen sie mit ihrer Art verletzt.
Im Jahr 1961 beleidigte Jackie Mrs. Villeda Morales, die Ehefrau des Präsidenten von Honduras, indem sie sich weigerte, sie im Weißen Haus zu empfangen. Ihre offizielle Erklärung lautete, daß Mrs. Morales nicht zu einem Staatsbesuch erschienen sei. Der wahre Grund war jedoch: Sie wußte, daß sie sich unendlich langweilen würde bei dem Bemühen, jemanden zuvorkommend behandeln zu müssen, den sie nicht persönlich kannte und der sie nicht interessierte.
Im Jahr zuvor hingegen war sie tief berührt von der Armut, die sie mit eigenen Augen sah, als John im Verlauf seines Wahlkampfs die Appalachenregion in West-Virginia besuchte. Eine ihrer ersten Handlungen nach dem Einzug ins Weiße Haus bestand darin, die Anschaffung handgeschliffener Glaswaren bei einer Fabrik in Morgantown im nördlichen Teil des Staates unterhalb der Grenze zu Pennsylvania zu verfügen.
Dazu meinte J. B. West, der Chefportier: »Sie wollte nicht nur

im Weißen Haus ein authentisches Zeugnis der traditionellen amerikanischen Handwerkskunst unterbringen, sondern damit auch das Interesse des Präsidenten für die wirtschaftlichen Probleme und Möglichkeiten der Appalachen dokumentieren.«

Sie mochte Ethel Kennedy nicht besonders, war jedoch entscheidend daran beteiligt, für sie einen außerordentlichen kirchlichen Dispens von Francis Kardinal Spellman zu erwirken. Ethel hatte darum gebeten, daß ein Nonnenchor aus dem Manhattanville College of the Sacred Heart, wo sie studiert hatte, bei Bobbys Beerdigungsfeierlichkeiten in der St. Patrick's Cathedral singen solle. Strenge Vorschriften untersagten weiblichen Gesang in der grandiosen gotischen Kathedrale. Als Jackie von Ethels Wünschen erfuhr, rief sie Kardinal Spellman, den Vorsteher der Erzdiözese New York, an, der für die Nonnen eine Ausnahme machte. Es ist fraglich, ob Ethel jemals erfuhr, was Jackie für sie getan hatte.

Im Jahr 1983 erfuhr Jackie, daß J. B. West gestorben war. Er hatte in den achtundzwanzig Jahren als Chefportier des Weißen Hauses unter sechs Präsidenten und ihren Frauen gedient. Seine Familie und Freunde wünschten, daß er auf dem Nationalfriedhof in Arlington beerdigt werden sollte. Strenge Statuten standen dem entgegen: Nur Veteranen dürfen auf dem Soldatenfriedhof zur ewigen Ruhe gebettet werden. Jakkie telefonierte mit James S. Rosebush, dem Stabschef Nancy Reagans, der damaligen First Lady. Zwei Tage später rief Mrs. Reagan Jackie an und teilte ihr mit, daß die Vorschriften für dieses eine Mal aufgehoben würden. Mr. West liegt nun in Arlington.

Trotz ernster Unstimmigkeiten mit ihrer Mutter, Janet Auchincloss, hielt Jackie sich fast ständig an ihrem Bett auf, als Janet von der Alzheimerschen Krankheit heimgesucht wurde. »Es kommt mir so vor, als sei ich jetzt die Mutter und als sei meine Mutter mein Kind«, sagte sie, während der Verfall der

Nervenzellen im Gehirn bewirkte, daß Janet immer tiefer in ein irrationales und kindliches Verhalten abglitt. Jackie las ihr Gedichte vor, fütterte sie, schickte ihr Blumen und Geschenke und finanzierte bis zu ihrem Tod im Jahr 1989 eine ganztägige Krankenpflege.

Wird Jacqueline Kennedy Onassis jemals ihre eigenen Memoiren schreiben? An einem sicheren Ort in der JFK-Library liegt ein zwölf Stunden andauernder, von ihr gesprochener Lebenslauf, den sie nach dem Attentat hatte aufnehmen lassen. Sie hat verfügt, daß die Tonbänder nicht früher als fünfzig Jahre nach ihrem eigenen Tod veröffentlicht werden dürfen. Das ist in etwa das äußerste, was sie der Welt über sich selbst zu offenbaren bereit ist. Zukünftige Generationen werden erfahren, obgleich nur andeutungsweise, daß Verleger jeden von ihr geforderten Preis bezahlen würden, um ihre Erinnerungen zu einem Buch zu verarbeiten.

Sie selbst wird es niemals tun. Denn wenn sie es täte, dann würde Mona Lisa verraten haben, was sich hinter ihrem rätselhaften Lächeln verbirgt, und die Welt bräuchte dann keine Vermutungen mehr anzustellen.

2. Kapitel

Was es bedeutet, Jackie zu sein

Sie war niemals Führerin eines Staates wie Englands Margaret Thatcher oder Israels Golda Meir, sie war niemals in einen Skandal verwickelt, ob königlich oder bürgerlich, wie Diana, die Prinzessin von Wales, oder Elizabeth Taylor. Sie hat niemals einen Krieg ausgelöst wie Helena von Troja, einen Nobelpreis erhalten wie Marie Curie oder sich als Krankenpflegerin hervorgetan wie Florence Nightingale.

Dennoch hat Jackie Onassis weitaus mehr öffentliche Aufmerksamkeit erfahren als die meisten von ihnen. Es fällt einem kaum eine andere Frau ein, deren Aktivitäten so umfassend beschrieben und diskutiert wurden. Tatsächlich nannte ein Biograph sie »die berühmteste Frau der Geschichte seit Kleopatra«.

John McCormack, der Sprecher des Repräsentantenhauses während John Kennedys Amtszeit, machte ihr das außerordentliche Kompliment, indem er sie als eine Frau mit wichtigem Einfluß auf die ganze Welt beschrieb. »Sie war eine großartige Diplomatin und eine hervorragende Botschafterin, die ein Bild von Amerika vermittelt hat, das die Welt wieder lächeln ließ«, erklärte er. Und Dr. James F. Giglio, Professor für Geschichte an der Southwest Missouri State University, sagte: »Ohne allzuviel über ihr Privatleben zu wissen, betrachteten die Amerikaner sie als mehr als nur gleichrangig gegenüber dem europäischen Adel.«

»Während der vergangenen dreißig Jahre«, erklärte Clark Clifford, der Berater John Kennedys und sechs anderer Präsidenten, »wurden über sie mehr Worte geschrieben als über jede andere Frau auf der Welt.«

In jedem Zeitungsarchiv und in jeder Bibliothek stehen Schränke voller Zeitungsausschnitte über sie. Im Archiv des *Boston Herald* zum Beispiel gibt es mehr Umschläge mit der Aufschrift »Jacqueline Kennedy Onassis« als von Queen Elizabeth oder sogar Nikita Chruschtschow, dem ehemaligen Führer der Sowjetunion, Präsident Gerald Ford und Prinzessin Diana.

Der Ausdruck von Büchern über Jackie im Online Computer Library Center, einer Datenbank, die alle Bücher in den Katalogen der bedeutenderen Bibliotheken überall im Land aufführt, ist über einen Meter lang und nennt siebenundfünfzig verschiedene Titel, die allein in den Vereinigten Staaten veröffentlicht wurden, und weitere dreißig in anderen Sprachen für die verschiedenen amerikanischen Volksgruppen. Unzählige Bücher über sie wurden in allen Nationen auf der ganzen Welt geschrieben.

Sie ist ein vorrangiges Objekt für Klatschkolumnisten. Freischaffende Fotografen durchforsten die Zeitungen auf der Suche nach Anlässen, bei denen ihr Erscheinen angekündigt wird, dort tauchen sie dann in Scharen auf.

Brian Quigley, ein freischaffender Fotograf, der seit 15 Jahren die Superstars dieser Welt fotografiert, sagte: »Jackie ist heutzutage die gefragteste prominente Persönlichkeit der Welt. Sie ist sogar als Großmutter bei den Redakteuren gefragter als Elizabeth Taylor, Bruce Springsteen, Sylvester Stallone, Arnold Schwarzenegger und sogar Madonna.

Jedesmal, wenn wir von einem Ereignis erfahren, an dem sie wahrscheinlich teilnehmen wird, sind auch zwanzig bis dreißig Vertreter unseres Gewerbes zugegen. Das geschieht bei keinem der anderen. Wir lieben sie, denn sie ist der Traum eines jeden Fotografen. Sie hat ein bezauberndes Lächeln, große ausdrucksvolle Augen, und selbst wenn sie Jeans trägt, sieht sie makellos gepflegt aus. Aber über ihre äußere Erscheinung hinaus hat sie etwas Seltsames an sich, eine Tiefe, die sie nicht enthüllt, die ein Fotoapparat aber häufig einfangen kann.«

Sie war bei populären Illustrierten gefragt. Wenn die Verkaufszahlen zurückgehen, bringen Redakteure Artikel über Jackie, und meistens zieht der Verkauf wieder an. John Mack Carter, der während seiner Laufbahn von mehr als dreißig Jahren Chefredakteur von *McCall's, Ladies' Home Journal* und *Good Housekeeping* war, sagte: »In den sechziger Jahren verkaufte Jackie, wann immer sie auf der Titelseite erschien, mehr Exemplare als jede andere Persönlichkeit der Welt.« Und das war das Jahrzehnt, in dem Sophia Loren, der Herzog und die Herzogin von Windsor, Richard Burton und Elizabeth Taylor, Robert Redford und alle Ehefrauen und Frauen der Kennedys die Medienstars waren.

»Sogar heute noch«, fügt Carter hinzu, »verzeichnet Jackie die gleichen Verkaufszahlen wie jeder andere Hollywood-Prominente.« Sie hält ihre Position und übertrifft regelmäßig Stars wie Barbra Streisand, Cher und Angehörige des britischen Königshauses.

Reporter der eher an Sensationen interessierten Publikationen und Fernsehshows haben Jackies Wohnsitze rund um die Uhr beobachtet, haben sich in Booten postiert, um sie mit starken Ferngläsern auszuspähen, haben sich als Jogger verkleidet und sind sogar mit Hubschraubern über ihre Anwesen geflogen, um sie in verfänglichen Situationen zu ertappen.

Nur ein einziges Mal wurde Jackie von den Medien mit heruntergelassener Hose erwischt – unglücklicherweise im wahrsten Sinne des Wortes –, und zwar im Jahr 1971, als sie mit Aristoteles Onassis verheiratet war. Davon überzeugt, daß Aris Privatinsel Skorpios tatsächlich privates Gelände sei, streifte sie ihren Badeanzug ab und legte sich zu einem Sonnenbad nackt an den Strand.

Sie irrte sich. Ein Trupp von zehn Fotografen, ausgerüstet mit Unterwasserkameras und Teleobjektiven, beobachtete sie von

einem Boot im Ionischen Meer aus. Sie schossen Fotos von einer nackten Jackie, von denen vierzehn Stück im italienischen Magazin *Playmen* veröffentlicht wurden und anschließend weltweit zirkulierten. Jackie raste vor Zorn, aber Ari zuckte nur die Schultern und erklärte gegenüber Reportern: »Ich muß mich immer ausziehen, um in meine Badehose zu steigen. Nun, das muß Jackie auch.« Und gegenüber Freunden äußerte er mit unverhohlenem Stolz: »Sie sieht ohne Kleider wunderbar aus. Seht euch nur mal ihre Figur an. Ich glaube, ich werde sie von einem Künstler malen lassen. Neben ihr sehen alle anderen nackten Frauen wie ein Sack voller Knochen aus.«
Jackie mußte lange Zeit zahlreiche Sticheleien ertragen, sogar von ihrem guten Freund John Kenneth Galbraith, der während John Kennedys Präsidentschaft Botschafter in Indien war. Während eines offiziellen Essens schaute er von seinen ein Meter neunzig Höhe auf sie herab und rief aus: »Hallo, Jackie, ich hab dich angezogen überhaupt nicht erkannt!«

Jackies Einfluß auf die Mode von der Haute Couture bis hin zum Wühltisch war unübertroffen.
Edith Head, die für die meisten Hollywoodstars Kleider entwarf, sagte, sie habe »den größten Einfluß (auf die Mode) in der Geschichte« ausgeübt.
Oleg Cassini, ein ausgewanderter europäischer Aristokrat, staunte darüber, daß die Frau eines amerikanischen Präsidenten, eingekleidet von einem Amerikaner, zur meistkopierten Modepersönlichkeit der Welt wurde. Cassini offenbarte, daß auch Jackie überrascht war, welchen Einfluß sie auf die Damenmode hatte. Der *Philadelphia Inquirer* schrieb dazu: »Sie ist als Amerikas einflußreichste Stilbildnerin in die Modeannalen eingegangen.«
Während Jackie sich über ihren Einfluß wunderte, traf dies für die Bekleidungsindustrie und die Händler nicht zu. Sie setz-

ten sich 1960 vehement für die Wahl John Kennedys ein. Einige halfen mit umfangreichen Wahlkampfspenden, denn sie ahnten, daß seine Frau in ihrem Industriezweig ein Erdbeben auslösen würde.

Die Industrie wußte, daß Pat Nixon, als sie ihren Mann Richard im Wahlkampf unterstützte, in einer einzigen Stunde fünf Kleider von der Stange kaufen konnte und sich dabei nur dafür interessierte, ob sie konservativ genug und einfach in einem Koffer zu verstauen wären. Jackie hingegen gab in ihrem Haus in Georgetown Interviews, zu denen sie in einer schicken roten Pucci-Hose erschien. Pat redete über Haushaltsfragen als praktizierende Hausfrau, die ihre Aufgaben kannte und bewältigte. Jackie konnte kein Bett machen, wußte nicht, welche Rechnungen zu bezahlen waren, konnte nicht bügeln und bestand darauf, daß ihr Bettzeug nach einem Mittagsschlaf gewechselt würde. Aber sie wußte, was »in« ist, war elegant und hatte sehr viel »Klasse«.

Die Modemacher hatten recht. Sie verdienten ein Vermögen, indem sie alles in Massen produzierten, was Jackie zu tragen pflegte.

Eines Tages erschien in *Women's Wear Daily* ein Foto von ihr. Darauf trug sie einen Rock, der knapp zehn Zentimeter oberhalb der Knie endete. Schon nach wenigen Wochen erschienen Frauen in Büros und bei gesellschaftlichen Anlässen in kürzeren Röcken, woraus sich allmählich der Minirock entwickelte. Sie war der modische Rattenfänger, der Frauen anleitete, Pillbox-Hüte zu tragen, Sonnenbrillen nach oben über die Stirn zu schieben und mit bloßen Armen und Beinen in die Kirche zu gehen. Marilyn Bender schrieb: »Alle Argumente, die verlangten, die Rocklänge den eigenen Körperdimensionen anzupassen und die Frisur dem Alter gemäß zu gestalten, fielen in sich zusammen, als Jacqueline Kennedy das mädchenhafte Aussehen pflegte.«

Als ein jugendlicher Coiffeur namens Kenneth Battelle, da-

mals vierunddreißig Jahre alt, den sie fünf Jahre lang regelmäßig aufsuchte, nach Washington kam, um sie für die Inaugurationsfeier zu frisieren, empfahl er ihr eine gewagte toupierte Frisur. Innerhalb weniger Wochen mußten Friseure im ganzen Land ihren Kundinnen die Haare toupieren.
Es war kaum ein Zufall, daß die Zeichnungen von Models in Zeitungsannoncen schlanke junge Frauen mit strahlendem Lächeln, großen Augen und Frisuren zeigten, die aussahen, als seien sie mit Fahrradpumpen aufgeblasen worden. Kaufhäuser auf der Fifth Avenue in New York, der Michigan Avenue in Chicago, auf dem Rodeo Drive in Los Angeles und in den berühmten Einkaufsstraßen in Rom und London beschäftigten Mannequins, die Jacqueline Kennedy täuschend ähnlich sahen.
Millionenfach kauften Frauen Sonnenbrillen, wie Jackie sie trug. Als sie auch Kleider mit Gürteln zu tragen begann, schossen die Verkaufszahlen der darbenden Gürtelhersteller sprunghaft in die Höhe.
All das geschah nicht völlig planlos.

James Brady glaubt, daß Jackies unfehlbares Gespür für Stil angeboren war und dann verfeinert und kultiviert wurde. Schon sehr früh wußte sie genau, was für sie richtig war. Mit vierzehn Jahren und als neue Schülerin an Miss Porters School for Girls in Farmington, Connecticut, erfuhr sie, daß zur inoffiziellen, aber ausnahmslos getragenen Schulkleidung auch eine Nerzjacke und ein weißer Regenmantel gehörten. Jackie trug keines von beiden, und zwar nicht aus Rebellion, sondern einfach deshalb, weil ihr beides nicht gefiel. Statt dessen trug sie geschorenen Biber und kümmerte sich nicht darum, was die anderen Mädchen dazu sagten oder darüber dachten.
Später, in Vassar und auch danach, interessierte sie sich lebhaft für Modedinge und informierte sich in zahlreichen Modezeitschriften. Sie hat auch sehr früh begriffen, daß bei be-

stimmten Gelegenheiten eine betont schlichte Kleidung weitaus wichtiger sein kann als übertriebene Eleganz. Als First Lady sah man sie niemals in einem Nerzmantel, obgleich sie mehrere besaß. Am Tag der Inauguration im Jahr 1961 saß sie zwischen dem abtretenden Präsidenten Dwight D. Eisenhower und Mrs. Lyndon B. Johnson, der Ehefrau des neuen Vizepräsidenten, und trug einen schlichten beigefarbenen Wollmantel mit schmalem Pelzkragen. Nach einer Woche wurden Tuchmäntel mit schmalen Pelzkragen in den Warenhäusern angeboten und genauso schnell verkauft, wie sie geliefert wurden. Wie verlautet, gibt Jackie jährlich fünfundsiebzig- bis hunderttausend Dollar für ihre Garderobe aus. Dies ist eine sehr hohe Summe und ruft manchmal harsche Kritik seitens der Presse und der Öffentlichkeit hervor, von ihren beiden Ehemännern ganz zu schweigen.

Man sollte diese Ausgaben aber auch mal unter einem anderen Aspekt betrachten, Jackie ist sehr reich.* James Brady sagte: »Erstens habe ich ernsthafte Zweifel, daß ihre Kleiderrechnung wirklich so hoch ist, aber man sollte auch bedenken, daß sie Jackie und damit einmalig ist und daß sie schöne Kleider liebt, und Originalkreationen sind nun mal sehr teuer.«

Natürlich kann Jackie, was sie sicherlich auch tut, billige Dinge kaufen. Sie entscheidet sich für ein T-Shirt für dreißig Dollar, wenn es ihr gefällt, oder eine Strumpfhose für weniger als zwanzig Dollar sowie für einen Pyjama unter fünfzig oder hundert Dollar. Sie ist Kundin bei Gap, einer modischen Kleiderladenkette, die vorwiegend die mittleren Einkommensempfänger zu ihren Kunden zählt, jedoch modische Kleidung von guter Qualität anbietet. Dort kauft Jackie Trainingshosen (Größe S), eine Rayonweste (Größe M) oder Jeans der Größe M für rund fünfundsiebzig Dollar sowie Sommershorts oder ein Jeanshemd.

* siehe Kapitel siebzehn, Hinweis auf ihr Vermögen.

In den eleganten Geschäften in New York, Los Angeles, Palm Beach, Paris, Italien und anderen berühmten Modezentren kann ein Abendkleid zwischen tausend und zehntausend Dollar kosten, manchmal auch das Doppelte, wenn es sich um einen Exklusiventwurf handelt. Laut einer Verkäuferin bei Gucci's, dem exklusiven Laden auf der Fifth Avenue, rangiert ein Tageskleid aus Leinen oder Seide zwischen fünfhundert und tausend Dollar; Schuhe kosten zwischen hundertsechzig und zweihundertachtzig Dollar, und wenn sie aus Krokoleder sind, sogar bis zu tausend Dollar. Unterwäsche, Schals und andere Accessoires können ebenfalls Hunderte von Dollars teuer sein. Bei solchen Preisen braucht man nicht lange einzukaufen, um zu hohen Summen zu gelangen.

»Sehen Sie sich nur die großen Hollywoodstars an oder die Profisportler, die im Jahr Millionen verdienen«, sagte die Modejournalistin Rosemary Kent. »Sie kaufen Luxuswagen, die achtzig Millionen oder neunzig Millionen Dollar oder noch mehr kosten. Ist dies so empörend, wenn man es mit ihrem Einkommen vergleicht?

Jackies Bekleidungskosten mit ihrem Einkommen in Relation zu setzen klingt plausibel. Wenn ein Sportfan fünfhundert Dollar oder mehr ausgeben möchte, um eine Meisterschaft zu besuchen, oder wenn ein Industrietycoon hunderttausend Dollar für die Hochzeit seiner Tochter ausgibt, mit seiner Familie eine Weltreise unternimmt, die eine Menge kostet, eine hohe Summe für eine Wochenendparty aufwendet *und er sich diese Ausgabe leisten kann,* wer hat dann das Recht zu sagen, daß er das tun darf oder nicht tun sollte oder daß er ein Verschwender ist?«

In den Camelot-Jahren war diese Kritik berechtigt.

Laut einer Untersuchung durch Charlotte Curtis von der *New York Times* waren Jackies Ausgaben von fünfzigtausend Dollar für Bekleidung in den sechzehn Monaten nach John Kennedys Wahl durch das Treuhandvermögen, das sein Vater für

ihn und seine anderen Kinder bereitgestellt hat, mehr als abgedeckt.
Joe McCarthy, der Autor, der die Familie seit Anfang der fünfziger Jahre sehr gut kannte, erzählte mir: »Der Präsident bekam einen Tobsuchtsanfall. ›Mein Gott‹, sagte er, ›sie bringt mich an den Rand des Wahnsinns.‹«
In der Anfangszeit der Präsidentschaft von JFK kam Benjamin C. Bradlee, damals Chef des Washingtoner Büros von *Newsweek,* ins Weiße Haus, als der Präsident wegen einer Kaufhausrechnung von vierzigtausend Dollar »vor Wut kochte«. Jackie konnte die Forderung nicht erklären, denn, so bemerkte sie mit unschuldigem Augenaufschlag, sie habe keine Möbel, noch nicht mal einen Zobelmantel oder »irgendwas anderes von Bedeutung« gekauft. Kennedy meinte zu Bradlee: »Dies hier (das Weiße Haus) ist ein Ort, wo man angesichts der geleisteten Dienste wenigstens kostendeckend wirtschaften sollte.«
1962 betrug das persönliche Vermögen des Präsidenten zweieinhalb Millionen Dollar, nachdem er drei weitere Vermögensanteile erhalten hatte. Wenn er sein gesamtes Kapital in steuerfreien Kommunalobligationen angelegt hätte, die damals in New York bei einer Laufzeit von zwanzig Jahren drei Prozent Zinsen erbrachten, hätte sein jährliches Einkommen nur fünfundsiebzigtausend Dollar betragen. Dies wären natürlich 1962er Dollars gewesen, als man in New Yorker Restaurants für ein Steak weniger als fünf Dollar bezahlte, als ein Brot nur zwanzig Cent kostete und man in den Vororten noch Reihenhäuser für rund fünfundzwanzigtausend Dollar erwerben konnte.
Dennoch waren Jackies persönliche Ausgaben viel zu hoch für das Einkommen ihres Mannes, zumal er sein Jahresgehalt von hunderttausend Dollar für die Wohlfahrt spendete.
Kennedy, wie jeder andere Ehemann in einer ähnlichen Lage auch, beklagte sich nicht nur laut und häufig bei seiner Frau,

mit geringem Erfolg übrigens, sondern er versuchte Kosten einzusparen. Die Regierung übernahm die Rechnungen für offizielle Anlässe, aber wenn private Partys veranstaltet wurden, mußte der Präsident die Kosten dafür selbst tragen.
JFK, der Gesellschaft und private Feiern liebte, stellte sehr schnell fest, daß sie tatsächlich sehr teuer waren.
Nach seiner Amtseinführung erhielt er die Rechnungen für die ersten paar Monate und, wie sein Zeremonienmeister West sagte, »ging an die Decke«. Kennedy wies West an, die Lebensmittel in Zukunft auf einem Markt in der näheren Umgebung zu kaufen und nicht bei einem exklusiven französischen Händler in Georgetown. Einmal, als er nach einer privaten Party sah, daß Champagnerflaschen noch halbvoll herumstanden, verlangte er von West, daß eine neue Flasche erst dann geöffnet werden dürfe, wenn ein Kellner eine leere in die Küche gebracht habe.
Niemals während seiner kurzen Regierungszeit gelang es John Kennedy, die finanziellen Aufwendungen einzuschränken, die auf die First Lady zurückgingen.
Aber all das interessierte die Öffentlichkeit nicht. Die Leute stellten sich weiterhin vor, daß Jackie eine Menge Geld ausgab. Marilyn Bender von der *New York Times* sagte: »Die Öffentlichkeit mißgönnt ihren Göttern und Idolen niemals ihre Extravaganzen.«

Sogar jetzt noch, wo sie mehr als fünfundsechzig Jahre alt ist, regt sie die Modephantasien der Öffentlichkeit an. Mit sechzig Jahren erschien sie auf den Titelseiten von *Life, Vogue* und *Vanity Fair.* »Seit dreißig Jahren hat sie die Mode inspiriert, Trends ausgelöst, Regeln gebrochen und dem amerikanischen Stil ihren Stempel aufgedrückt«, schrieb der *Philadelphia Inquirer.* »Und der andauernden Faszination der Öffentlichkeit von ihrer Person nach zu urteilen, wird sie diese Rolle noch viele weitere Jahre spielen.«

3. Kapitel

Sie lieben, sie nicht lieben

Obwohl Amerika sie noch vor ihrem fünfunddreißigsten Geburtstag praktisch zu einem nationalen Denkmal erhob und obwohl sie Staatsoberhäupter vom sowjetischen Premierminister Nikita Chruschtschow bis zu Charles de Gaulle von Frankreich, vom kambodschanischen Prinzen Norodom Sihanouk bis zu Jawaharlal Nehru aus Indien bezaubert hat, wird Jackie in den Vereinigten Staaten nicht geliebt. Sie wurde niemals verehrt wie Mary Martin, Helen Hayes oder Judy Garland. Sie hat ein breites Spektrum von Gefühlen ausgelöst, die Bewunderung, Neid, Abneigung und Wut einschließen – aber keine Liebe.

Tatsächlich ist Liebe nicht der wesentliche Faktor, wenn man den Grad der öffentlichen Anziehungskraft von prominenten Persönlichkeiten bestimmen will. Man betrachte nur Frank Sinatra, Madonna und Fergie, die von Prinz Andrews von England getrennt lebende Ehefrau. Alle Fehler und Mängel dieser Persönlichkeiten wurden ausgiebig beschrieben und analysiert, trotzdem sind sie noch immer Objekte des intensiven öffentlichen Interesses.

Im Laufe der Jahre hat Jackie viele kritische Briefe erhalten, sogar sehr böse waren darunter. Man hat ihr Überheblichkeit, eine herablassende Haltung gegenüber Personen von niedrigerem gesellschaftlichem Rang, Habgier, eine Sucht nach Kleidung, Pseudointellektualität und einen übersteigerten Ehrgeiz nachgesagt, der mindestens so groß sei wie der der Kennedys selbst. Schließlich wurde ihr vorgeworfen, offen und dreist mit den Männern anderer Frauen zu flirten und sie, bei entsprechenden Gelegenheiten, für ihre eigenen Zwecke auszunutzen.

Trotz ihrer Schönheit, ihres erlesenen Geschmacks, ihrer Würde und ihres Mutes angesichts des Unglücks war die öffentliche Zustimmung für sie niemals so uneingeschränkt wie bei anderen.
In einer 1961 vom Gallup-Institut durchgeführten Untersuchung, in der Testpersonen aufgefordert wurden, den Namen der Frau zu nennen, die sie auf der Welt am meisten bewundern, landete Eleanor Roosevelt, die Witwe des Präsidenten Franklin D. Roosevelt, auf dem ersten Platz. Es war das dreizehntemal, daß sie aus der Befragung, die im Jahr 1947 zum erstenmal veranstaltet wurde, als Siegerin hervorging. Jackie kam auf den zweiten Platz und siegte in den Jahren 1962 bis 1966.
Seitdem ist sie jedoch niemals über den fünften Platz hinausgekommen, rutschte 1977 und 1979 sogar auf den zehnten Platz ab und kam 1968, dem Jahr, in dem sie Aristoteles Onassis heiratete, noch nicht einmal unter die ersten zehn. Völlig aus dem Rennen war sie auch in den Jahren 1982 und 1984. In den darauffolgenden Jahren rangierte sie hinter Jeane Kirkpatrick, Jane Fonda, Barbara Walters, Oprah Winfrey und Margaret Thatcher. 1992 landete sie auf dem achten Platz, geschlagen von Barbara Bush, Mutter Teresa, Margaret Thatcher und Hillary Clinton, die die ersten vier Plätze einnahmen.
Schlecht erging es Jackie in einer anderen Umfrage bezüglich der »meistbewunderten« Frauen, die vom Magazin *Good Housekeeping* veranstaltet wurde. Nicht ein einziges Mal seit 1969, als die Umfrage zum erstenmal durchgeführt wurde, gelangte sie auf einen der ersten zehn Plätze. Pat Nixon, Mamie Eisenhower und Nancy Reagan, drei andere First Ladys, erreichten höhere Platzierungen. Mrs. Nixon siegte in den Jahren 1973, 1974, 1975 und 1977, rangierte 1978 hinter Betty Ford auf dem zweiten Platz und war bis 1977 stets unter den ersten zehn zu finden.
1981 gelangte Jackie auf Platz 28, noch hinter ihrer Schwägerin

Joan M. Kennedy, die schon damals im Begriff war, sich von ihrem Mann Senator Edward M. Kennedy von Massachusetts scheiden zu lassen. Joan erreichte Platz 21. 1982 rutschte Jackie bis auf Platz 37 ab, geschlagen von Rose Kennedy, ihrer früheren Schwiegermutter, die auf Platz 19 gelangte. Und in der Umfrage von 1993 belegte Barbara Bush den ersten, Mutter Teresa den zweiten, Prinzessin Diana den dritten Platz, während Jackie auf der Liste weit unten auftauchte.

In Madame Tussauds Wachsfigurenkabinett, einer zweihundert Jahre alten Ausstellung von Modellen berühmter Persönlichkeiten, werden die Besucher alljährlich aufgefordert, zu entscheiden, wer die jeweils schönste Frau der Welt ist. Jackie gewann nur einmal, im Jahr 1972, und wurde danach unter anderem von Sophia Loren, Raquel Welch und Elizabeth Taylor geschlagen.

Aber diese Untersuchungen lassen bohrende Fragen unbeantwortet. Wenn die Menschen nicht einhellig von dieser Jackie begeistert sind, weshalb empfinden sie Abneigung gegen sie, weshalb lehnen sie sie ab und kritisieren ihren Lebensstil? Meinungsumfragen oder eingehende Betrachtungen geben Auskunft über Beliebtheitsgrade, aber – und das ist ein wichtiger Punkt – sie liefern nicht die Gründe für die Beliebtheit.

Da weder in den Gallup-Untersuchungen noch in den Umfragen von *Good Housekeeping* bezüglich Jackies Popularität die Frage nach dem Weshalb gestellt wurde, wandte ich mich mit der Bitte um Hilfe an Bernard Engelhard & Associates, einen der führenden Zielgruppenspezialisten des Landes, um in Erfahrung zu bringen, was die Menschen von ihr halten, und zwar in allen Bereichen, von ihrer äußeren Erscheinung und ihrem Verhalten bis hin zu ihrem Lebensstil, ihrer Persönlichkeit und ihrem Charakter.

Die Zielgruppe, als Marketinghilfe in den siebziger Jahren entwickelt, umfaßt Individuen, die die Marktforscher zu erreichen wünschen, um ihre Meinung zu allen Aspekten eines

Themas, eines Produkts oder eines Individuums zu eruieren. Da ihre Anonymität gewährleistet ist, äußern die Angehörigen der jeweiligen Gruppe ihre Meinung recht unverblümt. Gewöhnlich versammeln sich sieben bis zwölf Personen an einem Tisch und unterhalten sich in entspannter, informeller Atmosphäre, angeleitet von einem erfahrenen Diskussionsführer. Die Teilnehmer äußern ihre Gedanken und untersuchen Themen und Bereiche, die bei andersgearteten Untersuchungen nicht berücksichtigt werden, wie zum Beispiel bei einer quantitativen Umfrage.
Engelhard veranstaltete drei verschiedene Zielgruppengespräche über Jackie in San Francisco, im San Fernando Valley und in New York. Dabei suchte er sorgfältig Leute aus, die einen Querschnitt des amerikanischen Mittelstandes darstellen, wie Lehrer, Handwerker, Geschäftsleute, Personalberater und andere. Anschließend analysierte Engelhard die Tonbandaufnahmen der Gespräche und kam zu folgenden Ergebnissen:

- Die Mehrheit der Befragten hatte eine hohe Meinung von Jackie wegen der Art und Weise, wie sie ihre Kinder großzog. Man war sich nahezu uneingeschränkt darin einig, daß, obgleich Caroline und John Jr. weitaus stärker dem öffentlichen Interesse ausgesetzt waren als die siebenundzwanzig anderen Enkelkinder von Joseph P. und Rose Kennedy, sie mit keinem der Probleme, die oftmals sehr gravierend sein können, zu kämpfen hatten, mit denen viele andere sich in ihrer Jugend auseinandersetzen müssen.
- Die meisten Männer hielten Jackie zwar für eine Schönheit, meinten jedoch, sie habe keinen Sex-Appeal.
- Alle waren sich darin einig, daß JFK der Archetyp des untreuen Ehemannes war, daß Jackie sich jedoch keinen Seitensprung habe zuschulden kommen lassen.
- Ob Jackie ihren Mann John jemals richtig geliebt hat, wurde hitzig diskutiert, jedoch ohne ein schlüssiges Ergebnis. Die

Hälfte der Befragten glaubte, daß sie ihn geliebt habe, die andere Hälfte war genauso überzeugt, daß zwischen ihnen keine Liebe geherrscht habe, und zwar nicht einmal dann, als sie ihn im September 1953 heiratete.

- Die meisten Männer und Frauen drückten große Bewunderung für sie aus, weil sie während ihres gesamten bisherigen Lebens immer eine unabhängige Frau gewesen war. Sie hatte im Angesicht der Tragödie Stärke bewiesen, hatte sich niemals unterkriegen lassen, sondern immer vorwärtsgeschaut, hatte stets gewußt, was sie wollte, und es auch erreicht, und – was in den Augen der meisten besonders wichtig war – sie hatte sich im Laufe der Jahrzehnte vorteilhaft verändert.
- Negativ wird ihr noch immer angekreidet, daß Jackie Aristoteles Onassis wegen seines Geldes und, in geringerem Maße, wegen seiner Macht und seines Einflusses geheiratet habe.
- Die drei wesentlichsten Begriffe, die einem einfallen, wenn ihr Name genannt wird, sind, in dieser Reihenfolge: Charakter, Charisma, Geld.

Die Ergebnisse der Studie sind deshalb bedeutsam, weil sie uns etwas über die Vorstellungen verraten, die die Menschen von Jackie haben.

Aber Vorstellungen können irreführend sein. Wie wir in späteren Kapiteln sehen werden, sind einige der Ergebnisse richtig. Weil Jackie ihre Gedanken und Empfindungen während ihres Lebens stets unterdrückt und für sich behalten hat, geht die Welt in bezug auf ihre Persönlichkeit von Daten aus, die keine Fakten, sondern Fehlinterpretationen sind – und diese sind auch noch ausgesprochen ungenau.

Teil zwei

Ein kurzer, strahlender Augenblick

4. Kapitel

Junge Jackie, junger John

Die beste Zeit in Jackies Leben waren die tausendundzwei Tage als Ehefrau von John F. Kennedy und als Hausherrin des Weißen Hauses.
Der schlimmste Tag war der Tag tausendunddrei.
Im Alter von einunddreißig Jahren wurde sie die einunddreißigste First Lady des Landes und damit die jüngste nach Frances Folsom Cleveland, die Grover Cleveland im Weißen Haus geheiratet hatte, und Julia Gardiner, die zweite Frau John Tylers. Beide waren erst einundzwanzig Jahre alt.

Jackie wurde am 29. Juli 1929 in Southampton, Long Island, New York, als ältere von zwei Töchtern von John Vernon Bouvier III. und Janet Lee Bouvier geboren. Sie war ein privilegiertes, schönes Kind und ein ausgesprochener Plagegeist.
Als sie fünf Jahre alt war, hatte sie die Kindermädchen fast genauso schnell gewechselt wie die Windeln. Keines war ihr gewachsen. Sie war eigensinnig, stur und schwer zu beeinflussen – also ein Kind, das Mütter wegen seiner Schönheit und seines Charmes anbeten, wegen seines Ungehorsams aber auch die Hände über dem Kopf zusammenschlagen.
»Ach, sie wird diese Unarten schon ablegen«, wurde Janet Auchincloss, ihre Mutter, von ihren Freundinnen gesagt, aber Jackie tat es nicht. Nachdem sie ein Jahr in der Vorschulerziehung verbracht hatte, wurde sie in Miss Chapin's School in New York angemeldet. Sie wurde von ihren Lehrerinnen als Problemkind eingestuft. Ein früher Biograph schrieb:
»Sie war eine Gesetzlose. Sie tat alles, was Lehrerinnen auf-

regt: Sie stand während des Unterrichts von ihrem Platz auf und imitierte andere Schülerinnen und die Lehrerin selbst. Sie schlenderte durch das Klassenzimmer, zog Grimassen und tat sogar einmal so, als müsse sie sich übergeben.«

Ihre Mutter, Janet, verteidigte ihre Unarten, indem sie erklärte, Jackie sei zu intelligent, und damit hatte sie vielleicht sogar recht. »Ihre Klugheit, fast schon Frühreife, machte ihr die Schule zu leicht«, sagte Janet. »Sie beendete ihre Schularbeiten immer lange vor ihren Klassenkameradinnen und hatte dann nichts anderes zu tun, als Unsinn zu treiben, um ihren Geist zu beschäftigen und überschüssige Energie loszuwerden.«

Dennoch war Janet nicht auf die Bemerkung vorbereitet, die eine von Jackies Klassenkameradinnen eines Tages machte, als sie, nachdem sie sich freiwillig als Klassenmutter zur Verfügung gestellt hatte, eine Schülerinnengruppe von Miss Chapin auf einem Spielplatz im Central Park beaufsichtigte. Jackie war widerspenstig – und Janet sagte leichthin zu einem der Kinder: »Ist sie nicht ein unartiges Kind?«

Das Kind erwiderte: »Sie ist das schlimmste Mädchen der Schule. Jackie tut jeden Tag etwas Böses. Sie wird jeden Tag zu Miss Stringfellow geschickt – nun, fast jeden Tag.«

Ether Stringfellow, die furchterregende Rektorin, schüchterte alle ihre Schülerinnen ein, bis auf Jacqueline Bouvier. An diesem Abend fragte Janet ihre Tochter: »Was sagt sie zu dir?«

Jackie erwiderte: »Oh, sehr viel. Aber ich höre nicht zu.«

Ihr Vater, wegen seiner ganzjährigen Sonnenbräune Black Jack genannt, erwartete, daß seine Tochter eine Unruhestifterin war, aber ihre Mutter rechnete sicherlich nicht damit. Black Jack war selbst störrisch, ein Säufer, ein Flegel, ein Lebemann, ein Glücksspieler und Schürzenjäger. Und da er seine kleine dunkeläugige Tochter anbetete, unternahm er wenig, um sie daran zu hindern, daß sie eine Landplage wurde. So ruhig und zurückhaltend, wie Black Jack ausgelassen und wild war,

konnte Jackies Mutter ihre älteste Tochter nicht im Zaum halten, und sie schaffte es kaum besser bei ihrer jüngeren Tochter Lee, die am 3. März 1933 geboren wurde.
Janet Lee war reich, vornehm und strebte nach gesellschaftlichem Erfolg. Jack Bouviers Vorfahren kamen in die Kolonien, um zusammen mit dem Marquis de Lafayette, dem französischen General und Staatsmann, der später als General in der Armee George Washingtons diente, für die amerikanische Unabhängigkeit zu kämpfen. Janets Familie war »neureich«. Ihr Großvater war ein armer irischer Einwanderer gewesen, ebenso wie die Kennedys. Er hatte sich in New York City niedergelassen. Sein Sohn James, ein Anwalt, spekulierte mit Immobilien und erwarb ein großes Vermögen. Er heiratete ein Mädchen, das ebenfalls irischer Herkunft war. Janet Lee war ihre Tochter. Sie hoffte, daß ihr Jack Bouvier Zugang zur High-Society verschaffte, was er eine Zeitlang auch tat.
Black Jacks Großvater, Michael, hatte es durch Grundstücksgeschäfte und Importbeteiligungen in Philadelphia zum mehrfachen Millionär gebracht, doch als Bouvier das Familienvermögen erbte, war es bis auf eine viertel Million Dollar zusammengeschrumpft, obgleich er sich weiterhin in der feinen Gesellschaft bewegte und ein aufwendiges Leben führte. Aber Jackie hatte ein Zuhause in Manhattan, eine Sommerresidenz in den Hamptons, mehrere Pferde, und sie besuchte die vornehmsten Schulen.
1936 jedoch, als Jackie erst acht Jahre alt war, hatte Janet von alldem genug. Sie verließ ihren Mann und nahm Jackie und Lee mit. Jack besuchte seine Töchter nur an den Wochenenden, ein Arrangement, gegen das er sich nicht wehren konnte, da sein Vermögen immer weniger wurde.
Janet hatte gehofft, daß das Leben in einer eleganten Wohnung in Manhattan, umgeben von Hausangestellten und jedem erdenklichen Luxus, Jackie und Lee gefallen würde, aber das war nicht der Fall. Tatsächlich war das Leben mit Janet,

die auf Anstand achtete, quälend langweilig für beide Mädchen, aber die Wochenenden waren ausgesprochen glücklich. Jack Bouvier, der sich von seiner charmantesten Seite zeigte, besuchte mit seinen Töchtern die schönsten Spielzeugläden und Boutiquen und kaufte ihnen alles, was sie sich wünschten und tragen konnten, und ließ ihnen den Rest zusenden. Er speiste mit ihnen in den elegantesten Restaurants, nahm sie ins Theater mit, und sie hatten viel Spaß zusammen. Wie er das Geld für diese Eskapaden beschaffte, stand auf einem anderen Blatt. Er verschuldete sich erheblich.

Wenn es wieder an der Zeit war, in Janets Obhut zurückzukehren, verwandelte sich die Ausgelassenheit in düstere Blicke und oft genug in Tränen. Die beiden Tage der Unbeschwertheit waren wieder einmal vorbei, bis zum nächsten Wochenende.

In diesen Jahren, im Alter zwischen acht und zwölf, lernte Jackie eine wichtige Lektion. Während sie sich in jener Zeit dessen sicherlich nicht bewußt war, war die Entdeckung, die sie machte, folgenschwer. John H. Davis, ein entfernter Verwandter, stellte es in seiner bewundernswerten Geschichte der Kennedy-Familie, *The Kennedys: Dynasty and Disaster, 1948–1983,* am besten dar. Jackie begriff, so sagte er, »daß man mit ein wenig Charme und ein wenig Raffinesse fast alles von einem Mann bekommen konnte, was man sich wünschte«.

Als intelligentes und aufmerksames Kind war Jackie sich außerdem darüber im klaren, daß Jack Bouvier zahlreiche Freundinnen hatte. Er machte daraus auch kein Geheimnis. Dieses Wissen tat ihrer Bewunderung für ihren Vater keinen Abbruch. Es gab niemals Streit zwischen Vater und Tochter, was verständlich ist, denn er erlaubte ihr so gut wie alles. Aber Jackie und ihre Mutter stritten sich häufig.

1940 ging Janet nach Nevada und reichte die Scheidung ein. Die Einzelheiten wurden in den Klatschblättern detailliertest breitgetreten und von Jackie, damals elf Jahre alt, geradezu verschlungen. Zwei Jahre später heiratete Janet Hugh Dudley Auchincloss – für seine Freunde und seine Stieftöchter nur »Hughdie« –, einen wohlhabenden Börsenmakler aus Washington. Sie nahm die Mädchen mit auf sein Anwesen Hammersmith Farm in Newport, Rhode Island, und in seine georgianische Villa Merry Wood am Potomac River in Virginia vor den Toren Washingtons. Auchincloss, ein gesetzter und korrekter Gentleman, konnte seine Herkunft sieben Generationen zurückverfolgen und wurde, natürlich, im Social Register geführt, einem Nachschlagewerk, in dem die prominenten Mitglieder der Gesellschaft verzeichnet sind. Stephen Birmingham weist darauf hin, daß die Astors nur zwei Eintragungen im Register hatten, die Vanderbilts gerade acht, die Rockefellers zweiundvierzig und die Auchinclossens siebenundvierzig. Janet war begeistert.

Mittlerweile konnte Jack Bouvier sich nur noch ein Zimmer im Westbury Hotel in Manhattan leisten. Niedergeschlagen und verzweifelt trank er mehr und mehr und war schon bald auch tagsüber nur noch betrunken anzutreffen.

Jackies Schulausbildung war weiterhin erstklassig. Zwischen dem dreizehnten und dem vierzehnten Geburtstag besuchte sie eine elegante Privatschule in Holton Arms. Mit Fünfzehn wurde sie auf die berühmte Miss Porter's School in Farmington, Connecticut, geschickt, wo sie Kunst studierte, aktiv im Theaterclub mitwirkte und als Reporterin für die Schulzeitung tätig war und daneben soviel Zeit wie möglich damit verbrachte, ein Pferd zu versorgen, das Hughdie ihr gekauft hatte. Es war eine Stute, die sie Danseuse nannte.

Mittlerweile war Jackie zu einer Schönheit herangewachsen und wurde von ihren Klassenkameradinnen wegen der Scharen von Jungen, die sie von benachbarten Schulen und Colleges anlockte, beneidet. Ihr Name tauchte immer öfter in den Gesellschaftsnachrichten auf. 1947 nannte der Gesellschaftsreporter von Hearst, Cholly Knickerbocker, dessen richtiger

Name Igor Cassini lautete, sie »Debütantin des Jahres«, als sie, im Alter von achtzehn Jahren, in den Clambake Club in Newport kam, ein verschachtelter Holzbau am Eaton Point oberhalb des Long Island Sound.

1947 immatrikulierte sie sich am Vassar College in der Nähe von Poughkeepsie, New York, wo sie Shakespeare und Religionsgeschichte studierte. Das Studiengeld wurde von Jack Bouvier von seinen ständig geringer werdenden Rücklagen bezahlt. Jack, der sie immer noch verehrte, freute sich, daß sie nur fünfzig Meilen entfernt lebte, und besuchte sie sehr oft. Obwohl schon fünfundfünfzig Jahre alt, sah er immer noch sehr gut aus, trotz seines erheblichen Alkoholkonsums, und Jackie präsentierte ihn stolz ihren Freundinnen im College.

Europa lockte. Im darauffolgenden Sommer bereisten sie und drei Freundinnen, Judith und Helen Bodwoin und Judith Bissell, den Kontinent. Jackie verbrachte ihr erstes Studienjahr an der Universität von Grenoble in Südostfrankreich und an der Sorbonne in Paris, wo sie eine Zeitlang bei einer französischen Familie wohnte. Nach ihrer Rückkehr in die Vereinigten Staaten beschloß sie, ihr Studium in Vassar nicht zu beenden, sondern sie ging stattdessen an die Georgetown University in Washington, wo sie 1951 den Grad des Bachelor of Arts erwarb.

Sie war nun fast dreiundzwanzig Jahre alt, hatte kein eigenes Geld und keine beruflich verwertbaren Kenntnisse und Fähigkeiten. Bouvier war bankrott, und Auchincloss hinterließ sein Vermögen seinen Kindern aus erster Ehe. Jackie war begeistert von ihrem Studium in Frankreich, von der französischen Sprache, Geschichte und Kunst, aber mit diesen Zeugnissen eine Arbeit zu finden erwies sich als hoffnungsloses Unterfangen. Hughdie öffnete ihr eine Tür beim *Washington Times Herald*, indem er mit einem alten Freund, Arthur Krock, sprach, dem einflußreichen Kolumnisten bei der *New York Times*. Dieser veranlaßte, daß der *Times Herald* sie für zwei-

undvierzig Dollar, fünfzig Cent pro Woche als recherchierendes »Kameragirl« einstellte.
Und sie machte ihre Sache gut, stellte provozierende Fragen. Sie zog durch die Antiquitätenläden und frage deren Eigentümer, welches Stück, wenn sie die Wahl hätten, sie als einziges behalten würden. Sie besuchte den Capitol Hill, um Senatoren und Abgeordnete über aktuelle Themen zu befragen. Sie wollte vom zahnärztlichen Hilfspersonal in einer Klinik wissen, wer sich bei Behandlungen tapferer verhielt, Frauen oder Männer? Kurz nach der Wahl Präsident Eisenhowers im Jahr 1952 interviewte sie zwei seiner Nichten, Mamie und Ellen Moore, und erkundigte sich nach ihren Reaktionen auf die Wahl. Ihre Story wurde auf der Titelseite veröffentlicht.
Kurz nachdem sie ihren Job angetreten hatte, verlobte sich Jackie mit einem jungen Börsenmakler namens John Husted, den sie während ihres letzten Studienjahrs an der George Washington University kennengelernt hatte. Husted, der in New York arbeitete, stand ebenfalls im Social Register. Seine wohlhabende Familie lebte in Washington und war in den Augen von Janet Auchincloss durchaus akzeptabel.
Die Verlobungszeit mit John Husted ging schon bald zu Ende. Er konnte sie nur an den Wochenenden in Washington besuchen, und in der Zwischenzeit schrieben sie einander. Aber ihre Briefe wurden immer seltener und kürzer. Husted ahnte, was passieren würde, und er behielt recht.
Eines Tages, als er in Washington eintraf, erwartete Jackie ihn am Flughafen und ließ schweigend den mit Saphiren und Brillanten besetzten Ring, den er ihr geschenkt hatte, in seine Jackentasche gleiten.
Sie war nun ohne männliche Begleitung, aber nicht lange. Der nächste Mann, der in ihr Leben trat und dessen Verlauf ändern sollte, war der älteste Sohn von Rose und Joseph P. Kennedy.

Zu dieser Zeit war John Fitzgerald Kennedy ein gerade vierunddreißigjähriger, frischgebackener Kongreßabgeordneter aus dem Eleventh Congressional District in Massachusetts. Sein strahlendes Lächeln, das störrische braune Haar, das im Sonnenschein rötlich leuchtete, sein irischer Charme und seine Schlagfertigkeit machten ihn zu einem Liebling der Washingtoner Damenwelt, zumal er auch noch reich und ungebunden war.

Die Mädchen lagen dem jungen John Kennedy zu Füßen, und er nahm jede, die sich ihm anbot, aber bis zu diesem Zeitpunkt war er erst einmal richtig verliebt gewesen.

Zehn Jahre zuvor, mit Vierundzwanzig, hatte er eine Beziehung zu einer achtundzwanzigjährigen dänischen Journalistin begonnen, einer bildhübschen Blondine namens Inga Arvad. Einige Biographen des Präsidenten gehen über seine Beziehung zu »Inga Binga«, wie sein Kosename für sie lautete, kommentarlos hinweg, doch es war nicht nur eine kurzfristige Episode in seinem Leben. Die Affäre dauerte insgesamt drei Jahre, in denen er ernsthaft verliebt war. John Kennedy vergaß Inga und was sie ihm bedeutet hatte niemals.

John lernte Inga 1941 kennen, als er als Fähnrich in Washington beim Geheimdienst der Marine stationiert war. Durch diese Affäre geriet er in erhebliche Schwierigkeiten, weshalb er beinahe aus der Navy entlassen worden wäre. Dies hätte das Ende seiner Karriere bedeutet, noch ehe sie richtig begonnen hatte.

Sie lebten ganz offen in der Hauptstadt zusammen. Damals war Inga nicht nur mit einem Ungarn namens Paul Fejos verheiratet, sondern sie stand auch unter Beobachtung des FBI, das sie verdächtigte, eine deutsche Spionin zu sein. Sie hatte offenbar enge Verbindungen zu hohen Würdenträgern der Nazis, war 1936 während der Olympischen Sommerspiele Gast von Hermann Göring gewesen und bei dieser Gelegenheit auch Adolf Hitler vorgestellt worden, der sie ein »perfektes Beispiel nordischer Schönheit« genannt haben soll.

John zog ernsthaft in Erwägung, Inga zu heiraten, was seinen Vater in Rage versetzte, der wütend darauf hinwies, daß sie bereits verheiratet sei. Ingas Telefon wurde vom FBI abgehört, das außerdem Wanzen in jedem Zimmer ihrer Wohnung versteckte und dadurch von ihrer Beziehung zu dem jungen Marineoffizier erfuhr. Ihre Affäre mit John wurde umgehend dem Geheimdienst der Navy gemeldet.

Geheimdienstbeamte, die die Vorgänge in Ingas Wohnung belauschten, bekamen die Geräusche des knarrenden Betts, ihr Lustgestöhn und Johns Anweisungen für Stellungen zu hören, die sie bei ihren Sexspielen ausprobieren sollte.

Diese Informationen wurden an Captain Howard Klingman weitergeleitet, den stellvertretenden Direktor des Geheimdienstes, der entschied, daß John Kennedy sofort aus der Navy entlassen werden solle. Joe sr. hingegen führte einige Telefongespräche mit hochrangigen Persönlichkeiten, und, am 15. Januar 1942, wurde John dem Hauptquartier des Sechsten Marinebezirks in Charleston, South Carolina, zugeteilt. Dort unterwies er die Arbeiter in den kriegswichtigen Fabriken überall im Staat, wie sie sich bei Bombenangriffen schützen sollten, ein Thema, von dem er so gut wie keine Ahnung hatte. Schon bald entwickelte er eine Standardantwort auf Fragen, die er nicht beantworten konnte. Während er den Frager ernst musterte, sagte er: »Das ist ein guter Gedanke. Ich lasse nächste Woche einen Spezialisten aus Washington herkommen, der diese Frage ausführlich beantworten wird.«

John und Inga korrespondierten häufig miteinander, wobei sie weitaus öfter schrieb als er. Wenn er jedoch einen Brief abfaßte, dann enthielt er leidenschaftliche Liebeserklärungen, und sie antwortete mit ähnlicher Inbrunst. Ihre Briefe an ihn aus Washington, geschrieben auf dem offiziellen Briefpapier des *Washington Times Herald,* wo sie als Reporterin beschäftigt war, sind eine zärtliche Mischung aus Liebe und Poesie und

liefern einen bemerkenswerten Einblick in John Kennedys Persönlichkeit und Charakter.
Am 28. Januar 1942, gut eine Woche nach seiner Versetzung, schrieb sie: »Ich glaube, ich weiß immer genau, was für Dich das richtige ist. Und zwar nicht intellektuell. Auch nicht aufgrund von Wissen. Sondern weil es Dinge gibt, die viel tiefer liegen, viel echter, wahrer sind – nämlich Liebe, mein Schatz.«
Zwei Monate später, am 11. März, schrieb sie an John: »Du wolltest mich sicherlich bitten, an diesem Wochenende zu Dir zu kommen, nicht wahr? Ich komme nicht deshalb nicht, weil ich stur bin. Am liebsten würde ich alles stehen- und liegenlassen und mich auf den Weg machen. Nicht weil ich möchte, daß Du mit mir schläfst und mir nette Dinge sagst. Sondern nur, weil ich mehr als alles andere wünsche, mit Dir zusammenzusein, wenn es Dir schlechtgeht …
Ich habe einmal gesagt, ›wenn Du mich brauchst, John, dann ruf mich‹. Das stimmt noch immer. Es war nicht so dahingesagt. Es war wirklich mit Herzblut geschrieben, wenn das nicht zu drastisch und abstoßend klingt. Es gilt also weiterhin. Wenn ich einen Schmerz bei Dir lindern kann, sei er körperlich oder seelisch, dann komm zu mir, oder ich komme zu Dir. Es ist keine Frage eines falschen Stolzes. Niemals wird es heißen, ›ich kann nicht zu Dir kommen, aber wenn Du zu mir kommst, dann ist das in Ordnung‹. Stolz ist etwas Schönes. Zuviel davon verdirbt das eigene Leben und das Leben anderer. Bitte laß niemals den Stolz eine Freundschaft zerstören, von der ich hoffe, daß sie nicht schon gleich zu Beginn gestört wurde, weil Du mich zu einfach haben konntest. Wenn Du irgend etwas Schönes in Deinem Leben empfindest – ich rede nicht von mir –, dann zögere nicht, es auszusprechen, zögere nicht, den kleinen Vogel zum Singen zu bringen. Es kostet so wenig; ein Wort, ein Lächeln, eine Berührung mit der Hand …
Mein Liebster, ich schicke Dir von allem das Beste, auch meine Liebe, Binga.«

Inga verstand John Kennedy sehr gut und war fest davon überzeugt, daß er eines Tages an die Spitze aufsteigen würde. Im April 1942 schrieb sie:
»Vielleicht ist Dein größter Fehler, mein Prachtstück ... daß Du einen klugen Kopf mehr bewunderst als ein einfühlsames Herz, aber das ist am Ende auch notwendig. Mit dem Herzen wurde noch nie Ruhm errungen – vielleicht haben nur Heilige das geschafft – und auch kein Geld, außer bei den Vertreterinnen des ältesten Gewerbes der Welt, und dieses Geld mußte schwer verdient werden.
Ich kann es kaum erwarten, Dich an der Spitze der Welt zu sehen. Das ist ein sehr guter Grund, weshalb der Krieg endlich aufhören sollte, damit du eine Chance erhältst, der Welt und Dir selbst zu beweisen, daß ein Mann der Zukunft bereitsteht. Sollte ich sterben, ehe Du die oberste Sprosse der goldenen Leiter erklimmst, dann, liebster John, – wenn es ein Leben nach dem Tode gibt, wie Du glaubst – ob ich im Himmel oder in der Hölle bin, ist das der Moment, in dem ich eine Hand ausstrecke und versuchen werde, Dich festzuhalten – auf der unsichersten aller Sprossen ... Deine Binga.«
Joe Kennedy überzeugte John davon, daß eine Ehe mit Inga ein schlimmer Fehler wäre. Schließlich verlief die Affäre im Sande. Inga ging nach Hollywood, wo sie Tim McCoy, den Westernstar, heiratete. Sie starb 1973 im Alter von sechzig Jahren, aber sein ganzes Leben lang erinnerte John Kennedy sich an sie als seine erste ernsthafte Liebesbeziehung.*

* Beweise, daß Inga den Vereinigten Staaten geschadet hat, wurden nie zutage gefördert. John Kennedy erfuhr Jahre später, daß sie unter Beobachtung gestanden hatte, und verzieh dies den Verantwortlichen niemals, nicht einmal dann, als er zum Präsidenten gewählt worden war. Als er während seiner Amtszeit anläßlich der Entlassungsfeierlichkeiten an der Harvard University eine Rede hielt, wurde ihm ein Industrieller vorgestellt, der damals FBI-Agent gewesen war und den Auftrag gehabt hatte, Inga zu überwachen. John wußte darüber Bescheid. Der Mann streckte ihm die Hand zum Gruß entgegen, doch Kennedy beachtete sie nicht, beugte sich vor und sagte flüsternd: »Du verdammter Hurensohn!«

Im März 1943 ging Kennedys Wunsch endlich in Erfüllung. Er erhielt die Chance, an einem aktiven Einsatz auf See teilzunehmen. Nach der Versetzung auf die Salomoninseln wurde ihm das Kommando für ein PT-Boot übertragen, ein Motorboot und das kleinste Schiff der Navy. PT-109 ist in die Geschichte als das Schiff eingegangen, das dem zukünftigen Präsidenten die Navy- und die Marine-Medaille sowie das Purple Heart einbrachte, nachdem das Schiff am 2. August 1943 von einem japanischen Zerstörer gerammt worden war. Fähnrich Kennedy und zehn der zwölf überlebenden Mannschaftsmitglieder klammerten sich bis zum Morgen an das Wrack. Dann schwammen sie zu einer nahegelegenen Insel, wobei Kennedy einen Seemann fünf Meilen weit mitschleppte, trotz einer Rückenverletzung, die ihn für den Rest seines Lebens ständig quälen sollte. Nach einer Rückenoperation im Chelsea Naval Hospital in Boston wurde Kennedy am 16. März 1945 wegen seines beschädigten Rückens aus medizinischen Gründen aus der Armee entlassen.
Im darauffolgenden Jahr bewarb er sich um einen Sitz im Repräsentantenhaus und gewann. Er besiegte neun andere Kandidaten und begann bereits von seinem Einzug in den Senat zu träumen.

Nach Inga konzentrierte John sich auf flüchtige Abenteuer, vorwiegend mit vollbusigen Frauen, die aus ihrer Verfügbarkeit keinen Hehl machten. Jacqueline war in nichts den anderen Frauen ähnlich. Ihre Stirn war viel zu hoch und gewölbt. Ihre Augen standen zu weit auseinander, ihr Hals war zu lang, und in einem tief ausgeschnittenen Kleid ragte ihr Schlüsselbein auffällig hervor. Ihr Mund war zu breit, ihr Busen zu klein, obgleich durch gepolsterte Büstenhalter etwas vergrößert, und ihre Oberarme waren zu knochig. Ihre Beine waren dünn und leicht gebogen. Sie war einen Meter fünfundsechzig groß, und ihre Füße, Schuhgröße zweiundvierzig, waren sogar für eine ziemlich hochgewachsene Frau zu groß.

Doch aufgrund irgendeiner seltsamen Alchimie war die Summe weitaus attraktiver als die einzelnen Teile. Sie alle fanden sich im Körper einer bezaubernd schönen Frau zusammen.

John war sofort von ihr fasziniert.

Er erkannte auch, daß Jacqueline Bouvier keine Frau war, die man schon nach wenigen Stunden oder spätestens am nächsten Morgen vergessen konnte, sondern ein kultiviertes Wesen mit einer geheimnisvollen Persönlichkeit, was für ihn völlig neu und aufregend war.

Sie lernten einander auf altehrwürdige Art und Weise kennen – durch ein Arrangement.

Charles Bartlett, Kolumnist bei der *Chattanooga Times*, und seine Frau Sylvia glaubten, daß John Kennedy und Jackie sehr gut zusammenpassen würden. Sie gaben am 8. Mai 1952 in ihrem Domizil in Georgetown eine Dinnerparty in kleinem Kreis. John war fünfunddreißig, Jackie war dreiundzwanzig Jahre alt.

Bartlett erinnerte sich: »Ich brachte sie nach draußen zum Wagen, und John Kennedy folgte ein wenig unschlüssig und murmelte schüchtern: ›Können wir noch auf einen Drink irgendwohin fahren?‹ Aber Jackie wußte, daß einer der anderen Gäste im Wagen auf sie wartete, daher lehnte sie Johns Einladung ab.«

Er telefonierte in der darauffolgenden Woche mit ihr, und sie nahm seine Einladung zu einem Abendessen an. Seine Art der Werbung begann mit einem etwas schwieriger zu überwindenden Hindernis als in der Zeit mit John Husted. John, der sich damals um einen Sitz im Senat bewarb, konnte weitaus weniger Zeit in Washington verbringen und mußte viel herumreisen. Dennoch gab es zahlreiche Telefonate und, bei seinen seltenen Aufenthalten in der Hauptstadt, romantische Abendessen in verschwiegenen Restaurants, Spaziergänge durch die Straßen von Georgetown und Händchenhalten in diversen Kinos. Niemand schenkte ihnen besondere Beachtung. In Washington wimmelte es von hübschen jungen Frauen und attraktiven Männern, die sich zu Rendezvous trafen.

Nachdem John den amtierenden Henry Cabot Lodge mit 70 737 Stimmen im Jahr 1952 besiegte, sahen John und Jackie sich länger und häufiger.

Er erinnert sich nicht mehr, wann die Romanze ernster wurde, und auch kein anderer kann es genau sagen. Aber er genoß die schöne Zeit mit ihr. Einmal rief sie ihn an und erklärte, sie würde ihn gerne für ihre Kolumne über die Pagen im Senat interviewen. Aufgrund seiner jugendlichen Erscheinung wurde Kennedy oft fälschlicherweise für einen Pagen gehalten, und sie amüsierten sich köstlich, als sie über dieses Thema ihre Witze machten. Er erzählte ihr, daß er kurz zuvor versucht hatte, die U-Bahn zu besteigen, die während des ganzen Tages zwischen dem Bürogebäude des Senats und dem Capitol hin- und herpendelte, eine Fahrt von nur wenigen Minuten. Die Fahrt ist sowohl für Touristen als auch für Beamte gratis. Als Kennedy vortrat, um in den Wagen zu steigen, streckte ein Wächter seinen muskulösen Arm aus und sagte: »Einen Moment, junger Freund. Lassen Sie erst mal die Senatoren an Bord.« Kennedy sagte zu Jackie, es sei sicherlich keine schlechte Idee, wenn Pagen und Senatoren ihre Jobs tauschen würden.

Jackie war Johns Begleiterin beim Ball anläßlich der Amtseinführung von Präsident Eisenhower im Januar 1953. Und ehe der Frühling anbrach, war der junge Senator zum zweitenmal in seinem Leben ernsthaft verliebt.

5. *Kapitel*

Die Wahrheit über die Ehe

Mythen und Mißverständnisse haben die Ehe von John und Jackie Kennedy in einem Maße umrankt, daß die Wahrheit völlig in den Hintergrund gedrängt wurde.

Es ist *nicht* wahr, daß ihre Ehe hoffnungslos zerrüttet war, als sie im November 1963 nach Dallas flogen.

Es ist *nicht* wahr, daß Jackie die meiste Zeit der Camelot-Jahre in die Kameras gelächelt hatte, um die Illusion aufrechtzuerhalten, daß Amerika von einem glücklich verheirateten Präsidenten und seiner First Lady geführt werde, die zwei wundervolle Kinder haben.

Es ist *nicht* wahr, daß John Kennedy, ein Schürzenjäger von Weltklasse, so sehr damit beschäftigt war, seine sexuellen Bedürfnisse zu befriedigen, daß er nicht fähig war, einen ernsthaften Beitrag zu einer dauerhaften Beziehung mit der Frau zu liefern, die er geheiratet hatte.

Es ist *nicht* wahr, daß John Kennedy sich über die Unabhängigkeit seiner Frau ärgerte und ihr das Bestreben übelnahm, lieber ihren eigenen Weg zu gehen, als sich seinem unterzuordnen.

Und, wahrscheinlich am wichtigsten, es ist *nicht* wahr, daß die Frauengeschichten ihres Mannes die Liebe Jacqueline Kennedys zu John zerstörten.

Beweise dafür folgen, aber zuerst zu den Einzelheiten der Zeit der Werbung und der Ehe.

Vier Monate nachdem John als junger Senator von Massachusetts vereidigt worden war, erhielt Jackie, mittlerweile zur Reporterin befördert, den Auftrag, über die Krönung von Königin Elizabeth II. in London zu berichten. Ihr Redakteur glaubte nämlich, daß ihre gesellschaftlichen Kontakte für gute Insiderstorys sorgen würden.

Nicht viele Männer machen über den Atlantik telefonische Heiratsanträge, aber genau das tat John Kennedy im Mai 1953. Das Gespräch wurde durch starkes Rauschen gestört, verlief aber deutlich genug, daß Jackie Johns Heiratsantrag verstehen konnte und er verstehen konnte, daß sie ihn annahm. Im Juni dieses Jahres gaben sie offiziell ihre Verlobung bekannt.

Sie erhielten ihre Heiratslizenz im Rathaus von Newport am 3. September, und ein bezauberndes Foto des Paares erschien in vielen Zeitungen. Jackie trug ein bunt bedrucktes Sommerkleid mit dazu passendem Oberteil, John erschien in einem Sportsakko, Oberhemd und Krawatte. Unterhalb der Taille trug er jedoch Shorts. Das Sakko und die Krawatte waren ihm von einem Fotografen geliehen worden, da John sich geweigert hatte, sich fotografieren zu lassen, weil es sich für einen Senator der Vereinigten Staaten nicht gehöre, in derart informeller Aufmachung fotografiert zu werden. Der Fotograf achtete darauf, daß er John nur von der Taille an aufwärts auf die Platte bannte.

Johns Junggesellenparty im Clambake Club in Newport steigerte sich zu einem ausgelassenen Fest, an das Hugh Auchincloss sich wehmütig wegen der Kosten erinnerte, die er übernehmen mußte, um alle zertrümmerten Trinkgläser zu ersetzen. Vor dem Abendessen aus gekochtem Hummer, Muscheln à la Casino, Muschelsuppe und Maisbrot, Johns Leibgerichte, brachte sein Freund Paul (Red) Fay, später stellvertretender Marineminister in Johns Regierung, einen Toast aus, nach dem traditionsgemäß die Gläser zertrümmert wurden, damit nie wieder aus ihnen getrunken würde.

Der Toast wurde dargebracht, der Champagner getrunken, und die Gläser wurden in den gemauerten Kamin geschleudert. Auchincloss, der zwei Dutzend Gläser gezählt hatte, die er alle würde ersetzen müssen, bestellte bei den Kellnern neue Gläser. John erhob sich erneut und verkündete, daß Mr. Auchincloss' Stieftochter die schönste Frau sei, die er je kennengelernt hatte, und bestand darauf, daß man noch einmal auf sie anstoßen müsse. Das wurde getan, und erneut wurden die Gläser zertrümmert.

Das traf aber auch auf Hughs Geduld zu. »Bringen Sie ab jetzt nur noch einfache Wassergläser«, wies er die Kellner an.

Bei der mit Prominenten gespickten Hochzeit am 12. September 1953 in der St. Mary's Roman Catholic Church in Newport übergab Hugh die Braut dem Bräutigam. Black Jack Bouvier, der am Tag vorher in Newport eingetroffen war, war zu betrunken, um daran teilzunehmen. Er hatte am vorangegangenen Abend im Viking Hotel zu trinken begonnen und wurde zur Zeit der Hochzeitszeremonie in volltrunkenem Zustand auf seinem Bett gefunden.

Nach einer zweiwöchigen Hochzeitsreise nach Acapulco, Mexiko, wohnte das Paar zwei Jahre lang in mehreren gemieteten Apartments in Georgetown, eine Meile von Washington entfernt. Jackie schrieb sich an der Georgetown University ein und besuchte Kurse in Geschichte, und John begann unter ihrer Anleitung die Malerei als Hobby zu betreiben. Ihr häusliches Leben war ereignislos. Wenn sie gerade keine gesellschaftlichen Verpflichtungen hatten, füllten sie ein Sammelalbum mit Zeitungsausschnitten über sich selbst, gingen ins Kino, wo sie wie alle anderen um Eintrittskarten anstanden, und flogen gelegentlich nach New York, um sich eine Broadway-Show anzusehen.

Sie wünschten sich ein großes Haus, wo sie eine Familie zu gründen hofften. John und Jackie sahen sich in Virginia auf dem Land um. 1955 fanden sie ein Anwesen auf sechseinhalb Morgen hügeligen Weidelands nicht weit vom Potomac River und nur etwa eine halbe Stunde von Washington entfernt. Es war Hickory Hill in der Chain Bridge Road Nummer 1147 oberhalb der Kleinstadt McLean. Später wurde es an Ethel und Robert verkauft und sollte nach dem Weißen Haus der zweitbekannteste Ort Amerikas während der New-Frontier-Jahre werden. Es war ein schönes georgianisches Haus mit geschichtsträchtiger Vergangenheit. Während der ersten Bürgerkriegsjahre hatte es das Hauptquartier von General McClellan, damals Kommandeur der Unionsarmee, beherbergt. Kennedy bezahlte hundertfünfundzwanzigtausend Dollar für das Anwesen und wandte eine hohe Summe auf, um es zu renovieren.

Jackie wurde im Frühling des Jahres 1956 schwanger, wenige Monate vor dem im August beginnenden Parteitag der Demokraten in Chicago. Der junge Senator John Kennedy, gerade neununddreißig Jahre alt, stand ganz oben auf der kurzen Liste möglicher Kandidaten für die Nominierung zum Vizepräsidenten. Er verlor gegen Senator Estes Kefauver von Tennessee, der mit Adlai Stevenson die Kandidatenliste anführte. Dwight D. Eisenhower und Richard Nixon besiegten die beiden ohne Schwierigkeiten im darauffolgenden November.

Erschöpft nach den hektischen politischen Geschäften, kamen sie überein, sich für kurze Zeit zu trennen. John flog an die französische Riviera, um sich auszuruhen, und Jackie ging nach Newport, um auf der Hammersmith Farm, dem Domizil ihrer Mutter und ihres Stiefvaters, auf die Geburt des Babys im September zu warten.

Am 23. August stellten sich bei Jacke schwere Blutungen ein, und sie wurde schnellstens ins Newport Hospital gebracht, wo eine Kaiserschnittgeburt durchgeführt wurde. Das Baby, ein Mädchen, kam tot zur Welt.

John kreuzte zu der Zeit mit seinem Freund George Smathers auf einer Yacht im Mittelmeer. Sie hatten kein Funktelefon an Bord. Er erfuhr von der Tragödie erst, als er wieder an Land ging. Er flog sofort nach Hause, um bei Jackie zu sein, und kehrte mit ihr, als sie sich erholt hatte, nach Hickory Hill zurück.

Jackie betrat das Haus und begab sich, gefolgt von John, in das große sonnendurchflutete Kinderzimmer, in dessen Ecke eine mit Bändern und einem Baldachin versehene Kinderwiege stand. Die Wände waren mit einer wunderschönen Kindertapete geschmückt. Als sie die Wiege sah, mußte Jackie sich abwenden und sank haltlos weinend in Johns Arme.

Unfähig, in dem Haus zu bleiben, wo ihre Träume von einer Familiengründung so unverhofft zerplatzt waren, und bedrückt von der Größe und Leere des Hauses, wollte sie nach Georgetown zurückkehren. John verkaufte Hickory Hill an Bobby und Ethel, die mittlerweile fünf Kinder hatten. Er erhielt den Betrag, den sie ursprünglich selbst für das Anwesen bezahlt hatten, und er und Jackie zogen in ein möbliertes Haus in der P Street 2808.

Jackie liebte das kleine Haus und verlieh ihm ihren ganz persönlichen Stil, antike Möbel aus dem achtzehnten Jahrhundert, die sie bewunderte, und gerahmte Gemälde, die sie im Laufe der Jahre gesammelt hatte. Sie wollte kein Heim, das so elegant war, daß sie Kindern das Herumtoben hätte verbieten müssen, aber es sollte zugleich ein Haus sein, in dem ihr politisch aktiver Ehemann sich wohl fühlen konnte. Sie sagte: »Einerseits gibt es hier viele kleine dekorative Dinge, aber auch große Sessel und die Tische, die ein Politiker neben seinem Sessel braucht, auf denen er Papiere, Kaffeetassen und Aschenbecher abstellen kann. So ist es von allem ein bißchen.«

Caroline wurde am 27. November 1957 geboren, als die Kennedys noch im Haus in der P Street wohnten. Alles verlief zufriedenstellend, und John und Jackie waren, wie alle jungen Eltern, stolz und glücklich.

Drei Jahre später durchlebte Jackie eine schwierigere Zeit mit ihrem nächsten Kind. John jr. wurde am 25. November 1960 geboren, gerade siebzehn Tage nachdem sein Vater zum Präsidenten der Vereinigten Staaten gewählt worden war. Erneut traten bei Jackie, die am Wahltag im achten Monat war, Blutungen auf, und sie wurde schnellstens ins Georgetown University Hospital gebracht. Der neue Präsident war soeben in Palm Beach gelandet, wo er und seine Helfer über den Regierungswechsel und die Zusammenstellung des Kabinetts beraten wollten.

Die Nachricht wurde übermittelt, daß Jackie im Krankenhaus lag. Kennedy und sein Stab bestiegen das Flugzeug und starteten in Richtung Washington. Um null Uhr zweiundzwanzig, die Maschine überflog gerade Virginia, erhielt er die Meldung, daß er Vater eines gesunden sechseinhalb Pfund schweren Jungen geworden sei. Das Statistische Bundesamt der Vereinigten Staaten würdigte die Geburt mit der Erklärung, daß die Bevölkerungszahl Amerikas damit 182 000 267 betrage. Das Finanzamt gab eine Presseerklärung mit dem Inhalt heraus, daß John F. Kennedy nunmehr sechshundert Dollar weniger Steuern im Jahr zu zahlen habe. Von größerem Interesse für Historiker war die Tatsache, daß John F. Kennedy jr. das erste Kind eines Präsidenten und seiner Frau war, das während ihrer Amtszeit geboren wurde.*

* Kurz nach der Amtseinführung und nach langer Suche fanden der Präsident und Jackie ein ihrer Meinung nach ideales Wochenenddomizil. Es hieß Glen Ora und stand auf einem vierhundert Morgen großen Gelände inmitten des hügeligen Jagdlandes in Virginia in der Nähe von Middleburg, westlich von Washington und mit dem Auto nur eine Stunde Fahrt entfernt. Es bot Frieden, Abgeschiedenheit, Charme und sehr viel Platz, wo Caroline sich austoben konnte. Sie unterschrieben sofort einen Mietvertrag. Viel war zu tun, um das große stuckverzierte Haus für den Einzug des Präsidenten herzurichten. Neue Teppiche wurden verlegt, Möbel wurden neu aufgepolstert oder ausgewechselt, Zimmer wurden gestrichen und tapeziert, und Vorhänge wurden aufgehängt. Ende Februar war das Haus fertig, und die Kennedys verbrachten dort ihr erstes Wochenende.

Als John Kennedy seine Vermieterin zum erstenmal traf, unterlief ihm ein Fauxpas. Nachdem er mit Gladys Tartiere, die Glen Ora zusammen mit ihrem verstorbenen Mann Raymond zwanzig Jahre zuvor erworben hatte, bekannt gemacht worden war, bemerkte er: »Ihr Haus hat mich eine Menge Geld gekostet.«

Mrs. Tartiere war verblüfft und verärgert. Ein Jahr später setzte Clark Clifford, Johns persönlicher Rechtsanwalt, Mrs. Tartiere davon in Kenntnis, daß der Präsident entweder seinen Mietvertrag verlängern oder das Haus erwerben wolle. Laut Mary van Rensselaer Thayer, Jackies enger, lebenslanger Freundin, lehnte Gladys Tartiere sofort ab.

War es wirklich eine schlechte Ehe? In Büchern und Illustrierten wurde die Verbindung als Schwindel, sogar als Desaster bezeichnet. Es war eine Ehe, die für beide Seiten ihre Vorteile hatte, sagte Kitty Kelly 1978 in ihrem »Exposé« von *Jackie Oh!*. Stephen Birmingham ließ in seiner Biographie im gleichen Jahr verlauten, daß Jackie sich zwei Jahre nach ihrer Hochzeit vielleicht fragte, ob er sich eine Frau »vorwiegend als Dekoration« und für »jenen Touch von Klasse« gewünscht hatte, den sie vermitteln konnte.

Nachdem sie ins Weiße Haus eingezogen waren, sagte Birmingham, »war diese Ehe kaum mehr als eine Vernunftgemeinschaft zu beiderseitigem Vorteil ... Jegliche romantische Liebe, die zwischen ihnen bestanden haben mochte, war längst verflogen ... und übriggeblieben war nur noch die Notwendigkeit, den Leuten etwas vorzuspielen.«

In seiner Biographie *A Woman Named Jackie* erwähnt C. David Heymann des öfteren ihre häuslichen »Feindseligkeiten« und den Wettstreit, in den sie ständig verstrickt waren, indem sie versuchten, einander eifersüchtig zu machen, indem beide ganz offen mit anderen Partnern flirteten. Dieses Verhalten ist ein eindeutiges Anzeichen für eine nicht funktionierende Gemeinschaft.

Tatsächlich gab es Spannungen. Sie stritten sich über Jackies Geldverschwendung, ihre Freundschaften mit homosexuellen Männern, die er verabscheute, sowie über ihr ständiges Bemühen, daß Weiße Haus neu einzurichten. Sie wehrte sich dagegen, für lange Perioden in die Dienstvilla verbannt zu werden, machte ihm ihre diesbezügliche Unzufriedenheit unmißverständlich klar und, so nahm er an, flüchtete zu oft und jedesmal zu lange nach Hyannis Port, Europa und Indien. Es gab Zeiten, da war sie so ausgiebig unterwegs, daß die Medien den Gruß prägten: »Gute Nacht, Mrs. Kennedy, wo immer Sie gerade sind«, eine Parodie auf den Abschiedsgruß des Komikers Jimmy Durante an sein Publikum gegen Ende seiner

Fernsehshows: »Gute Nacht, Mrs. Calabash, wo immer Sie sich gerade aufhalten.« John Kennedy kochte vor Zorn und beschimpfte sie nach ihrer Rückkehr.

Als Jackie auch noch eine Einladung zu einer ausgedehnten Kreuzfahrt auf der Luxusyacht *Christina* von Aristoteles Onassis annahm, verfaßten Reporter Berichte von ihrem superluxuriösen Urlaub. John rief sie per Funktelefon an und brüllte wütend: »Ich weiß, daß du auf hoher See bist, und es ist mir gleichgültig, wie du von der Yacht runterkommst, aber komm sofort zurück!« Als Jackie wissen wollte, wie sie denn das Schiff verlassen sollte, da es mitten im Ägäischen Meer kreuzte, erwiderte John: »Jackie, du bist doch eine gute Schwimmerin.«

Diese und andere Ehestreitigkeiten sind natürlich aufregend zu verfolgen, aber die Unstimmigkeiten zwischen den beiden sind weit über ihre wahre Bedeutung für ihre Beziehung hinaus sensationalisiert worden.

Als Chronist der Kennedy-Familie habe ich von allen Streitigkeiten gehört und gelesen und auch von anderen erfahren, die nicht in den Medien gemeldet wurden. Aber in vielen Berichten, wenn nicht gar in den meisten, werden Personen zitiert, die gehört haben, was er zu ihr und was sie zu ihm gesagt hat, häufig gefärbt durch die Interpretation der Zuhörer bezüglich der Lautstärke ihrer Stimmen und ihrer zornig geröteten Gesichter.

Angenommen, die Berichte sind zutreffend und die angeblich gehörten Bemerkungen wurden korrekt wiedergegeben – eine gewagte Annahme, fürwahr –, heißt das vielleicht, daß ihre Ehe irreparabel gestört war?

Jackie war weitaus unabhängiger als die anderen Frauen und Ehefrauen der Kennedys. War diese Eigenschaft vielleicht sogar ein gewisses Ehehindernis, wie verschiedentlich angedeutet wurde?

Man muß auch verstehen, daß sich zu dieser Zeit ein neues

Ehemodell im Lande verbreitete. Die sexuelle Revolution, die in den siebziger und in den achtziger Jahren ein regelrechtes Erdbeben auslösen sollte, hatte bereits Ende der fünfziger und Anfang der sechziger Jahre begonnen. Sie schuf ein verändertes moralisches Klima, das die allgemeine gesellschaftliche Ablehnung »wilder» Ehen gegenüber konventionellen Ehen, lediger Mutterschaft und anderen Tabus in Frage stellte.

Frauen wie Jackie entwickelten den Wunsch nach Freiheit, nach dem Recht, sich als Individuen zu verwirklichen, noch bestärkt durch Betty Friedans wichtiges Buch *Der Weiblichkeitswahn,* das 1964 erschien.

John Kennedy hatte Verständnis für Rebellion. Er selbst hatte im Alter von zwanzig Jahren einen ideologisch anderen Weg als sein Vater eingeschlagen. »Er wußte tief in seinem Innern, daß Jackie, ein freier Geist, nicht gezähmt werden konnte, damit sie sich genauso benahm wie die anderen Kennedy-Frauen und -Ehefrauen«, sagte George Smathers, der beide gut kannte. Sogar Robert Kennedy, der sich eine Frau wünschte, die den Haushalt führte und keine eigene Karriere verfolgte, erkannte ihre Unabhängigkeit an. »Jackie hat sich stets ihre eigene Identität bewahrt«, sagte er.

War es, teilweise, eine Ehe zu beiderseitigem Vorteil? Dies ist sicher. John Kennedy war sich sehr wohl der positiven Wirkung bewußt, die die bildschöne und kultivierte Jacqueline für seine Karriere haben würde. Und es kann kaum ein Zweifel bestehen, daß Jackie sich darüber im klaren war, daß er als Ehemann der Fang des Jahrzehnts war. Ihre beiden Familien, die Bouviers und die Auchinclosses, mochten tiefer in der High-Society verwurzelt sein, aber Black Jack hatte sein Vermögen verschwendet, und das ihres Stiefvaters, Hugh, konnte sich mit dem Joe Kennedys kaum messen.

Aber das Argument der »Ehe zu beiderseitigem Vorteil« als Beweis dafür heranzuziehen, daß die Gemeinschaft innerlich leer war, und andere Elemente zu ignorieren, ist Sophisterei.

Es ist unlogisch, zu behaupten, daß romantische Gefühle nicht zwischen zwei Menschen entstehen und aufblühen können, die genau wissen, was der andere zu einer Ehe beisteuern kann. Schließlich war dies keine von außen arrangierte Vereinigung von Partnern, die einander vorher noch nie gesehen hatten. Es war eine Ehe zwischen zwei Menschen, die sich kennengelernt, dann getrennt, dann wiedergesehen und sich nach einer Weile ineinander verliebt hatten.

Der Faktor der Untreue könnte das wichtigste Argument für den Nachweis sein, daß die Ehe scheiterte. Aber die erstaunlichste aller Tatsachen ist: Sie war nicht gescheitert.

Es wäre natürlich töricht, zu behaupten, daß Jackie die ständigen Affären ihres Mannes lediglich als Verstoß gegen die Etikette betrachtet hat.

Sie haßte seine Eskapaden. Und ließ keinen Zweifel daran, daß sie durchaus wußte, was er tat, und sogar, wo.

In einer Geschichte, die in praktisch jeder Biographie erscheint, wird behauptet, daß 1958 die Ehe bereits derart zerrüttet gewesen sei, daß das Familienoberhaupt Joseph P. Kennedy Jackie eine Million Dollar anbot, damit sie sich nicht von seinem Sohn scheiden ließ. (Als Jackie von dieser Geschichte erfuhr, sprach sie Joe im Big Haus in Hyannis Port darauf an. »Geizkragen«, soll sie ihn geneckt haben.)

Dieser Vorfall ist niemals dokumentiert worden. Und obgleich Autoren sorgfältigerweise stets gesagt haben, Joes Angebot sei lediglich »berichtet« worden, ist die Geschichte bereits so oft und in so vielen Medienorganen erschienen, daß die meisten Menschen sie als Tatsache betrachten.

Die einzige Tatsache ist, daß sie niemals passiert ist.*

* Nachdem ich jahrzehntelang über die Aktivitäten der Kennedys geschrieben habe, ist mir etwas aufgefallen. Wenn ein Vorfall, wie immer er aussehen mag, in einem Buch beschrieben und als »Tatsache« bezeichnet wird, greifen ihn andere Journalisten, Historiker, Biographen und diverse andere Autoren auf und behandeln ihn in ihren eigenen Anmerkungen und Dokumentationen als »Fakt«.

Jackie war nicht naiv und wußte genau über John Kennedys Untreue Bescheid. Einmal, als sie einen italienischen Journalisten namens Benno Graziani durch die Villa führte, deutete sie auf zwei junge Sekretärinnen und sagte: »Das sind die Geliebten meines Mannes.« Sie wußte, wenn John von irgendeinem Empfang verschwand und ein attraktiver weiblicher Gast kurz danach ebenfalls hinausging, daß John ganz gewiß nicht sein Oval Office aufsuchte, um zu arbeiten. Sie wußte von seinen Affären mit den Filmstars Jayne Mansfield und Marilyn Monroe. Laut Patricia Seaton Lawford, Peter Lawfords dritter und letzter Ehefrau, nahm Jackie in der Privatwohnung der Familie im ersten Stock oft den Telefonhörer ab, wenn Marilyn aus Hollywood anrief, um mit John zu reden. Jackie brauchte nicht lange, um zu begreifen, daß ihr Mann Marilyn seine Privatnummer gegeben hatte. Sie reichte den Telefonhörer dann an John weiter, der, in ihrer Anwesenheit, mit dem Filmstar plauderte.*

John, der stets vorsichtig an wichtige Fragen wie die Bürgerrechte heranging, war in seinem eigenen Heim indiskret. Die nackten Swimmingpool-Partys, die er von Zeit zu Zeit im Weißen Haus veranstaltete und die von engen Freunden und jeweils mindestens einer jungen Frau für jeden besucht wurden, sind legendär. Vertrauenswürdige Helfer trafen die entsprechenden Arrangements für die Gelegenheiten, wenn Jakkie das Wochenende auswärts verbrachte. Eine Milchglastür wurde vor dem Swimmingpool eingebaut, damit zufällig vorbeikommende Passanten das Geschehen nicht beobachten konnten.

* In seinem 1993 erschienenen Buch *Marilyn Monroe, The Biography* widerspricht der Autor Daniel Spoto der oft wiederholten Behauptung, daß der Filmstar und der Präsident eine ausgedehnte Liebesaffäre hatten, und erklärt, es sei nur zu einer einzigen sexuellen Begegnung gekommen. Anthony Summers, Dr. Thomas C. Reeves, C. David Heymann und andere versichern, daß es weitaus mehr Treffen gegeben hat.

Eines Tages, als eine Party im Pool und im ersten Stock in vollem Gange war, erklang die Alarmglocke des Weißen Hauses. Traphes Bryant, der Hundepfleger des Weißen Hauses, befand sich im Gebäude. Er geriet mitten in eine Georges-Feydeau-Farce mit nackten Männern und Frauen, die in den Korridoren und Zimmern umherrannten.

Mr. Bryant ist bereits gestorben, aber Frances Spatz Leighton, der als Co-Autor an seinen Memoiren *Dog Days at the White House* beteiligt war, sagte, daß Jackie zwar niemals Zeuge der Vorgänge wurde, daß sie aber durchaus ahnte, was John im Weißen Haus während ihrer Abwesenheit trieb. »Sie fand Haarnadeln und Haarklammern in seinem Schlafzimmer und, ausgerechnet, ein Radio unter seinem Bett.« Offenbar bevorzugte John Sex mit musikalischer Begleitung.

Eines Nachmittags fand sie ein Teil Damenunterwäsche unter einem Kopfkissen in seinem Schlafzimmer.* Sie zog es heraus, hielt es mit spitzen Fingern hoch und bat den erschreckten Präsidenten, der im Wohnzimmer saß und las: »Sei doch so nett und erkundige dich, wem dies hier gehört. Meine Größe ist es nicht.«

Ob Jackie über eine der offenkundigsten Affären ihres Mannes Bescheid wußte, ist unbekannt. Diese romantische Beziehung betraf Mary Pinchot Meyer, Tonys Schwester und damals Ehefrau von Ben Bradlee. John kannte Mary seit seiner Schulzeit, aber, so sagte Carol Felsenthal, »ihre Affäre entwickelte sich erst im Januar 1962« und fand vorwiegend im Weißen Haus während Jackies Abwesenheit statt. Mary war von Cord Meyer jr. geschieden, einem ehemaligen militärischen Berater von Harold Stassen, Gouverneur von Minnesota und später der Gründer der United World Federalists. Mary wies distinguierte Vorfahren auf: Gifford Pinchot, ein Großonkel, gründete die Yale School of Forestry und war

* Die Kennedys hatten getrennte Schlafzimmer.

zweimal Gouverneur von Pennsylvania, und zwar von 1923 bis 1927 und erneut von 1931 bis 1935. Sie war außerdem eine Schönheit und reich. Im Oktober 1964 wurde die Leiche Mary Meyers, damals dreiundvierzig Jahre alt, auf dem Chesapeake- und Ohio-Treidelpfad in Georgetown gefunden. Sie war ermordet worden. Das Verbrechen wurde niemals aufgeklärt.

Daß John Kennedy aus irgendeinem Grund, der tief in seiner Psyche verborgen ist, ein Bedürfnis nach sexuellen Abenteuern mit Frauen neben seiner Ehe hatte und daß er dieses Bedürfnis befriedigte, ist unbestritten.

Daß John seine Seitensprünge ganz offen, manchmal geradezu unübersehbar inszenierte, kann ebenfalls nicht geleugnet werden.

Sein Vater Joe sagte seinen Söhnen, »wenn etwas auf deinem Teller liegt, dann nimm's« – er meinte damit die Verfügbarkeit von Frauen –, und bewies durch sein persönliches Beispiel, daß ein derartiges Verhalten durchaus akzeptabel war.

Schuld daran ist das Credo einer der gefeiertsten, jedoch gestörten Familien, die dieses Land hervorgebracht hat – eine Familie, deren Oberhaupt seine eigenen Moralpostulate aufstellte und seine Männlichkeit nach der Quantität seiner Eroberungen bemaß und kaum nach der Qualität einer Beziehung.

Schuld war auch die Arroganz der männlichen Kennedys, die glauben, daß ihre Familie keine Fehler machen kann und daß die Öffentlichkeit sie weiterhin bewundern und sie in höchste Ämter wählen wird.

Wichtig ist hingegen, wie Jackie die Betrügereien ihres Mannes einschätzte.

Sie akzeptierte Johns Untreue wie ein hoher Prozentsatz von heutigen Eltern, die durch die Veränderungen moralischer Vorstellungen gezwungen sind, die lockeren Beziehungen ihrer Kinder mit Freunden und Freundinnen zu tolerieren.

Bei Jackie stellten sich Verständnis und Toleranz viel früher ein als bei den meisten anderen. 1951, als sie im ersten Studienjahr die George Washington University besuchte, nahm sie an einem Wettbewerb teil, der vom Magazin *Vogue* veranstaltet wurde. Die Teilnehmer sollten Aufsätze über Haute Couture sowie einen Aufsatz über das Thema »Menschen, die ich gerne kennengelernt hätte« schreiben. Jackie schrieb über Charles Baudelaire, den französischen Dichter; über Sergej Diaghilew, den russischen Ballettkünstler, und über Oscar Wilde, den englischen Bühnenautor, Romancier und Exzentriker.

In ihrem Aufsatz über Wilde zitierte sie ein Epigramm: »Der einzige Unterschied zwischen einem Heiligen und einem Sünder ist der, daß jeder Heilige eine Vergangenheit hat und jeder Sünder eine Zukunft.«*

Mary Lynn Kotz, die Co-Autorin der West-Memoiren *Upstairs at the White House*, lieferte Informationen, die sie nicht ins Buch des Zeremonienmeisters aufgenommen hatte.

»Mr. West erzählte mir«, sagte Mrs. Kotz, »daß Jackie den Präsidenten die ganze Zeit geliebt hat. Er stand der First Lady näher als jede andere Person im Weißen Haus. Er sah sie unzählige Male im Laufe des Tages, erhielt alle möglichen Nachrichten von ihr, einige mit spaßigen kleinen Zeichnungen. Sie zog ihn ins Vertrauen, und er sah sie in privaten Augenblikken. Es gab nicht den geringsten Zweifel, daß die Gerüchte, damals und später, daß die Ehe zerrüttet sei, in keiner Weise zutrafen.

Mr. West berichtete mir, daß Jackie sich große Mühe gab, eine gute Ehefrau zu sein. Sie strengte sich an, eine Atmosphäre zu schaffen, die John half, sich von seinen anstrengenden Pflich-

* Jackie gewann und siegte über 1279 Teilnehmer, verzichtete jedoch auf den Preis, der aus einer sechs Monate langen Reise nach Paris bestand, nach der sie für weitere sechs Monate in der Redaktion des Magazins ein Praktikum hätte absolvieren können.

ten zu erholen. Sie spielte leise Musik, die er besonders gerne hörte, bestand auf ruhigen, entspannten Abendessen, manchmal allein, manchmal mit alten und engen Freunden.
Sie achtete außerdem darauf, daß er genügend Zeit mit seinen Kindern verbringen konnte, die er liebte. Sie ließ sie tagsüber gelegentlich schlafen, damit sie abends länger wachbleiben konnten, um auf ihn zu warten, wenn er aus dem Oval Office nach Hause kam.«
Während ihrer Ehe machte sie deutlich, daß sie darüber stand, wenn ihr Mann sich nach anderen Frauen umsah.
»Ich glaube nicht, daß es einen Mann gibt, der seiner Frau wirklich treu ist«, sagte sie. »Männer sind gewöhnlich eine Kombination aus Gut und Böse.«
Sie war in diesem Glauben erzogen worden. Von frühester Kindheit an hatte Black Jack Bouvier, ihr Vater, ihr erzählt, daß nichts Schlimmes daran sei, einen Mann zu lieben, der mit anderen Frauen schläft. Und tatsächlich, als Bouvier und John Kennedy zum erstenmal zusammenkamen, unterhielten sie sich, wie Jackie erzählte, »über Sport, Politik – und Frauen«. Dies, so fügte sie hinzu, seien Themen, »über die alle anständigen Männer sich gerne unterhalten«.
Frances Leighton, der ebenfalls ein Jahr lang mit Jackies Privatsekretärin Mary Gallagher Kontakt hatte und an der Niederschrift ihrer Memoiren beteiligt war, sagte: »Natürlich redete Mary nicht darüber, und wir ließen auch im Buch nichts darüber verlauten, aber während meiner langen Interviews war mir klargeworden, daß Jackie abgeklärt genug war, um über den Affären ihres Mannes zu stehen. Seitensprünge gehörten in ihren Kreisen nun mal zur Tagesordnung. Sie wußte es und fand sich damit ab.«
Angestellte des Weißen Hauses sahen und hörten keinen Beweis für eine gescheiterte Ehe. Traphes Bryants Berichte von sexuellen Ausschweifungen erfuhren eine Menge Publicity, seine Schilderungen besonders inniger Momente zwischen

John und Jackie jedoch nicht. »Sie beide lieben ihre Kinder«, sagte er, »und, ich denke, sie lieben auch einander. Ständig achtet der eine auf den anderen, um ihn vor irgend etwas zu beschützen oder um ihm mit einer kleinen Überraschung eine Freude zu machen.« Die beiden wurden häufig dabei beobachtet, wie sie Hand in Hand über das Gelände des Weißen Hauses spazierten, und zwar bei jedem Wetter, manchmal sogar mit ein oder zwei Hunden an der Leine.

Ein herzzerreißendes Ereignis im Sommer 1963 schmiedete die Kennedys noch fester zusammen.

Jackie und Caroline und John hielten sich in ihrem gemieteten Haus auf Squaw Island in Hyannis Port auf, eine Meile den Damm entlang vom Grundstück entfernt. Jackie war mit ihrem dritten Kind schwanger, dessen Geburt erst in zwei Monaten erwartet wurde. Aber um elf Uhr vormittags, am 7. August, während sie, sieben Meilen entfernt, mit Caroline und John in Osterville war, bekam sie plötzlich Schmerzen und fuhr sofort zurück zum Haus, nachdem sie einen Angehörigen des Secret Service gebeten hatte, ihren Geburtshelfer zu benachrichtigen.

Dr. John Walsh, der in Cape Cod seinen Urlaub verbrachte, erwartete Jackie auf Squaw Island und riet ihr nach einer Untersuchung, mit dem Hubschrauber zur Otis Air Force Base in der Nähe von Falmouth auf Cape Cod zu fliegen. Dort war eine vollständig ausgestattete Vier-Zimmer-Suite für sie vorbereitet worden.

In Otis wurde ein Kaiserschnitt vorgenommen, und Jackie gebar einen Jungen, der nur viereinhalb Pfund wog.

Der Präsident befand sich in einem Flugzeug, als ein Funkspruch ihm die Neuigkeit mitteilte. Er grinste stolz.

Aber nur wenige Stunden nach der Geburt des Babys bemerkten die Ärzte, daß es Atemprobleme hatte. Der Junge litt an einem Hyalinmembranschaden oder Atemnotsyndrom, das bei Frühgeborenen mit unzureichend ausgebildeten Lungen

auftreten kann. Damals war dieser Schaden bei fündundzwanzig bis dreißigtausend Säuglingen pro Jahr tödlich, was einer Sterblichkeitsrate von fünfundsiebzig Prozent entspricht.
Das Kind, das auf den Namen Patrick Bouvier Kennedy getauft worden war, lebte nur neunundreißig Stunden.*

Nur wenige erinnern sich daran, daß Jackie, nachdem sie in der Maschine Air Force One mit der Leiche des ermordeten Präsidenten von Dallas aus startete, ihm nach der Ankunft im Weißen Haus einen langen Brief schrieb. Am nächsten Tag bat sie Caroline, damals sechs Jahre alt, ihrem Vater zu schreiben, wie sehr sie ihn liebe und was er ihr bedeutet habe. Sogar der kleine John, erst drei Jahre alt, kritzelte ein paar Zeichen auf ein Blatt Papier, weil seine Mutter ihm erklärt hatte, dies sei seine Nachricht an seinen Vater.
Dann, kurz nach Mittag, ging sie hinunter in den East Room, wo der Präsident in einem mit der amerikanischen Flagge bedeckten Sarg ruhte. Brigadegeneral Godfrey McHugh, der Luftwaffenberater des Präsidenten, erfuhr von Jackie, daß sie etwas in den Sarg legen wollte, öffnete den Deckel und klappte ihn zurück. Mit Robert Kennedy neben ihr, kniete Jackie nieder und legte die drei versiegelten Briefe hinein, ferner ein Paar goldene Manschettenknöpfe, die sie John vor ihrer Hochzeit geschenkt hatte, sowie ein anderes Geschenk, das er sehr geliebt hatte und das immer auf seinem Schreibtisch gestanden hatte. Es war ein mit feinen Schnitzereien verzierter Walzahn. Sie nahm sich auch etwas – eine Strähne von seinem Haar.
Der Inhalt von Jackies Brief wurde niemals enthüllt und wird es auch nicht werden. Die Geschenke, die mit dem Präsiden-

* Bessere Behandlungsmethoden, bei denen sorgfältig bemessene Sauerstoffkonzentrationen und intravenös verabreichte Präparate eingesetzt werden, haben die Sterblichkeitsrate mittlerweile auf etwa fünfundzwanzig Prozent gesenkt.

ten auf dem Nationalfriedhof in Arlington begraben wurden, müssen ein Symbol für die innige Liebe sein, die Jackie für ihn empfand.

Es gibt auch noch eine andere bezeichnende Geschichte:

Am 29. November, eine Woche nach der Ermordung des Präsidenten, saß der Journalist Theodore A. White mit Jackie im Haus in Hyannis Port und hörte ihr zu, wie sie erzählte, was an diesem schicksalhaften Tag geschehen war und was sie für ihren Ehemann empfand. (Es geschah im Verlauf dieses Gesprächs, daß Jackie, die bekleidet mit einem beigefarbenen Pullover und einer schwarzen Hose auf einem kleinen Sofa saß, Teddy White bat, in seinem Artikel für die Illustrierte *Life* die tausend Tage der JFK-Administration »Camelot« nennen zu dürfen.)

Was aus diesem vierstündigen Gespräch mit unmißverständlicher Klarheit hervorging, waren nicht nur Jackies Trauer und Schmerz, nicht nur ihr Wunsch, ihren Mann davor zu bewahren, von Historikern analysiert zu werden, die kühl und leidenschaftslos über ihn schreiben würden, sondern ihre innige Hoffnung, daß man sich an ihn als Vater und Ehemann erinnerte, an einen Menschen, der von seiner Frau, seiner Familie und seinen Kindern geliebt worden war.

Immer wieder flehte sie Teddy White an: »Lassen Sie nicht zu, daß verbitterte alte Männer über ihn schreiben.«

Alles in allem, waren sie wahnsinnig, leidenschaftlich, hoffnungslos ineinander verliebt? Am 12. September des Jahres, in dem Kennedy zum Präsidenten gewählt worden war, feierten sie ihren siebten Hochzeitstag. Wie bei allen Paaren hatte die Intensität romantischer Liebe nachgelassen, und sie waren an einem Punkt angelangt, wo der eine die Fehler und Mängel des anderen zu entdecken begann, sie verstand und sie tolerierte.

In ihrer Beziehung gab es noch immer Leidenschaft, wie alle,

Jacqueline Bouvier, die Tochter von John Vernou Bouvier III. und Janet Auchincloss, war in Wohlstand und mit Privilegien aufgewachsen. Ihr ganzes Leben lang eine begeisterte Reiterin, ließ sie sich bereits als Teenager am liebsten in Reithosen fotografieren. Links ihr Vater, rechts ihr Großvater, John Vernou Bouvier jr. Das Foto wurde auf dem Anwesen ihrer Eltern in East Hampton gemacht. (John F. Kennedy Library)

Jackie heiratete am 12. September 1953 den jugendlichen Senator John Kennedy auf der Hammersmith Farm in Newport. Dieses Foto wurde bei dem Empfang gemacht, der der Trauungszeremonie folgte.
(John F. Kennedy Library)

Ihr Eheleben begann Jackie in einem nahegelegenen, eleganten Landhaus in Georgetown, von dem aus John schnell in seinem Büro war und Jackie Seminare an der Georgetown University besuchen konnte. Jackie, eine fünfundzwanzigjährige Senatorengattin, begleitete ihren Mann häufig auf Vortragsreisen.
(Canadian Pacific Railway)

Jackie nahm sich viel Zeit, um ihrer dreijährigen Tochter Caroline vorzulesen.
(Boston Herald)

Bei einem Besuch in Hickory Hill, dem Haus von Ethel und Robert Kennedy, zog Jackie einen störrischen Esel zurück in den Stall.
(John F. Kennedy Library)

Kurz bevor John die Wahl zum fünfunddreißigsten Präsidenten der Vereinigten Staaten gewann, ließ sich die sichtbar schwangere Jackie vor ihrem Haus in Georgetown fotografieren. (Boston Herald)

John stellt sich für die Fotografen auf dem Grundstück des Kennedy-Anwesens in Hyannis Port in Pose, während Jackie an ihre neue Rolle und an ihr neues Baby denkt.
(John F. Kennedy Library)

Der neue Präsident, die neue First Lady und ihre erste Tochter stellen sich auf dem Kennedy-Anwesen den Fotografen.
(John F. Kennedy Library)

Weihnachten 1962 – Immer noch in ihren Nachthemden, untersuchen Caroline und John jr. im Weißen Haus die Strümpfe mit den Geschenken.
(John F. Kennedy Library)

Am 6. Juli 1961 wurde First Lady Jackie Kennedy bei einer Reise mit JFK nach Europa in Wien im Schloß Schönbrunn von Nina Chruschtschow zum Tee eingeladen. In der Zwischenzeit traf sich John mit dem russischen Ministerpräsidenten.
(John F. Kennedy Library)

Der Präsident und Jackie mit dem Vizepräsidenten, Lyndon B. Johnson, und dem Botschafter der Vereinten Nationen, Adlai Stevenson, bei einem Dinner im Weißen Haus am 6. Dezember 1962.
(John F. Kennedy Library)

die sie gut kannten, bestätigt haben, und da in ihrem Schlafzimmer keine Videokamera hing, muß man diesen Freunden Glauben schenken. Aber Sex war nicht mehr alles. »Liebe beinhaltet ... die Wertschätzung und Achtung eines anderen Individuums als eigenständige Persönlichkeit«, schrieb Dr. Percival M. Symonds, früher am Teachers College der Columbia-Universität tätig. John und Jackie fühlten sich miteinander wohl, jeder genoß die Gesellschaft des anderen, sie waren einander zugetan und setzten sich füreinander ein, und das ist doch wohl die beste Definition für eheliche Liebe, die man sich vorstellen kann.

6. Kapitel

Jackie und die Politik

Die Menschen sind zu der Überzeugung gelangt, daß Jacqueline Kennedy Onassis Politik und Politiker verabscheute und sich viel mehr für Mode, Gesellschaftsleben und die Welt der Prominenten und des Jet-sets interessierte.

Unterscheiden sollte man jedoch zwischen der Abneigung gegen die *Atmosphäre* der Politik und gegen ihre *Inhalte.* Sicherlich gefiel es Jackie überhaupt nicht, wie ihre Räumlichkeiten während und nach einem politischen Treffen aussahen: verstreute Papiere, Zigarren- und Zigarettenasche auf den Tischen und dem Fußboden, schaler Tabakqualm, der sich in ihren Sofas und Sesseln festsetzte, überall Gläser und halbvolle Kaffeetassen.

Ganz entschieden haßte sie die häufige Abwesenheit ihres Mannes von zu Hause, wenn er sich mit politischen Führern im Lande traf.

Wenig anfangen konnte sie mit Genossen von JFK wie Torbert MacDonald, einem Kommilitonen aus Harvard; Lem Billings und Paul B. (Red) Fay, ein alter Freund aus der Navy, mit dem John während des Zweiten Weltkriegs auf den Salomoninseln stationiert war. Sie verdrehte die Augen, wenn John morgens beim Hinausgehen verlauten ließ, er habe vierzig Leute zum Mittagessen eingeladen – am gleichen Tag! Der Autor Ralph G. Martin erzählte, daß John Kennedy bei Dinnerpartys die Rede immer auf die Politik brachte, »und Politik langweilte Jacqueline derart, daß sie völlig verstummte«.

Aber die Strategien, die von aufstrebenden Nachwuchspolitikern angewendet wurden, um in hohe Ämter gewählt zu werden, und die Frage, was der politische Prozeß alles erreichen konnte, langweilten Jackie überhaupt nicht.

Sie war nicht wie Eleanor Roosevelt, deren politische Aktivitäten sie zur umstrittensten aller First Ladys machten. Sie äußerte stets ihre Meinung bei den wöchentlichen Pressekonferenzen und arbeitete in späteren Jahren als Delegierte bei den Vereinten Nationen und hatte den Vorsitz in der Menschenrechtskommission inne. Sie war auch nicht wie Rosalyn Carter, die den Kabinettssitzungen ihres Mannes Jimmy beiwohnte, und sie war schon gar nicht so politisch aktiv wie Hillary Rodham Clinton.

Aber niemals während ihrer Ehe mit John Kennedy zeigte sie der Politik die kalte Schulter oder achtete nicht darauf, was ein Politiker alles bewirken konnte.

1958, berichtete Dave Powers, nahm Jackie aktiv am Wahlkampf für die Wiederwahl ihres Mannes in den Senat teil, und zwar »in jedem Distrikt von Massachusetts, von Cape Cod bis hin zu den Berkshires«. Völlig ungeübt bei öffentlichen Reden, begann sie ihre erste Ansprache voller Nervosität, zumal sie sie vor dem Worcester Cercle Français auf französisch halten mußte. Aber schon nach wenigen Sekunden gestand sie, daß eine öffentliche Ansprache auf französisch »überhaupt nicht so schrecklich ist, wie eine Rede auf englisch es wahrscheinlich gewesen wäre«.

Wenn sie jedoch englisch sprach, waren die Menschen begeistert. Sie redete nicht über politische Themen, sondern erklärte, weshalb John Kennedy ein hervorragender Senator wäre, und das mit einer unschuldigen Naivität, die die Menschen verzauberte.

Während John Kennedys Jahre als Senator nahm Jackie an vielen Hearings des afrikanischen Unterausschusses des Komitees für Auslandsbeziehungen teil, dessen Mitglied er war. Zu Hause zögerte sie nicht, ihre Meinung über den McCarran Immigration Act kundzutun. Dieses Gesetz wurde von Patrick

McCarran, dem demokratischen Senator aus Nevada, unterstützt, der damit die Einwanderungsbestimmungen verschärfen wollte. Jackie protestierte vehement. Sie erklärte John, daß bei einer strengeren Einwanderungspolitik ihre eigenen Familien, die Bouviers, die aus Frankreich in die Vereinigten Staaten gekommen waren, und die Kennedys selbst, Einwanderer aus Irland, wahrscheinlich das Land nicht hätten betreten dürfen.

1959 wurde der Historiker John Schlesinger jr., der den Kennedys näherstand als jeder andere Historiker oder Biograph, zum Dinner in die Villa eingeladen. Er war Jackie zuvor schon einige Male begegnet, hatte sich aber immer nur sehr kurz mit ihr unterhalten und somit nicht ausführlich genug, um sich über sie eine Meinung zu bilden, außer daß sie ungewöhnlich attraktiv und sehr charmant war.

Aber an jenem Abend Mitte Juli, so sagte er, nach einem ausgedehnten und entspannten Gespräch, kam er zu der Erkenntnis, daß »sie unter einem Schleier liebenswürdiger Inkonsequenz eine ungemeine Wachheit, einen Blick, dem nichts entging, und eine unbarmherzige Urteilskraft verbarg«.

Schlesinger erklärte, daß die weithin herrschende Meinung, daß Jackie sich nicht für Politik interessierte, dadurch entstanden war, daß Jackie selbst so tat, als hätte sie »überhaupt keine Ahnung« von diesem Gebiet, und hinzufügte, sie würde »Politiker am liebsten aus der Gesellschaft verbannen«.

Eigentlich, sagte Schlesinger, zog sie sich auf diesen Standpunkt des Desinteresses zurück, um in der Kennedy-Familie ihre eigene Identität zu erhalten. Sie wußte, daß sie deren aggressiven Begeisterung nichts entgegenzusetzen hatte, und fürchtete, daß sie bei den oft lauten und wilden politischen Diskussionen nicht mithalten könnte.

In der Zeit vor ihrer Hochzeit hatte John sie gebeten, etwa ein Dutzend Bücher über Indochina zu übersetzen, eine Aufgabe, die sie den ganzen Sommer in Anspruch nahm und ihm umfangreiche Informationen darüber lieferte, wie Frankreich den Konflikt in Südostasien wertete. In den Senatsjahren war sie eine unschätzbare Hilfe bei der Abfassung von Reden. Sie las seine Texte, strich hier etwas und fügte dort etwas hinzu. John war mit den meisten ihrer redaktionellen Änderungen einverstanden.

Charles Bartlett, der Journalist, bei dessen Dinnerparty John und Jackie einander zum erstenmal begegnet waren, meinte: »Man kann einen Politiker lieben, ohne etwas für Politik übrig zu haben, aber es ist unmöglich, einen zu heiraten, ohne gleichzeitig an seiner Karriere mitzuwirken.«

Bartlett fügte hinzu, daß es ganz sicher nicht möglich war, sich in der Nähe von JFK aufzuhalten, ohne daß die Politik einem in Fleisch und Blut überging, ähnlich einer Flüssigkeit, die Membranen dank der Wirkung der Osmose durchdringt.

Im Rennen um die Präsidentschaftsnominierung im Jahr 1960 verblüffte Jackie ihren Mann John nicht nur durch ihr Geschick im Wahlkampf, sondern auch durch ihr Mitgefühl, das sie den Leuten deutlich zeigte, die auf dem Marsch des Fortschritts auf der Strecke blieben. In West-Virginia bestand sie darauf, die Gegenden aufzusuchen, die am schlimmsten von Armut betroffen waren. Die elegante, künstlerisch interessierte, wohlerzogene junge Frau kam in die Baracken der Minenarbeiter und unterhielt sich mit Frauen und Kindern. Eine Frau drückte es sehr treffend aus, nachdem Jackie sich verabschiedet hatte: »Diese Frau nimmt Anteil, sie sorgt sich aufrichtig.« Was sie in West-Virginia sah und hörte, war für Jakkie eine Offenbarung. Die Armut dort machte sie noch betroffener als die Lebensbedingungen, die sie in Indien gesehen hatte. Sie schrieb einer Freundin: »Vielleicht hatte ich ganz einfach geglaubt, daß es so etwas in den Vereinigten Staaten nicht gibt.«

In Wisconsin wurde John einmal aufgefordert, nach Washington zurückzukehren, um an der Abstimmung über eine Zusatzerklärung zum Bürgerrecht teilzunehmen. Jackie ließ sich nicht beirren, hielt all seine geplanten Reden und bestand darauf, zwischen den Terminen Milcherzeugungsbetriebe zu besichtigen. Dabei stellte sie derart kundige Fragen, daß die Farmer davon überzeugt waren, sie sei auf einer Farm aufgewachsen.

Jackie blieb während des Wahlkampfs sehr oft zu Hause. Sie gab damit Anlaß zu Kritik, die sogar noch heute in Büchern und Artikeln geäußert wird und in der ihr vorgeworfen wird, den Wahlkampf um das Präsidentenamt verabscheut zu haben. Tatsächlich war Jackie schwanger, als ihr Mann nominiert wurde. In Anbetracht ihrer bisher erlittenen Fehlgeburten verlangten die Ärzte von ihr, sich soviel Ruhe wie möglich zu gönnen.

Trotzdem war sie noch viel zu ungehorsam und trat bei zahlreichen Versammlungen auf. In den ersten Phasen des Wahlkampfs hielt sie vor Pressevertretern eine würdevolle Rede und lud ihre Zuhörer anschließend in ihr Haus in Hyannisport ein, wo sie, so versprach sie, jede und alle Fragen beantworten werde. Die Zeitungsleute kamen, und sie hielt Wort.

Einer der Punkte, der ihr wichtig war, war die Diskussion um ihre Garderobe. Ja, sagte sie, es gefalle ihr, gut auszusehen. Ja, gab sie freizügig zu, sie schenke ihrer Frisur eine Menge Beachtung. Aber, so fügte sie hinzu, sei dies nicht ein Vorrecht der Frau? Überdies, welche Beziehung bestehe zwischen der Art und Weise, wie sie sich kleide, und John Kennedys Fähigkeit, die Nation zu führen?

Im Bett studierte sie Johns Terminkalender seiner Wahlkampfauftritte und entdeckte sofort gravierende Fehlplanungen, die ihn Geld und Energie kosten würden. »Du kannst sehr viel schneller von der einen Stadt zur anderen und weiter zu einer dritten gelangen, wenn du zwischendurch nicht Hunderte von Meilen zusätzlich zurücklegen müßtest, um auch noch in zwei anderen Städten zu reden«, erklärte sie.

John, der nie sonderlich auf seine Termine geachtet hatte, sondern stets dort hinfuhr, wo man ihn hinschickte, gab zu, daß Jackies Einwand berechtigt war. Er rief Robert Wallace an, der für die Reiseroute des Wahlkampfs zuständig war, und bat ihn, seinen Terminplan entsprechend Jackies Vorschlägen zu korrigieren.

Jackie schrieb auch zu Hause eine Zeitungskolumne unter der Überschrift »Campaign Wife«, in der sie ihre Meinung über Lehrergehälter (»mehr Lehrer sind nötig, und sie müssen besser bezahlt werden«) und die Bedeutung der Gesundheitsversorgung für alte Menschen darlegte. Zum letzten Punkt äußerte sie, daß dieses Problem nicht nur ältere Menschen betreffe, wie allgemein angenommen wird, sondern auch die jungen. Sie schrieb, die jungen Leute stünden oft vor der qualvollen Entscheidung, ob sie ihre begrenzten Mittel für die Erziehung ihrer Kinder oder für die Versorgung ihrer alten Eltern aufwenden sollen. Die Lösung dieses Problems laufe darauf hinaus, daß der Staat die Versorgung der Alten übernehmen müsse. Sie verlangte mehr und kleinere Schulklassen und bessere Schulen. Es sei unbedingt notwendig, daß die US-Regierung die örtlichen Verwaltungen bei der Qualitätssteigerung der Schulausbildung unterstützt.*

Der Autor Carl Sferrazza Anthony sagte: »Die Kolumne ›Campaign Wife‹ bewies, daß diese Frau sich keineswegs nur für Mode interessierte. Tatsächlich haben Miss Bouviers *eigene* Zeitungsartikel [ihre Cameragirl-Texte] sich niemals mit Modefragen beschäftigt. Dennoch ritten die Journalisten der ›Frauenseiten‹ in der nationalen Presse ständig auf diesem Traditionsthema herum, wenn sie über Politikerfrauen schrie-

* Während seines Wahlkampfs versprach Kennedy, Gesetze zur Gründung von Medicare zu erlassen und die staatliche Förderung der Schulen zu verbessern. Im Juli 1965 setzte Präsident Johnson seine Unterschrift unter den Vorschlag zur Gründung von Medicare und verlieh ihm damit Gesetzeskraft. Kurz darauf wurde auch ein neues Schulförderungsgesetz verabschiedet.

ben. Es ist leicht zu verstehen, weshalb Jackie vielen Reportern zunehmend kritisch begegnete.«

Am 25. September und am 7. Oktober 1960, als die ersten beiden der vier Kennedy-Nixon-Debatten veranstaltet wurden, lud sie zahlreiche Leute ein, um sich die Fernsehübertragungen anzusehen. Nach der Eröffnungsdebatte, in deren Verlauf John Kennedys würdevolle Lässigkeit in scharfem Kontrast zu Richard Nixons verkniffener, bleicher und beinahe krank wirkender Erscheinung stand, konnte sie ihren Stolz und ihre Begeisterung über seinen Auftritt kaum beherrschen. Wie ein Teenager hüpfte sie auf ihrem Platz auf und ab und klatschte in die Hände. Als sie mit ihm nach der Debatte telefonierte, sagte sie: »Du warst wundervoll, John!« Kennedy »freute sich sehr darüber«, erzählte Ralph Martin.

Am 13. und am 21. Oktober wohnte sie den Debatten im Studio bei. Dabei fiel ihr am deutlichsten auf, daß Nixon kaum oder gar nicht von der Zukunft sprach, John Kennedy hingegen seine Zukunftsvisionen darlegte und von der Nation verlangte, sie solle »voranschreiten«, und hinzufügte: »Ich möchte nicht, daß Historiker einmal feststellen, daß ›dies die Jahre waren, in denen in Amerika der große Rückschritt einsetzte‹.«

Jackies wichtigster Einfluß auf ihren Mann bestand, laut Arthur Schlesinger, darin, daß sie ihn in seiner Auffassung bestärkte, daß es »überaus wichtig sei, sein Leben an den Werten zu orientieren, die beim ihm absoluten Vorrang hatten«.

Mit ihrer Hilfe – Schlesinger nannte es ihre »Komplizenschaft« – lernte er, daß das totale Aufgehen im politischen Geschäft völlig sinnlos ist. Wenn nichts anderes als Politik und Politiker für ihn von Bedeutung seien, hätte er keine Zeit oder Energie mehr, um neue Sichtweisen, neue Visionen und neue Ideen darüber zu entwickeln, was sein Land und die Welt braucht und wünscht. Jackie konnte sich zurückziehen und entdeckte zu ihrer Überraschung, daß viele Kollegen ihres Mannes und sogar ihre Frauen dazu nicht fähig waren. »Es

kommt einem vor, als seien sie ständig im Fernsehen«, bemerkte sie einmal, nachdem die Parteiführer und ihre Ehefrauen den größten Teil des Tages in den Parteibüros verbracht hatten, als Kennedy seinen Wahlkampf vorbereitete.
Durch Jackies Beispiel und durch viele Gespräche lernte Kennedy, daß seine Welt nicht auf allen Seiten durch Politik eingegrenzt wurde. Daher unterließ er es nach und nach, sich der Politik zu unterwerfen. Und weil er diesen wichtigen Unterschied machte, konnte er schließlich sein Leben ändern.
Sogar nach der Ermordung ihres Mannes ließen Jackies Interesse und ihre Beiträge bezüglich weltweiter politischer Probleme nicht nach. Sie zog sich nicht vollständig in den Jet-set-Wirbel von Partys, Mode und Kunst zurück.
Noch im November 1967 reiste Jackie zehntausend Meilen nach Kambodscha, um Prinz Norodom Sihanouk, dem Staatschef des buddhistischen Königreichs, einen Besuch abzustatten. Damals unterhielten die USA keine diplomatischen Beziehungen zu diesem abgelegenen asiatischen Land, das Amerika eindeutig feindselig gesonnen war. Jackie, die ohne diplomatischen Status unterwegs war, blieb sechs Tage lang dort und verwirrte die Amerikaner auf der ganzen Welt, die sich fragen: War es eine Urlaubsreise? Wenn ja, weshalb flog sie dann mit einer Maschine der Air Force hin? Und noch dringender war die Frage, weshalb ließ sie sich von einer Nation höchste Ehren erweisen, die allgemein als Nachschublager für die Soldaten Nordvietnams galt?
Die Antworten wurden von den Fernsehjournalisten Marvin und Bernard Kalb geliefert: »Jackie befand sich auf einer heiklen Mission der Kontaktaufnahme, die als touristische Reise getarnt war ... um den Weg für einen weiteren diplomatischen Austausch zwischen Phnom Penh und Washington zu ebnen.«
Jackies beispiellose Reise resultierte aus der Anerkennung ihres internationalen Ansehens durch die Administration Lyn-

don Johnsons. Hätte sie unter ihrer hochtoupierten Frisur nur oberflächliche Ideen gehabt und nicht das politische Gespür oder die Fähigkeit, den Zorn eines wichtigen ausländischen Staatsoberhaupts auf die Vereinigten Staaten zu besänftigen, wäre sie wohl kaum für diese delikate Aufgabe ausgewählt worden.

Während die Einzelheiten dieser Reise niemals enthüllt wurden, schaffte Jackie es, Prinz Sihanouk umzustimmen. Am Ende ihres Besuchs erklärte er, sie habe »zu einer Verminderung der Spannungen zwischen unseren beiden Völkern« beigetragen. Er fügte hinzu: »Kambodscha hat eine überaus reizende Vertreterin des amerikanischen Volks kennengelernt. Dank dieses Besuchs und ihres sehr charmanten Auftretens bei uns haben wir eine Vorstellung vom Entgegenkommen Amerikas erhalten, soweit es die fähigsten Vertreter dieser Nation betrifft.« Obgleich der Prinz über die amerikanische Politik in Asien nicht im gleichen Maße erfreut war, sagten die Kalbs, nahm Jackies Besuch »den Beziehungen zwischen Kambodscha und Amerika die eisige Kälte und stieß die Tür zu einer allgemeinen Verbesserung der Kontakte auf«.

Während der Camelot-Jahre entwickelte Jackie sich endgültig zu einer selbständigen Frau. Mehr noch: Sie wurde zu einer »festen Größe – zu einer Persönlichkeit, mit der man sich auseinandersetzen mußte«, sagte Stephen Birmingham.

Sie erlitt Rückschläge: Einen sehr schlimmen, als der kleine Patrick starb, einen weiteren, als Joe Kennedy, den sie mittlerweile als ihren Ersatzvater betrachtete, im Dezember 1961 einen schweren Schlaganfall erlitt. Sie hatte Joe gern. Trotz seiner finanziellen Manipulationen war er ein starker Mann, und, wie wir noch sehen werden, Jackie bewunderte starke Männer mit Ehrgeiz und Initiative, die sich durch Widrigkeiten nicht aufhalten ließen. Das Oberhaupt der Kennedys wiederum respektierte ihren Geist und ihre Intelligenz, ja, er lieb-

te sie sogar. Jackie war eine der ersten, die vom Schlaganfall ihres Schwiegervaters unterrichtet wurden. Als er in die Villa transportiert wurde, rief sie John in Washington an, um ihm die Nachricht zu übermitteln. (Joe Kennedy starb 1969 in dem Bewußtsein, daß drei weitere Tragödien seine Familie heimgesucht hatten: die Ermordung von John und Bobby und der Tod durch Ertrinken Mary Jo Kopechnes.)
Die meiste Zeit ihres Lebens als First Lady von Amerika war Jackie eine glückliche Frau, und dazu hatte sie ausreichend Grund:

- Sie hatte ihr Ziel erreicht, den Regierungssitz zum elegantesten Haus der Nation umzugestalten.
- Sie hatte den Respekt und die Bewunderung ihres Mannes errungen.
- Sie war ihm eine bedeutende Hilfe in innen- und außenpolitischen Angelegenheiten.

Sie war praktisch völlig allein für eine kulturelle Erneuerung in den Vereinigten Staaten verantwortlich. Sie lud die berühmtesten Musiker, Sänger, Schauspieler und Tänzer zu Auftritten ins Weiße Haus ein, unter ihnen der Cellist Pablo Casals, der Komponist Igor Strawinsky, der Maler Andrew Wyeth. An einem Abend gaben sich mehrere Nobelpreisträger bei einer Gesellschaft die Ehre. Aber dieses Interesse für Kunst und Wissenschaft beschränkte sich nicht nur auf das Heim des Präsidenten. Dank dieser Abende – und weil das Weiße Haus sich zu einem Zentrum vielfältiger kultureller Aktivitäten entwickelte – »rollte eine Woge intellektuellen Interesses und kultureller Aufbruchstimmung über Amerika hinweg«, sagte Theodore C. Sorenson, der Sonderberater John Kennedys.
Und Jackie erfreute sich einer persönlichen Beliebtheit, die keine andere First Lady und tatsächlich auch keine andere Frau auf der Welt je erreicht hat.

7. Kapitel

Tage des Ruhms

Als First Lady hatte Jackie eine Mission. Sie war schon seit geraumer Zeit vom Journalismus gelangweilt, schrieb kleine Gedichte und malte Aquarelle, die, wie sie selbst wußte, bestenfalls mittelmäßig waren. Keine dieser Aktivitäten bot ihr ausreichende Entfaltungsmöglichkeiten für ihre beachtlichen kreativen Fähigkeiten. Während ihr Interesse an Mode nicht nachgelassen hatte und wahrscheinlich auch nicht nachlassen würde, suchte sie eine Möglichkeit, etwas Bleibendes zu schaffen.

Sie konnte das Weiße Haus nicht nur in jene Art von Zuhause verwandeln, das sie für sich selbst und für ihre Familie wünschte, sondern auch zu einer Quelle des Stolzes für alle Amerikaner.

An diesem Punkt begann ihr Licht zu leuchten, sagte Clark Clifford, Sonderberater von John Kennedy. »Als ihr Mann ins Weiße Haus gelangte, reifte Jacqueline zu einer eigenständigen Persönlichkeit heran.«

Ende November 1960, kurz nach der Wahl ihres Mannes, war Jackie von Mamie Eisenhower zu einer gründlichen Führung durch den Amtssitz eingeladen worden. Jackie sagte begeistert zu. Sie war im achten Monat schwanger und hatte ihren Arzt aufgesucht, der ihr riet, den Besuch in einem Rollstuhl zu absolvieren. Jackie traf im Weißen Haus ein, sah sich suchend nach dem Rollstuhl um, fand keinen und machte den gesamten Rundgang mit einer vor Liebenswürdigkeit überströmenden Mamie zu Fuß mit, die ständig betonte, wie sehr ihr und Ike das Haus gefalle. Der Rollstuhl war da, aber er stand versteckt hinter einem Fahrstuhl und war von keiner der beiden Frauen gesehen worden. Die Angestellten des Weißen Hauses hatten die Anweisung erhalten, ihn nur hervorzuholen, wenn die neue First Lady darum bat.

Jackie verzichtete darauf. »Ich hatte zuviel Angst vor Mrs. Eisenhower«, gestand sie später. Dafür verordnete ihr Arzt dann zwei Wochen strengste Bettruhe.

Während des Rundgangs äußerte Jackie begeistert, wie wunderschön alles sei, doch insgeheim war sie enttäuscht. Die Inneneinrichtung war sehr schlicht mit den schweren, dichten Vorhängen und den Möbeln, die Mamie bevorzugte. Teppiche bedeckten den wunderschönen Parkettboden, und die Farbe Rosa dominierte. Der Wohnbereich hatte rosafarbene Wände, Vorhänge, Schonbezüge auf den Sitzmöbeln, ein rosafarben gepolstertes Kopfbrett an ihrem Bett, einen rosafarbenen Abfalleimer – und sogar eine rosafarbene Toilettenschüssel im persönlichen Bad des Präsidenten.*

Mamie zeigte Jackie eine kleine Küche, die Ike hatte einrichten lassen, wo er seine berühmte Gemüsesuppe mit Hühnerfleisch kochen konnte, deren Zubereitung zwei Tage in Anspruch nahm.

Sie sah auch noch etwas anderes, erwähnte es aber nicht. Als sie im ersten Stock einen Blick in die Küche warf, entdeckte sie mehrere Kakerlaken.

* Als Eisenhower am 25. September 1955 in Mamies Mädchendomizil in Denver, das als Urlaubsregierungssitz genutzt wurde, einen Herzinfarkt erlitt, erholte er sich im Fitzsimmons Army Hospital in Aurora, sieben Meilen östlich der Stadt. Mamie wohnte in einer Suite nebenan, die aus einem Wohnzimmer, einem Schlafzimmer und einer Sonnenterrasse bestand. Aber die kleine Wohnung hatte keine rosafarbene Toilettenschüssel, daher bat Mamie die Angestellten, eine zu besorgen. Der Wunsch der First Lady löste einige Verwirrung aus. Es gab eine Menge Toilettenschüsseln im Krankenhaus, aber keine rosafarbene. Auch die einschlägigen Geschäfte in Denver führten sie nicht. Man rief im Weißen Haus in Washington an, und zwei Tage später bekam Mamie ihre Toilettenschüssel per Luftpost. Sie steht noch immer in der Suite im Krankenhaus, die mittlerweile als Büro genutzt wird.

John Fitzgerald Kennedy wurde am 20. Januar 1961, nach einem der schwersten Schneestürme, soweit alte Bewohner Washingtons sich erinnern konnten, als fünfunddreißigster Präsident in sein Amt eingeführt.
Am Abend vorher war jeglicher Verkehr praktisch zum Erliegen gekommen. Vor der Inaugurationsfeier hatte ein Konzert in der Constitution Hall stattfinden sollen, die hinter dem Weißen Haus steht. Die Fahrt von Georgetown dauerte gewöhnlich weniger als fünf Minuten, doch die Limousine mit dem neuen Präsidenten und seiner First Lady traf erst vierzig Minuten nach der Abfahrt ein. William Walton, ein Künstler und Freund der Kennedys, stellte fest, daß sich nur wenige hundert Personen in der riesigen Halle aufhielten. Er riet den Kennedys, in einem Nebenzimmer zu warten, bis mehr Menschen anwesend seien. »Die Leute hatten um die Eintrittskarten regelrecht gekämpft«, seufzte Walton, »und niemand war gekommen.«
Das Konzert fand jedoch statt, und anschließend fuhr der Wagen des Präsidenten durch die langsam anwachsenden Schneewehen zur Armory, wo Frank Sinatra und Peter Lawford wochenlang ein Showprogramm mit zahlreichen Hollywood-Prominenten vorbereitet hatten. Der Schneesturm brachte auch diese Veranstaltung durcheinander, und sie endete, erheblich verspätet, erst weit nach Mitternacht. Ehe die letzten Künstler auftraten, beschloß Jackie, nach Hause zurückzukehren, um sich für die umfangreichen Zeremonien der Amtseinführung auszuruhen, aber John und sein Vater Joe, die beide lange schwarze Zigarren rauchten, blieben bis zum Ende und applaudierten Ethel Merman, Bette Davis, Sir Laurence Olivier, Harry Belafonte und anderen, die abwechselnd auftraten.
Am nächsten Abend nach der Inauguration und der Parade besuchte der neue Präsident jeden der Bälle und zeigte sich den begeisterten Gästen in glänzendster Laune.

Der alte Joe Kennedy, der sich während des Parteikonvents und des Wahlkampfs im Jahr zuvor auffällig zurückgehalten hatte (obgleich er viele Anweisungen gab), trat nun wieder ins Rampenlicht, da seine ultrakonservativen Ansichten die Wahlchancen seines Sohnes nicht mehr beeinträchtigen konnten. Er erntete schallendes Gelächter, als er seinen Mantel bei einem der Bälle auszog, dabei aber auch gleich aus seinem Frack schlüpfte und plötzlich in Hemdsärmeln und bunten Hosenträgern vor Tausenden von Gästen stand.

Leonard Bernstein, Komponist und Dirigent, erzählte von einem Fauxpas, der ihm unterlief, als er eine hübsche junge Frau entdeckte, die mit dem Präsidenten tanzte. »Er hatte eine Freundin von mir im Arm, mit der ich ebenfalls tanzen wollte, und da überall Tanzpartner gewechselt wurden, dachte ich mir nichts dabei, es ebenfalls zu tun. Nur hatte ich vergessen, daß ich das gleiche beim Präsidenten der Vereinigten Staaten versuchte. Für einen kurzen Moment wurde er blaß, doch dann machte er gute Miene zu diesem Spiel, und wir blieben auch weiterhin gute Freunde.«

Und die junge Frau? »Die war wütend«, gab Bernstein zu.

Am Montag morgen nahmen beide ihre Arbeit auf, John im Oval Office, während Jackie ihr enormes Vorhaben in Angriff nahm, das Weiße Haus neu einzurichten. »Es war völlig offen, wessen Job schwieriger war oder heftigere Reaktionen in der Öffentlichkeit auslösen würde«, sagte einer der früheren Vertreter des New-Frontier-Gedankens. Er übertrieb natürlich, aber nicht so sehr, wie man vielleicht denkt, denn Jackies Vorstellungen von Veränderung verärgerte viele Amerikaner, die sich gegen jegliche Veränderung in dem historischen Gebäude wehrten.

Unmittelbar nach dem Rundgang mit Mamie Eisenhower durch das Weiße Haus hatte Jackie mit der Planung begonnen. Sie bat die Kongreßbibliothek, ihr sämtliche Literatur über das

Gebäude zur Verfügung zu stellen. Tagelang vertiefte sie sich in Bücher und Akten und machte sich Notizen. Zuerst hatte sie die Absicht, nur die sieben Räume zu renovieren, die die Präsidentenfamilie im ersten Stock bewohnte, dann wurde ihr klar, daß das ganze Haus neu gestaltet werden mußte. »Im Weißen Haus gab es so gut wie nichts von historischer Bedeutung«, sagte sie. »Fast alles sah aus, als sei es bei B. Altman gekauft worden« – einem Kaufhaus in der Fifth Avenue, das längst seine Tore geschlossen hat. Sie wollt das gesamte Regierungsgebäude neu einrichten, und zwar mit historischen Möbeln und Gemälden, die entweder der Regierung gehörten oder von privaten Spendern zur Verfügung gestellt wurden.
Sobald John Kennedy am Montag morgen nach der Inauguration seine Arbeit aufgenommen hatte, ließ Jackie den Wohnbereich der Familie in Angriff nehmen. Kennedy saß kaum eine Stunde im Oval Office, als Schreiner damit begannen, die Räume auseinanderzunehmen. Elektriker legten neue Leitungen, Installateure wechselten die Wasserrohre, und Maler mischten Farben. Alles geschah unter Jackies Anleitung, die, in Jeans und T-Shirt, durch das Trümmerfeld marschierte wie ein Vorarbeiter auf einer Baustelle, begleitet von Mrs. Helen Parish, einer New Yorker Innenarchitektin, die sie engagiert hatte.
Jackie hatte J. B. West, den Zeremonienmeister des Weißen Hauses, angewiesen, für die Dauer des Umbaus den Präsidenten im Lincoln-Zimmer und sie selbst im Queen's Room einzuquartieren. Als Mamie Eisenhower erfuhr, daß Jackie im Queen's Room schlief, reagierte sie sehr zornig. Sie rief Mr. West an und erkundigte sich, wer diesen Vorschlag gemacht habe. Als West es ihr sagte, erwiderte Mamie, daß dieses Zimmer für sie immer eine ganz besondere Bedeutung gehabt habe und »daß man eine Königin sein muß, um dort schlafen zu dürfen«. Spitz fügte Mamie hinzu, daß sie kaum glaube, daß Jackie diesem Anspruch gerecht würde.

Zum Mittagessen bestellte Jackie Hamburger, die von vier livrierten Dienern mit dem gleichen Ernst serviert wurden, als wäre es ein fürstliches Dinner. Während die Frauen speisten, stand je ein Diener hinter ihnen und wartete auf Anweisungen. Darauf war Jackie nicht vorbereitet und kicherte während der gesamten Mahlzeit.

Gegen ein Uhr mittags begab sich der Präsident, der ein Glas Metrecal getrunken hatte, zu einem kurzen Schläfchen nach oben. Etwa eine Dreiviertelstunde später stand er ausgeruht wieder auf und kam auf seinem Weg nach unten an dem Tisch vorbei, an dem die beiden Frauen gegessen hatten. Das Glas Metrecal war offensichtlich nicht ausreichend gewesen. Als er sah, daß die Hamburger nur teilweise verzehrt worden waren, aß er die restlichen auf und auch noch etwas Salat, den die Frauen übriggelassen hatten. Danach verschwand er wieder im Oval Office.

Jackie hatte nicht erkannt, daß die Essensarrangements für die Präsidentenfamilie ebenfalls unzureichend waren. Sie und John speisten sehr vornehm in ihrem neuen Eßzimmer, aber da die Speisen aus der Küche nach oben gebracht werden mußten, kamen sie bestenfalls lauwarm auf den Tisch. Und ziemlich spät. Sie ließ daher Ikes Küche vergrößern und verwandelte ein nicht benutztes Schlafzimmer in ein gemütliches Eßzimmer. Danach wurden die Mahlzeiten der Familie immer schnell und heiß serviert.

Um das Umbauprojekt zu legalisieren, bat Jackie Clark Clifford, eine Verfügung zur Gründung eines Ausschusses zu entwerfen, der die Tätigkeit der mit dem Umbau befaßten Handwerker kontrollierte und lenkte und gleichzeitig die Öffentlichkeit über den Fortgang der Arbeiten informierte.

Nur hunderttausend Dollar, der Betrag, den der Kongreß einer neuen Präsidentenfamilie zur Renovierung ihrer Wohnung bewilligte, kamen vom Schatzamt. Der Rest mußte von privaten Spendern, aus Lagerhäusern der Regierung und aus staubigen Magazinen von Museen zusammengetragen werden. In den drei Regierungsjahren John Kennedys wurden zweihundertvierzig Stück an Möbeln und diversen Kunstwerken Jackie gratis zur Verfügung gestellt. Sie entdeckte selbst Porträts von Indianern, mehrere Gemälde von Paul Cézanne, dem französischen Impressionisten, und sogar ein paar Stücke Porzellan, die bereits von Abraham Lincoln benutzt worden waren.

John freute sich besonders über einen Fund seiner Frau, einen Schreibtisch, der aus Holzbalken eines englischen Kriegsschiffs, der *Resolute,* gezimmert worden war. Er war 1877 von Großbritannien Rutherford B. Hayes geschenkt worden, nachdem er bei der Präsidentschaftswahl knapp gegen seinen republikanischen Widersacher Samuel J. Tilden gesiegt hatte.*

Immer wieder wanderte Jackie durch das Haus, um nachzusehen, was sich unter einer dicken Staubschicht in irgendwelchen ungenutzten Winkeln verbarg. Eines Tages, sie spazierte mit einer Sekretärin durch den Keller, betrat sie einen Raum mit der Aufschrift »Herren« auf der Tür. Als ihre Begleiterin laut anklopfte und sie sicher sein konnten, daß sich kein Mann hinter der Tür aufhielt, traten sie ein, und Jackie war sprachlos vor Staunen. Vor ihr standen die wunderschönen Marmorbüsten von zwei ehemaligen Präsidenten, George Washington und Martin Van Buren, und eine dritte von Christopher Columbus. Sie waren dort irgendwann abgestellt und vergessen worden.

Jackie ließ sie auf Hochglanz polieren und plazierte sie in einer der Galerien des Weißen Hauses. Besucher bewunderten ihre Schönheit und Perfektion, ohne zu ahnen, daß sie jahrelang als

* Präsident Kennedy benutzte diesen wunderschönen Schreibtisch während seiner Regierungszeit. John jr. machte sich häufig einen Spaß daraus, die kleine Geheimtür auf der Rückseite zu öffnen und sich dort zu verstecken. JFK tat dann immer so, als hätte er ihn nicht gesehen. Präsident Clinton benutzt den Schreibtisch ebenfalls.

Raumschmuck für eine unbenutzte Herrentoilette gedient hatten.

Mit ihrer Freundin Jane Wrightsman, deren Ehemann ein texanischer Öltycoon war, streifte sie durch das Winterthur-Museum in Wilmington, Delaware. In seinen hundert Räumen befand sich die umfangreichste Sammlung amerikanischer Möbel und Dekorationskunst, die von Mitte des 17. bis Mitte des 19. Jahrhunderts in den Vereinigten Staaten hergestellt und benutzt wurden. Sie waren von Henry Algernon du Pont von der Chemiefirma E. I. du Pont de Nemours zusammengetragen und im stattlichen Domizil der Familie auf einem zweihundert Morgen großen Gelände aufgestellt worden. Die Frauen verließen das Museum mit einem ganzen Stapel Notizen und einer Zusage von Henry du Pont, einem Nachkommen der Familie, den Vorsitz im neuen Fine Arts Committee zu übernehmen.

Als das Projekt anlief, trafen Spenden – Möbel, Gemälde, Skulpturen und andere Kunstobjekte – aus dem ganzen Land ein. Pierre Salinger, der Pressesprecher von JFK, erzählte, die Mitarbeiter des Komitees gingen immer in Deckung, wenn ein neues Paket eintraf, denn sie wußten, »daß spätestens nach fünf Minuten Mrs. Kennedy erschien und sich wunderte, weshalb die Kiste noch nicht ausgepackt sei«.

Jackies wohldurchdachtes Projekt lief unglücklicherweise doch nicht so reibungslos ab. Im Rahmen der Neugestaltung des privaten Eßzimmers hatte sie für die Tafel zierliche Stühle bestellt, die zwar reizvoll aussahen, aber, wie sich herausstellte, kräftigeren Benutzern nicht standhielten.

Jeden Dienstagmorgen veranstaltete Präsident Kennedy in diesem Eßzimmer ein Arbeitsfrühstück, bei dem die Vorsitzenden der Kongreßausschüsse ihre jeweiligen Vorhaben vorstellten. Bis zum endgültigen Abschluß der Renovierungsarbeiten wurde dieses Treffen woanders abgehalten. Schließlich erfolgte die Meldung, daß das Eßzimmer zur Verfügung stehe.

Um Viertel vor neun Uhr kamen die hohen Tiere der Administration herein. Der erste war Lawrence F. O'Brien, ein Sonderberater des Präsidenten, der einen Stuhl hervorzog und sich daraufsetzte. Das Möbel brach sofort unter seinem Gewicht zusammen, und Larry fand sich auf dem Fußboden wieder. John W. McCormack, der Sprecher des Repräsentantenhauses, war im Begriff sich niederzulassen, richtete sich jedoch schnell wieder auf und half O'Brien auf die Füße. Da er über Kennedys lädierten Rücken Bescheid wußte, bemerkte McCormack: »Gut, daß es nicht der Präsident war.«
Alle anderen saßen sicher, als John Kennedy hereinkam und jeder sich erhob. Während er sich auf seinem Stuhl niederließ, war ein gefährliches Knistern zu hören. Mike Mansfield, der Fraktionsführer der Mehrheitspartei im Senat, und McCormack griffen gerade noch rechtzeitig nach seinen Armen, um den Präsidenten der Vereinigten Staaten davor zu bewahren, unsanft auf dem Fußboden zu landen. Pierre Salinger äußerte mit entschuldbarer Untertreibung: »Gerüchte besagen, daß dieser spezielle Aspekt von Mrs. Kennedys Renovierungsprogramm an diesem Abend während des Essens ein eingehender behandeltes Diskussionsthema gewesen sein soll.«
Desgleichen Jackies Entscheidung, weiße Vorhänge mit leicht blauer Tönung im sogenannten Blue Room am Hauptkorridor aufzuhängen. Der Präsident sagte, der Blue Room habe seinen Namen erhalten, weil seine Einrichtung vorwiegend blau sei, aber Jackie, deren Auffassung sich an historischen Tatsachen orientierte, zeigte ihm, daß der Raum überhaupt nicht blau gewesen war. John, der schnell merkte, wenn er den kürzeren zog, lenkte ein, aber Jackie mußte ihm in einem Punkt entgegenkommen. Er bat darum, daß wenigstens ein blauer Teppich in das Zimmer kommen solle.
Aber die Medienvertreter gaben sich nicht so schnell geschlagen. Sie setzten Pierre Salinger während einer Pressekonferenz heftig zu. Gewöhnlich mit gewichtigen Staatsangelegen-

heiten befaßt, drehten die Fragen sich an diesem Tag ausschließlich um Jackies Farbauswahl. Salinger versuchte mit unterschiedlichem Erfolg, die Fragen zu beantworten. Rückblickend betrachtete er diese Fragestunde als eine der lustigsten während der gesamten Regierungszeit. Hier ein paar Fragen sowie Salingers tapfere Antworten:

F: Ist irgend etwas an der Meldung, daß der Green Room chartreusefarben und der Blue Room eher Weiß in Weiß eingerichtet wird?

A: Das ist eine gute Frage.

F: Wie lautet die Frage?

A: Die Frage lautete, ob der Green Room chartreusefarben und der Blue Raum Weiß in Weiß eingerichtet wird. Ich kann mich zu diesem Thema nur im Rahmen meiner eigenen begrenzten Kenntnisse äußern, aber ich kann in aller Unklarheit –

F: Sie meinen Klarheit.

A: Klarheit erklären, daß der Blue Room auch weiterhin der Blue Room bleiben wird.

F: Sie haben eine Frage noch nicht beantwortet. Was ist chartreusefarben?

A: Das kann ich Ihnen nicht sagen. Der Green Room wird weiterhin der Green Room bleiben, und der Blue Room bleibt der Blue Room.

F: Pierre, ich habe zwei Fragen. Werden die Zimmer renoviert? Werden die Wandvorhänge ausgewechselt?

A: Die Stoffe in beiden Räumen sind alt und schmuddelig und werden erneuert. Das trifft zu. Das ist auch das einzige, was zutrifft.

Um noch mehr Geld für das Projekt aufzubringen, hatte Jackie die Idee, einen Führer durchs Weiße Haus in Buchform herauszugeben, ihn Besuchern zu verkaufen und von dem Erlös weitere Objekte zu erwerben. Puristen in der Administration waren entsetzt. Einen Führer durch das Haus zu verkaufen

werde die Nation empören, sagten sie. Schließlich sei das Haus ein Symbol Amerikas, und ein Buch darüber zu verkaufen, um damit Geld zu verdienen, gleichgültig, wofür es später verwendet werde, sei unamerikanisch.
Aber Jackie beharrte auf ihrer Absicht. Mrs. Lorraine Pearce, die Kuratorin des Weißen Hauses, erhielt den Auftrag und stellte das Buch mit umfangreicher Unterstützung durch die First Lady, die sich an der Auswahl der Illustrationen beteiligte und sogar die Drucktype bestimmte, schließlich zusammen. Es wurde im Juli 1962 von der National Geographic Society veröffentlicht.
Wieder einmal war Jackies Instinkt richtig gewesen. Die Besucher des Hauses bezahlten gerne einen Dollar pro Exemplar, das ein Vorwort der First Lady selbst enthielt. Innerhalb von sechzehn Monaten wurden mehr als sechshunderttausend Exemplare verkauft.
Acht Jahre später leistete sich das Weiße Haus Nixons einen besonders häßlichen Racheakt und veröffentlichte eine Broschüre, in der jeder Raum des Hauses genau beschrieben wurde, und verteilte sie an Touristen. Es war nicht das Buch Jackies, sondern ein neues, durchaus akzeptabel und stellenweise sogar gefühlvoll geschrieben. Aber während darin die Einrichtung der berühmten Räumlichkeiten genau dargestellt wurde, gab es nirgendwo eine Erwähnung Jackie Kennedys, deren Phantasie und Geschick entscheidend für das Erscheinungsbild verantwortlich waren.
1962 zum Beispiel entdeckte Jackie eine besonders seltene Tapete in einem Haus in Maryland, das abgerissen werden sollte. Sie veranlaßte die Nationale Gesellschaft der Innenarchitekten, es für zwölfeinhalbtausend Dollar zu erwerben und dem Weißen Haus zu schenken. Die Tapete, »Ländliches America« betitelt, wurde Stück für Stück entfernt und sorgfältig in den diplomatischen Empfangssaal im Regierungssitz übertragen. Damals ging die Meldung von der Entdeckung

und Rettung der Tapete durch sämtliche Nachrichten der Nation. In der neuen Broschüre wurde jedoch völlig ignoriert, daß Jackie für diese innenarchitektonische Großtat verantwortlich war.
Andere Zimmer wie der Treaty Room, der Blue Room und der Red Room werden in allen Einzelheiten in der Nixon-Broschüre beschrieben, aber Jackies Beitrag zur ihrer Gestaltung fand keine Erwähnung.
Der Stab Richard Nixons wußte, daß er die Kennedys haßte und fürchtete. Die Journalistin Isabelle Shelton schrieb: »Es scheint so, als fühle sich irgend jemand im Weißen Haus – nicht unbedingt, nicht einmal wahrscheinlich, die First Lady Pat Nixon selbst – vom allgegenwärtigen Schatten der bildschönen, tragischen Witwe Jackie Kennedy verfolgt.«

Weder John noch Jackie konnten ihr Werk vollenden. Zwei Jahre und zehn Monate nachdem die Restaurierungsarbeiten begonnen hatten, reiste Jackie mit ihrem Mann nach Dallas. Nur drei weitere Projekte warteten noch auf ihre Durchführung: Sie hatte schwere goldfarbene Vorhänge für den East Room bestellt, aber deren Herstellung hatte länger gedauert als erwartet; die Polsterbezüge für die Stühle im State Dining Room waren noch nicht eingetroffen, und sie wartete noch immer auf neue Kronleuchter für das Erdgeschoß.
Aber sie wußte, daß sie ihre Sache gut gemacht hatte. »Das Weiße Haus ist jetzt so, wie es sein sollte«, schrieb sie Clark Clifford. »Es ist alles, wovon ich immer geträumt habe. Nur noch wenige Dinge sind zu tun. Ich weiß, daß wir in den roten Zahlen sind, aber nach diesem Jahr geht es aufwärts.«
Sie reiste nach Texas voll innerer Befriedigung darüber, daß sie ihr »Empfinden, was richtig ist« (wie Jane Wrightsman es ausdrückte), im bedeutendsten Haus Amerikas realisiert hatte. Was sie erreicht hatte, war »großartig«, sagte Mary Van Rensselaer Thayer, die sich Jackies uneingeschränkter Unter-

stützung erfreuen konnte, als sie ihr Buch über Jackies Jahre im Weißen Haus schrieb.
Es verwundert kaum, daß Jackies Selbstbewußtsein um einiges zunahm.

Die Legende der Jacqueline Bouvier Kennedy entstand in den tausendundzwei Tagen der Kennedy-Administration. Sie besteht noch immer und wird sicherlich ein fester Bestandteil der Gesellschaftsgeschichte dieser Nation werden.

8. Kapitel

Angst vor dem Zusammenbruch

Die Ermordung John Kennedys hätte beinahe auch Jackie vernichtet. Ihre Verzweiflung war so total, daß Freunde sich Sorgen um ihren Gemütszustand machten und darauf hinwiesen, daß schwere Neurosen und Alkoholismus in der Familie gehäuft vorkamen. Ihre Tante, Edith Beale, »die verrückte Tante Edith« wurde sie genannt, lebte umgeben von Dutzenden von Katzen in ihrer halbverfallenen Villa in East Hampton, Long Island. Ihr Vater, Black Jack Bouvier, und sein jüngerer Bruder, William S. Bouvier, verfielen dem Alkoholismus.

Es gab noch schlimmere Befürchtungen.

An einem Nachmittag im Jahr 1970, als ich für eine Biographie Ethel Kennedys recherchierte, suchte ich Lem Billings in seinem kleinen Apartment in der Fifth Avenue an der Upper East Side von Manhattan auf, um in Erfahrung zu bringen, wie sie den Mord an Bobby verarbeitete.

Ethel war emotional robust und hatte entschieden, daß das Leben ihrer Familie so normal wie möglich weitergehen müsse. Sie ließ in ihrer Gegenwart keine Anzeichen oder Demonstrationen von Traurigkeit zu. Wenn ihre Kinder von ihrem Vater redeten, sollten sie mit Liebe von seinem Wirken, seinen Zielen und von den schönen Zeiten erzählen, die sie gemeinsam erlebt hatten. Mehrere ihrer Kinder hatten später große Probleme. David starb am 25. April 1984 im Alter von achtundzwanzig Jahren in einem Motel in Palm Beach an einer Überdosis Drogen.

Das Gespräch kam auf Jackie. Ich fragte: »Ich habe gehört, daß sie nach der Ermordung John Kennedys zutiefst deprimiert war. Ging es vielleicht sogar so weit, daß sie an Selbstmord dachte?«

Billings erwiderte: »Diese Frage hat mir bisher noch niemand gestellt. In den Monaten nach Johns Tod ist mir dieser Gedanke tatsächlich durch den Kopf gegangen.«

Für wie glaubwürdig soll man Billings' Bemerkung über einen von Jackie in Erwägung gezogenen Selbstmord halten? Lem, der im Mai 1981 starb, hat sein ganzes Leben der Familie gewidmet.* Er hat nie geheiratet, verdiente seinen Lebensunterhalt in der Werbung und stand den Kennedys derart treu zur Seite, als hätte er selbst dem Clan angehört. Er liebte John, weinte bitterlich nach dem Attentat und verehrte ihn ein ganzes Leben lang. Niemals während unserer Gespräche in all den Jahren hat Lem Billings etwas anderes erzählt als die Wahrheit, so wie er sie sah. Er war nie als »PR-Mann« für John oder irgend jemand anderen in der Familie tätig, obgleich er sie häufig gegen seiner Meinung nach unfaire Angriffe verteidigte. Lem war einfach zu ehrlich, um unaufrichtig zu sein.

Aber es gibt auch eine negative Seite. Als er zuletzt mit mir redete, war Billings bereits Alkoholiker und auf dem besten Wege, drogensüchtig zu werden. Das Gespräch über Jackie fand statt, nachdem er das fünfte oder sechste Mal die Küche seines Apartments aufgesucht hatte, um sein Glas nachzufüllen. War es vielleicht ein typischer Fall von *in vino veritas?* Kam die Wahrheit an diesem Tag unter dem Einfluß von Alkohol endlich ans Licht?

Luella Hennessey Donovan, das Kindermädchen der Kennedy-Familie, die ebenfalls ihren Mann verlor, sagte, daß eine Witwe in ihrer tiefen Trauer tatsächlich daran denkt, ihrem

* In seiner Totenrede sagte Bobby Kennedy jr.: »Er litt mit jedem von uns – und das in einer Weise, zu der niemand sonst den Mut aufgebracht hätte ... Ich weiß nicht, wie wir ohne ihn weiterleben können.« Eunice Shriver sagte: »Johns bester Freund war Lem, und er würde sicherlich wünschen, daß ich heute alle Menschen daran erinnere. Ich bin überzeugt, daß der Herrgott im Himmel weiß, daß Jesus und Lem und John und Bobby in Liebe miteinander vereint sind.«

Mann in den Tod zu folgen, weil sie glaubt, daß das Leben für sie keinen Sinn mehr habe, aber diese verzweifelte Stimmung geht vorbei, und der Wunsch weiterzuleben setzt sich am Ende durch, wie es auch in ihrem eigenen Fall geschah. Sich vorzustellen, daß Jackie an Selbstmord dachte und diesen Akt der Selbstzerstörung auch vollzogen hätte, sei laut Luella völlig absurd, zumal ihr bewußt war, wie sehr ihre Kinder von ihr abhängig waren.

Ähnliche Überlegungen über Jackie mochte auch Bobby Kennedy angestellt haben, denn er hörte von Freunden und Familienangehörigen jeden Tag Berichte über Jackies Leid. Er telefonierte jeden Tag mit ihr und besuchte sie, wann immer es ihm möglich war.

Jackies Mutter Janet machte sich ebenfalls große Sorgen wegen ihrer Tochter. Als der Autor Stephen Birmingham sie einmal übers Wochenende in ihrem Haus in Newport besuchte, sagte sie zu ihm: »Ich habe Angst, daß Jackie einen Nervenzusammenbruch erleidet.«

Schon bald sollten sich die Anzeichen mehren, daß Jackie in eine tiefe Depression versank.

Die schlimmste Periode im Leben der Jacqueline Bouvier Kennedy begann um zwölf Uhr dreißig am 22. November 1963, einem Freitag nachmittag, als sie mit ihrem Ehemann auf dem Rücksitz eines blauen Lincoln-Cabriolets saß.

Ein lauter Knall ertönte von einem Gebäude in etwa vierzig Meter Entfernung, während das Fahrzeug des Präsidenten um den Dealey Plaza in Dallas, Texas, herumfuhr. Kennedy, einen benommenen, verständnislosen Ausdruck im Gesicht, griff sich mit beiden Händen an den Hals. Einen winzigen Moment später ertönte ein zweiter Knall, dann ein dritter.

Einige der Secret-Service-Männer und Zeugen in der Nähe hielten die Geräusche für Fehlzündungen von Fahrzeugen. Andere glaubten, es seien Feuerwerkskörper. Aber der Gouverneur von Texas, John B. Connally jr., der mit seiner Frau auf den Klappsitzen saß, identifizierte die Geräusche sofort als Schüsse. John Connally war sich so sicher, weil er Jäger war.

Langsam sank John gegen Jackie, die ihn entsetzt anstarrte. »John, John!« schrie sie, »was tun sie mit dir?«

Der erste Schuß, abgegeben im sechsten Stock des Texas School Book Depository, hatte ein Loch in den Hals des Präsidenten gerissen, nachdem die Kugel durch den Nacken eingedrungen war. Die dritte Kugel traf die Seite seines Kopfs und spritzte Knochen- und Gehirnmasse auf den Rücksitz, auf Jackies Hände und in ihren Schoß und besudelte ihr erdbeerrotes Wollkostüm.

Nur wenige Sekunden vorher hatte Mrs. Connally sich zum Präsidenten vorgebeugt und gesagt: »Mr. Kennedy, Sie können nicht behaupten, daß Dallas Sie nicht liebt.«

Dallas liebte ihn. Den Kennedys war ein begeisterter Empfang in der Stadt bereitet worden, die der Präsident besucht hatte, um den Streit zwischen zwei bitter verfeindeten demokratischen Fraktionen zu schlichten. Die konservativen Anhänger von Gouverneur Connally redeten nicht mit den liberalen Gefolgsleuten von Senator Ralph Yarborough. Angesichts der bevorstehenden Wahlen von 1964 konnte dieser Streit den Demokraten empfindlich schaden.

Der bewußtlose Präsident, der in rasender Fahrt ins vier Meilen entfernte Parkland Memorial Hospital gebracht worden war, wurde um zwei Uhr nachts von Dr. William Kemp Clark, dem Chef der Neurochirurgischen Abteilung, für tot erklärt. Er erlangte nicht mehr das Bewußtsein. Jackie blieb im Operationssaal der Notaufnahme und weigerte sich, ihn zu verlassen.

»Ich möchte dabeisein, wenn er stirbt«, sagte sie zu Doris Nelson, der Chefin der Krankenschwestern des Hospitals.

Da sie in dieser Nacht, nachdem Johns Leiche nach Washington geflogen worden war, nicht schlafen konnte, rief Jackie ihren Stiefbruder Hugh Auchincloss, den Sohn ihres Stiefvaters, an, der sofort ins Weiße Haus eilte. Er tröstete die weinende junge Witwe, bis sie in einen unruhigen Schlaf fiel. Bobby Kennedy kam herüber und verbrachte die Nacht im Lincoln-Schlafzimmer.

Am nächsten Morgen erschien Jackie verwirrt und desorientiert. Nach einer um zehn Uhr im East Room gelesenen Messe, wo John Kennedy aufgebahrt war, umarmte Jackie Zeremonienmeister West und bat ihn, mit ihr das Oval Office aufzusuchen. Dort waren Arbeiter bereits damit beschäftigt, den Raum auseinanderzunehmen. Sie entfernten Johns Schaukelstuhl, die Gemälde und die Gegenstände auf seinem Schreibtisch und verpackten alles in Kisten.

Jackie sah ihnen eine Weile zu, dann durchquerte sie den Korridor und ging zum Kabinettszimmer. Sie winkte West zu, er möge ihr folgen, öffnete die Tür und betrat den großen rechteckigen Raum.

Sie setzte sich an den Mahagonitisch und schaute in die Mitte, wo ein Ledersessel etwa fünf Zentimeter höher war als die anderen. Dort saß immer der Präsident. Sie starrte den Platz minutenlang an. Danach trat sie an das hohe Fenster und sah hinaus auf ein Trampolin und einen Sandkasten, wo Caroline und der junge John gewöhnlich am Nachmittag spielten.

West erinnerte sich genau an den Dialog, der sich nun entspann.

Jackie: Meine Kinder sind doch gute Kinder, nicht wahr?

West: Das sind sie ganz gewiß.

Jackie: Sie sind nicht verdorben?

West: Nein, wirklich nicht.

Jackie (trat ganz dicht an West heran und blickte ihm in die Augen): Werden Sie für immer mein Freund sein?

West, der derart von Trauer übermannt wurde, daß er nicht antworten konnte, nickte nur mit dem Kopf. Stumm kehrte Jackie in ihre Wohnung zurück.

Am Abend vorher war Ben Bradlee ins Weiße Haus gegangen und hatte Jackie immer noch in ihrem blutbefleckten Kostüm angetroffen. »Sie bewegte sich wie Trance«, sagte Bradlee, »um mit jedem von uns und mit einigen Freunden zu reden, wenn sie eintrafen. Dabei ignorierte sie den Rat der Ärzte, zu schlafen und ihre blutige Kleidung zu wechseln. Als sie ihre Privatsekretärin entdeckte, die treue Mary Barelli Gallagher, eilte sie auf sie zu, umarmte sie und rief: ›Weshalb mußte John so jung sterben?‹«

In den Tagen nach dem Attentat zeigte Jackie der Nation und der Welt ein unvergeßliches Bild des Mutes, das für immer im Bewußtsein der etwa hundert Millionen Menschen haften wird, die sie im Fernsehen gesehen und über sie in Zeitungen und Geschichtsbüchern gelesen haben.

Während Lynn Kotz sich mit West unterhielt, erzählte sie mir, daß der Zeremonienmeister gefragt habe: »Wie kann eine Frau unter diesen Bedingungen so umsichtig handeln, sich so gut kontrollieren? Wie konnte sie die Einzelheiten des Begräbnisses so sorgfältig, so genau planen?« (West wollte nicht, daß diese Fragen in seinen Memoiren erscheinen.)

Jackie hatte alles unter Kontrolle. Sie entschied sich für die kleinere St. Matthew's Cathedral anstelle der größeren Shrine of the Immaculate Conception, weil erstere die Kirche ihres Mannes war. Sie verlegte den privaten Gottesdienst für die Familie und engen Freunde vom Eßzimmer der Familie in den geräumigeren East Room und verlangte, daß zur Ehrenwache am Katafalk auch Angehörige der Special Forces oder der Green Berets gehören sollten. Sie überzeugte die Familie davon, daß John anstatt im Familiengrab in Brookline, Massachusetts, auf dem Nationalfriedhof in Arlington bestattet werden sollte, und zwar unterhalb des Lee-Mausoleums, von wo aus man ganz Washington sehen kann. Sie wünschte, daß die Angehörigen der Familie die acht Blocks bis zur Kirche zusammen mit den Königen, Prinzen, Königinnen, Premierministern und anderen hohen Persönlichkeiten hinter dem Leichenwagen zu Fuß zurücklegten. Sie bat darum, daß »Hail to the Chief« in St. Matthew's in langsamem, getragenem Tempo gespielt werden und daß Irish Guards, Black Watch und Infanteriesoldaten am Grab in Arlington aufmarschieren sollten. Außerdem sollte dort ein Ewiges Licht brennen, das sie mit einer Fackel anzünden wollte.

Die meisten Teile der Zeremonie waren ihre Idee, wobei vieles von der Begräbniszeremonie Abraham Lincolns übernommen wurde, über das sie sich am Samstag und am Sonntag eingehend informiert hatte. Sie machte sich sogar eine Notiz, einen Beileidsbrief an die Witwe von Officer J. D. Tippet zu schikken, der von Lee Harvey Oswald erschossen worden war während dessen Flucht nach den drei tödlichen Schüssen auf den Präsidenten.*

Da mein Interesse durch Wests Frage, wie Jackie nach einer

* Wie der Leser zweifellos weiß, wurden in den Jahren nach dem Attentat zahlreiche »Verschwörungs«-Theorien geäußert. Der Autor geht auf diese nicht ein, sondern weist nur darauf hin, daß William Manchester, der die endgültige Darstellung dieses Mordes vorgelegt hat, und mit ihm auch Robert Kennedy die Überzeugung vertraten, daß es tatsächlich nur einen Schützen und damit Mörder gegeben hat: Lee Harvey Oswald. 1964, nur ein Jahr danach, wurde Bobby völlig überrascht, als während eines Aufenthaltes in Polen der Vorsitzende der Polnischen Studentenunion in Krakau, Hieronym Kubiak, auf ihn zutrat und um seine persönliche Darstellung des Attentats bat. Kennedys Begleiter hielten den Atem an, denn Bobby hatte sich noch nie zuvor öffentlich zu der Tragödie geäußert. Doch er sagte leise: »Das ist eine verständliche Frage, die eine Antwort verdient. Ich glaube, die Tat wurde von einem Mann namens Oswald begangen, einem Außenseiter der Gesellschaft, der in den Vereinigten Staaten lebte und mit unserer Regierung und unserem Lebensstil unzufrieden war und der sich daraufhin dem Kommunismus zuwandte und in die Sowjetunion emigrierte. Auch dort war er unzufrieden. Er kehrte in die Vereinigten Staaten zurück und wurde zum Feind der Gesellschaft und glaubte, daß er seiner Überzeugung nur dadurch Ausdruck verleihen konnte, indem er den Präsidenten der Vereinigten Staaten tötete.« Drei Monate später, nachdem die Warren-Kommission ihren Bericht vorgelegt hatte, der Oswald als alleinigen Mörder nannte, wurde Bobby erneut, diesmal an der Columbia University, von einem Studenten nach seiner Meinung befragt. Auch jetzt war er geschockt. Tränen traten ihm in die Augen, aber er erwiderte: »Wie ich schon sagte, als diese Frage mir in Polen gestellt wurde, stimme ich den Schlußfolgerungen des Berichts in vollem Umfang zu, nämlich daß der Mann, den sie verhaftet haben, auch der Mörder war und daß er ganz allein gehandelt hat.«

solchen Tragödie in der Lage sein konnte, weiterhin klar zu denken und ihre Aufgaben mit einer solchen Umsicht und Entschlossenheit wahrzunehmen, geweckt worden war, fragte ich Experten für menschliche Verhaltensweisen um Rat. Eigentlich agierten an diesem Wochenende, also vom Samstag, dem 23. November, bis zum Montag, dem 25., dem Tag des Begräbnisses von Präsident Kennedy, zwei verschiedene Jackies. Es war in ihrer Persönlichkeit zu einem Phänomen gekommen, das Dissoziation genannt wird und das bei vielen Personen nach besonders einschneidenden Ereignissen zu beobachten ist.

Ein führender Psychiater, der darum gebeten hat, namentlich nicht genannt zu werden, da er Jackie nicht persönlich untersucht hat und daher keine endgültigen Aussagen über ihren Geistes- und Seelenzustand machen kann, erklärte mir, wie diese dissoziative Reaktion sich manifestiert.

»Ein Mensch, der ein schreckliches Erlebnis hatte, befindet sich höchstwahrscheinlich einige Tage lang in einem Schockzustand«, sagte er. »In diesem Stadium ist er oder sie in der Lage, den Vorfall als etwas zu betrachten, das ihm oder ihr gar nicht zugestoßen ist. Die Person redet sich vielleicht ein: ›Nein, nicht mir ist das passiert!‹

Diese Haltung, die in der Psychiatrie allgemein bekannt ist, gleicht der Kampfmüdigkeit eines Soldaten nach einem Einsatz. Während die Granaten um ihn herum einschlagen und seine Freunde getötet oder verwundet werden, tut der Soldat seine Pflicht, manchmal sogar in beispielhafter Weise, obgleich er sich in Lebensgefahr befindet. Wenn der Einsatz dann vorüber und er wieder in Sicherheit ist, setzt die Reaktion ein.

Es kann dann zu einer ganzen Reihe emotionaler Probleme kommen, zu einer tiefen Depression zum Beispiel. Er kann weinen, furchtbare Alpträume haben oder verschiedene Neurosen entwickeln.«

Genau das ist im Grunde das, was mit Jacqueline Kennedy passiert ist.
Am Montag, dem 25. November, nachdem Kardinal Cushing die Totenmesse für den verstorbenen Präsidenten gehalten hatte, stand Jackie beherrscht vor der St. Matthew's Cathedral, während der Sarg mit Kennedys sterblichen Überresten die Stufen hinuntergetragen wurde. Kardinal Cushing, der zusah, wie der kleine John auf Jackies geflüsterter Bitte hin seinem Vater salutierte, wurde von seinen Gefühlen übermannt. »O Gott«, sagte er, »ich wäre fast gestorben.« Dem kleinen Jungen war der militärische Gruß von Dave Powers, einem Assistenten von JFK, beigebracht worden. John jr. holte sich gerne ein Schwert aus dem Oval Office und marschierte damit als Ein-Mann-Armee durch die Gänge des Weißen Hauses. John konnte sich für Paraden begeistern. Niemals ließ er es sich entgehen, wenn Soldaten vor dem Weißen Haus aufmarschierten. Wenn sie ihren Kommandanten grüßten, stand auch er stramm und imitierte sie.
Nach dem Begräbnis setzte die »Kampfmüdigkeit« ein, und Jackie brach zusammen.
Sie konnte nicht über die Ereignisse in Dallas reden, ohne in Tränen auszubrechen. »Ihre Sprache wurde undeutlich, sie blickte sich gehetzt um und schien vor allem und jedem Angst zu haben, was sich in ihrer Nähe bewegte«, sagte Birmingham. Freunde und Verwandte beobachteten mit Schrecken, wie sie aussah und sich verhielt.
»Jetzt bin ich ein Freak«, sagte sie zu ihnen. »Und ich werde immer ein Freak sein.«

Am Freitag, dem 5. Juni 1964, sagte Jacqueline Kennedy zehn Minuten lang vor der Untersuchungskommission, die von Chief Justice Earl Warren geleitet wurde, zum Attentat auf Präsident Kennedy aus.
Ihre plastische Schilderung wurde von ihren Biographen

weitgehend ignoriert. Befragt wurde sie von J. Lee Rankin, dem Anklagevertreter, in der N. Street 3017 in Washington. Chief Justice Warren war anwesend sowie alle anderen Mitglieder der Kommission. Robert Kennedy, damals noch Justizminister, war ebenfalls zugegen und hielt sich bereit, um Jackie zu Hilfe zu kommen, falls sie von ihren Gefühlen übermannt wurde, wenn sie sich an die furchtbaren Augenblicke erinnerte. Jackie hingegen, die mit monotoner Stimme redete, war ruhig und gesammelt.
Hier ist ihre Aussage:

Mr. Rankin: Können Sie zu dem Zeitpunkt zurückgehen, als Sie am 22. November in Love Field eintrafen, und berichten, was geschah, nachdem das Flugzeug gelandet war?
Mrs. Kennedy: Wir stiegen aus dem Flugzeug. Der damalige Vizepräsident und Mrs. Johnson begrüßten uns. Sie überreichten uns einen Blumenstrauß. Ein Wagen wartete auf uns, aber es hatte sich eine große Menschenmenge versammelt, die laut rief und Fahnen schwenkte. Wir gingen auf sie zu, um den Menschen die Hände zu schütteln. Es war ein sehr heißer Tag. Wir gingen an einer langen Absperrung entlang. Ich bemühte mich, in der Nähe meines Mannes zu bleiben, wurde aber immer wieder aufgehalten durch Menschen, die sich vorbeugten und nach unseren Händen griffen. Alle waren sehr freundlich.
Wie wir schließlich zu unserem Wagen gelangt sind, weiß ich nicht mehr. Ich glaube, der Kongreßabgeordnete Albert Thomas hat mir geholfen. Es herrschte ein großes Durcheinander.
Mr. Rankin: Dann stiegen Sie in den Wagen. Sie saßen auf der linken Seite und Ihr Mann rechts neben Ihnen, nicht wahr?
Mrs. Kennedy: Jawohl.
Mr. Rankin: Und Mrs. Connally?
Mrs. Kennedy: Sie saß vor mir.

Mr. Rankin: Und Gouvernor Connally saß rechts von Ihnen auf der Sitzbank?
Mrs. Kennedy: Jawohl.
Mr. Rankin: Und Mrs. Connally saß ebenfalls auf der Sitzbank?
Mrs. Kennedy: Ja.
Mr. Rankin: Und dann fuhr der Wagen auf der geplanten Route los?
Mrs. Kennedy: Ja.
Mr. Rankin: Und an der Strecke standen viele Menschen, denen Sie zuwinkten?
Mrs. Kennedy: Ja.
Mr. Rankin: Können Sie sich daran erinnern, wie Sie von der Hauptstraße in die Houston Street einbogen?
Mrs. Kennedy: Ich weiß nicht, wie die Straße heißt.
Mr. Rankin: Das ist ein Block, ehe man zum Schulbuchlager kommt.
Mrs. Kennedy: Nun, ich erinnere mich nicht genau, wann es war, aber Mrs. Connally sagte: »Wir sind bald da.« Wir konnten vor uns einen Tunnel sehen. Wir fuhren in diesem Moment sehr langsam. Und ich erinnere mich noch, daß ich dachte, im Tunnel wird es sicherlich ziemlich kühl.
Mr. Rankin: Erinnern Sie sich auch, wie Sie vor dem Schulbuchlager von der Houston in die Elm Street einbogen?
Mrs. Kennedy: Nun, wie die Straßen heißen, weiß ich nicht, aber ich denke, Sie meinen die Stelle in der Nähe des Lagerhauses.
Mr. Rankin: Ja. Die Straße macht dort einen Bogen, wenn man auf die Unterführung zufährt.
Mrs. Kennedy: Ja. In diesem Moment sagte sie zum Präsidenten: »Man kann nicht behaupten, daß die Menschen von Dallas Ihnen keinen freundlichen Empfang bereitet haben.«
Mr. Rankin: Was erwiderte er darauf?
Mrs. Kennedy: Ich glaube, er sagte – ich weiß nicht, ob ich

mich an seine Worte erinnere oder ob ich es irgendwo gelesen habe: »Nein, das kann man wirklich nicht«, oder so ähnlich. In diesem Moment fuhr der Wagen sehr langsam, und es waren nicht viele Menschen in der Nähe.

Und dann – wollen Sie, daß ich weitererzähle, was geschah?

Mr. Rankin: Ja, wenn es Ihnen nichts ausmacht.

Mrs. Kennedy: Sie wissen, in einer solchen Kolonne ist es immer sehr laut, und ständig sind Motorräder in der Nähe, von denen immer einige Fehlzündungen haben. Daher schaute ich nach links. Ich glaube, es gab ein Geräusch, aber es schien sich nicht von den anderen Geräuschen zu unterscheiden, denn der Lärm von den Motorrädern und den Menschen war ziemlich laut. Doch dann rief Gouvernor Connally plötzlich: »O nein, nein, nein!«

Mr. Rankin: Hat er sich zu Ihnen umgedreht?

Mrs. Kennedy: Nein. Ich sah gerade nach links, und ich hörte diesen schrecklichen Lärm. Sie wissen schon. Und mein Mann gab keinen Laut von sich. Daher drehte ich mich nach rechts. Und ich erinnere mich nur noch, wie ich meinen Mann sah. Er hatte so einen verwirrten Gesichtsausdruck, und er hob seine Hand, es muß die linke gewesen sein. Und während ich mich umdrehte und ihn anschaute, konnte ich einen Teil seines Schädels sehen, und ich erinnere mich, daß er fleischfarben war. Ich weiß noch, wie ich dachte, daß er aussehe, als habe er leichte Kopfschmerzen. Ich kann mich nur noch daran erinnern. Aber nicht an Blut oder etwas anderes.

Und dann machte er dies [sie vollführte eine Geste], legte die Hand an den Kopf und sank in meinen Schoß.

Und dann erinnere ich mich, wie ich auf ihn fiel und sagte: »O nein, nein, nein«, ich meine: »O mein Gott, sie haben meinen Mann erschossen.« Und: »Ich liebe dich, John.« Ich erinnere mich, daß ich schrie. Und wie ich vom Sitz rutschte und seinen Kopf auf dem Schoß hatte. Es kam mir vor wie eine Ewigkeit. Wissen Sie, später gab es Bilder von mir, wie ich hinten aus dem Wagen kletterte. Aber daran erinnere ich mich überhaupt nicht.

Mr. Rankin: Erinnern Sie sich, wie Mr. Hill [Secret Service Agent Clinton J. Hill] zum Wagen kam, um zu helfen?

Mrs. Kennedy: Ich erinnere mich an nichts mehr. Ich saß nur unten.

Und schließlich hörte ich eine Stimme hinter mir, und ich erinnere mich, daß die Leute auf dem Vordersitz oder jemand anderer endlich bemerkte, daß irgend etwas nicht stimmte, und eine Stimme brüllte, die wohl Mr. Hill gehört hat: »Schnell ins Krankenhaus«, vielleicht hat aber auch Mr. Kellerman [Secret Service Agent Roy Kellerman] auf dem Vordersitz die Worte gerufen. Auf jeden Fall brüllte jemand. Ich saß unten und hielt ihn im Arm.

Mr. Rankin: Können Sie sich vielleicht noch erinnern, ob ein oder mehrere Schüsse gefallen sind?

Mrs. Kennedy: Nun, es müssen zwei gewesen sein, denn der eine, der mich herumfahren ließ, war der, nach dem Gouverneur Connally aufschrie. Und es verwirrte mich, denn zuerst habe ich gedacht, es wären drei Schüsse gewesen, und ich dachte noch, daß mein Mann keinen Laut von sich gab, als er getroffen wurde. Und Gouvernor Connally brüllte. Am nächsten Tag las ich dann, daß sie beide von einem einzigen Schuß getroffen worden waren. Aber ich dachte, wenn ich nur nach rechts geschaut hätte, hätte ich gesehen, wie ihn der erste Schuß traf. Aber ich hörte Gouvernor Connally aufschreien, und das brachte mich dazu, mich umzudrehen, und während ich mich umdrehte, vollführte mein Mann diese Bewegung [sie legte eine Hand an den Hals]. Er wurde von einer Kugel getroffen, und das waren die einzigen zwei, an die ich mich erinnere.

Ich habe gelesen, daß ein dritter Schuß gefallen ist. Aber das weiß ich nicht, ich erinnere mich nur an diese zwei. Nur diese zwei.

Mr. Rankin: Können Sie sich noch erinnern, mit welcher Geschwindigkeit Sie gefahren waren, ich meine keine genaue Zahl.
Mrs. Kennedy: Als wir um die Ecke bogen, fuhren wir sehr langsam. Und es waren nur wenige Leute zu sehen.
Mr. Rankin: Haben Sie irgendwann nach den Schüssen angehalten, oder haben Sie die Fahrt fortgesetzt?
Mrs. Kennedy: Das weiß ich nicht, weil – ich glaube nicht, daß wir anhielten. Aber es herrschte ein solches Durcheinander. Und ich saß unten auf dem Wagenboden, und alle brüllten, wir sollten schnell ins Krankenhaus fahren, und man konnte die Funkgeräte hören, und plötzlich hatte ich das Gefühl, daß wir unheimlich schnell fuhren. Wahrscheinlich sind wir in diesem Moment gestartet.
Mr. Rankin: Von dort sind Sie dann so schnell wie möglich ins Krankenhaus gefahren, nicht wahr?
Mrs. Kennedy: Ja.
Mr. Rankin: Können Sie sich erinnern, ob irgend jemand während der Schüsse irgend etwas gesagt hat?
Mrs. Kennedy: Nein. Es wurde nicht geredet. Da war nur Gouvernor Connallys Schrei. Und ich glaube, daß Mrs. Connally weinte und ihren Mann zu beschützen versuchte. Aber an irgendwelche Worte kann ich mich nicht erinnern.

An einem Tag kurz nach dem Attentat ging Caroline auf dem Landsitz hinunter zum Strand, setzte sich in den Sand und blickte hinaus auf den Sund, erinnerte sich Rita Dallas, Joe Kennedys private Krankenschwester während seiner Krankheit. Das kleine Mädchen, fuhr Dallas fort, »bot ein trauriges Bild, wie sie zusammengekauert allein und verzweifelt dasaß«. Jackie gesellte sich zu ihr und setzte sich neben sie. Beide schauten lange Zeit auf das unruhige Wasser.
Sie erhoben sich, erinnerte Dallas sich, und schlenderten bei einem scharfen Dezemberwind am Strand entlang. Sie vermit-

telten den Eindruck totaler Hoffnungslosigkeit, wie sie durch den Sand stapften. Jackie hatte einen Arm um Caroline gelegt und drückte sie an sich, um sie vor dem eisigen Wind zu schützen.

Für Dallas war diese Szene eine Metapher für das, was folgen würde. »Ich wußte«, sagte sie, »daß sie dem Kind die Kraft vermittelte, die nötig ist, um einen großen Verlust zu ertragen. Sie schirmte sie ab, bis der beißende Schmerz zu einem dumpfen, ständigen Bohren geworden war. Sie gab ihr durch sich selbst ein Beispiel, und als die Jahre verstrichen, war das damals kleine Mädchen schließlich fähig, ihr eigenes Leben in die Hand zu nehmen ...«

Zehn Tage nachdem John begraben worden war, zog Jackie aus dem Weißen Haus aus. Sie schlug eine Einladung Lady Bird Johnsons, der neuen First Lady, aus, noch länger dort zu bleiben. W. Averill Harriman, der ehemalige Gouverneur von New York und John Kennedys Unterstaatssekretär, bot ihr seine Villa in der N Street in Georgetown an, und Jackie nahm dankbar an.

In den düsteren Monaten nach Johns Tod gaben die Anwesenheit ihrer Kinder, deren Bedürfnis nach ihr und die Überzeugung, daß nichts mehr von Bedeutung wäre, wenn sie sie enttäuschte, Jackie eine Menge Kraft. Um ihretwillen gab sie sich große Mühe, einen gewissen Grad von Normalität in ihrem Leben zu erhalten. Und indem sie das tat, fand sie einen Rettungsring, an den sie sich klammern konnte, während sie versuchte, auch in ihr eigenes Leben Ordnung zu bringen.

Im Haus Harrimans erschrak sie über das Aufsehen, daß ihr Erscheinen in der Gegend hervorrief. Wenn sie aus dem Fenster blickte, sah sie auf der Straße Touristen und Einwohner Washingtons mit gezückten Kameras, die hofften, sie zu sehen oder ein Foto von ihr oder Caroline oder John machen zu können, wenn sie das Haus verließen.

Sie verkroch sich und wagte sich erst hinaus, wenn die Menge der Schaulustigen sich einigermaßen verlaufen hatte. »Die Welt verfolgt meine Kinder mit furchtbarer Neugier und Bewunderung, und ich habe deswegen Angst um sie«, vertraute sie einer Freundin an. »Wie kann ich es schaffen, sie halbwegs normal aufzuziehen?«

Sie benutzte die Familie und Freunde, um den Kindern den Tag zu verschönern. Dave Powers kam täglich vorbei, um mit John Soldatenspiele zu machen, als er kurz vor seinem dritten Geburtstag stand. Bobby, der selbst eine Zeit der Trauer und des Leids durchmachte, kümmerte sich um Caroline. Über Nacht hatte sie sich von einem sonnigen, lebhaften kleinen Mädchen in ein ernstes, freudloses Kind verwandelt. Unfähig zu begreifen, was in ihrem Leben passiert war, zog sie sich in sich selbst zurück. Ihre Augen bekamen einen leeren, gleichgültigen Ausdruck.

Sehr oft lud Bobby Caroline und John nach Hickory Farm ein, um mit den Kindern zu spielen, aber er konnte Caroline nicht dazu bewegen, an ihren hektischen Aktivitäten teilzunehmen. Sie sonderte sich von ihnen ab.

Als er einmal ihr trauriges kleines Gesicht betrachtete, meinte Bobby zu Lem Billings: »Jedesmal, wenn ich sie ansehe, möchte ich mich am liebsten irgendwo verstecken und weinen.«

»Dieser John ist ein kleiner Wildfang«, bemerkte Bobby, während er beobachtete, wie der Junge über den Rasen tobte, »aber Caroline läßt niemanden an sich heran.«

Wenn Caroline ihrer Trauer in einem Tränenstrom hätte freien Lauf lassen können, hätte sie sich vielleicht viel eher erholt. Aber sie hatte ihr Leid in sich eingeschlossen.

»Ich habe nur zweimal geweint«, erzählte sie einer Klassenkameradin im Kindergarten des Weißen Hauses, den Jackie eingerichtet hatte und den sie auch nach dem Attentat weiter betrieb. Die Vorschulklassen trafen sich dreimal in der Woche für jeweils zwei Stunden auf der Sonnenterrasse im dritten Stock. (Es war das wohl exklusivste Vorschulprogramm der

Welt und wurde nur von einem Dutzend Kindern von Freunden und Beratern von JFK besucht. Eine Lehrerin war engagiert worden, aber Mütter, darunter auch Jackie, wechselten sich als Helferinnen ab, die die Kinder trösteten, die gestürzt waren und sich weh getan hatten, und sie auf die Toilette begleiteten.)

Ende Januar 1964 zog Jackie aus dem Harriman-Haus aus und in ein anderes Domizil fast genau gegenüber, nämlich in N Street 3017. Sie bat den berühmten Innenarchitekten William (Billy) Baldwin, ihr bei der Einrichtung und Gestaltung behilflich zu sein.

Baldwin, ein schlanker, gutaussehender Mann, versprach, am nächsten Tag aus New York herüberzukommen. Nach einem Flug durch einen Schneesturm kam er im Harriman-Haus an und wurde an der Tür von Jackie begrüßt, die sich bei ihm entschuldigte, ihn bei diesem furchtbaren Wetter um seinen Besuch gebeten zu haben.

Sie erklärte Baldwin, wie sie sich ihr neues Zuhause vorstellte. Baldwin hatte noch nie zuvor einen Auftrag angenommen, der unter solchen emotionalen Belastungen ausgeführt werden sollte. Er betrachtete Jackie von der Seite, während sie durch das Haus gingen. Sie erschien ihm so jung und verletzlich. »Jemanden zu verlieren, den man liebt, ist etwas sehr Privates, Persönliches, und nun war sie gezwungen, ihre Trauer mit der ganzen Welt zu teilen«, sagte er. »Ihr Leben war vollkommen aus den Fugen geraten, ihre Familie war entwurzelt, und ich sollte versuchen, ihr ein Heim zu schaffen, wo sie sich zu Hause fühlen konnte.« Baldwin erschien diese Aufgabe nahezu unlösbar.

Aber Baldwin und Jackie machten sich an die Arbeit. Einmal, als er ins Haus kam, traf er sie im Wohnzimmer an, wo sie gerade eine Kiste mit griechischen und römischen Fundstücken geöffnet hatte. John Kennedy hatte sich für diese Gegenstände interessiert und eine kleine Sammlung begonnen.

»Ich habe noch nie jemanden gesehen, der so verzweifelt und aller Hoffnungen und Freude beraubt zu sein schien«, sagte Baldwin.
Sie war zwar erst vierunddreißig Jahre alt, wirkte aber weitaus älter: Ihre Augen waren gerötet, die Haare ungekämmt, das Gesicht verkniffen und bitter. Jackie öffnete weitere Kartons voller Dekorationsgegenstände. Nach wenigen Minuten brach sie in Tränen aus und fragte Baldwin schluchzend: »Kann überhaupt jemand nachempfinden, wie es ist, im Weißen Haus gelebt zu haben und plötzlich als die Witwe des Präsidenten allein dazustehen?«
Die einzige Person, die das wahre Ausmaß von Jackies Leid verstehen konnte, war Bobby Kennedy, denn auch er war tief getroffen. Bobby besuchte Jackie oft in Georgetown und auch später in New York, was Ethel gar nicht gefiel. In ihrer Ehe entwickelten sich Spannungen. Bei einer Gelegenheit in Washington, als sie unterwegs waren zum Haus eines Freundes, meinte Bobby zu Ethel, sie solle ohne ihn hinfahren. Er wolle lieber bei Jackie vorbeischauen. Sie gerieten in Streit, aber Bobby blieb bei seiner Entscheidung. Wütend machte Ethel sich allein auf den Weg.
Jackie war Robert in jenen schweren Monaten unendlich dankbar. Ethel hingegen ärgerte sich ständig, vor allem als Gerüchte aufkamen, daß sich zwischen Bobby und Jackie eine romantische Beziehung entwickelt haben sollte. Sie wurden in verschwiegenen Restaurants gesehen, wo sie sich flüsternd unterhielten. Es gab für diese Gerüchte keinerlei Basis, aber sie hielten sich von 1964 bis Mitte 1965.
Jackie weinte während dieses ersten Jahres ständig. »Die arme Frau weinte jedesmal, wenn ich sie sah«, erzählte Kenneth O'Donnell, der Sonderberater des Präsidenten, der zu seiner sogenannten Irischen Mafia gehörte. »Jedesmal, wenn ich zu ihr kam, fiel sie mir um den Hals und weinte sich an meiner Schulter aus. Und sie sah schlimm aus.«

Die Einrichtung des Hauses in der N Street war beinahe abgeschlossen, als sie erkannte, daß sie einen schrecklichen Fehler gemacht hatte. Jedesmal, wenn sie in Georgetown ausging, wo sie und John glücklich gewesen waren, und jedesmal, wenn sie die Bauten der Hauptstadt sah, das Weiße Haus, das Gebäude auf dem Capitol, kamen die schmerzlichen Erinnerungen zurück. Verwirrt und emotional innerlich zerrissen, bat sie Bill Baldwin, seine Arbeit zu unterbrechen. Mit zitternder Stimme erklärte sie: »Ich kann nicht mehr in Washington leben. Ich ziehe um nach New York.«

Im Herbst 1964 wohnten sie und ihre Kinder vorübergehend in einer Suite im Hotel Carlyle in der Madison Avenue. Ein Immobilienmakler fand für sie die Wohnung in der Fifth Avenue, für die sie eine Viertelmillion bezahlte und wo sie bis zu ihrem Tod wohnen blieb. Jean, Johns Schwester, und ihr Mann Steven Smith wohnten nur eine Straße weiter in einer eleganten Maisonettenwohnung. Smith, ein zurückhaltender, aber cleverer Schwager, war bei vielen Wahlkämpfen Kennedys eine einflußreiche Person gewesen. Er hatte stets die Ausgaben und Investitionen der Familie überwacht und war ihr privater Krisenmanager. Er starb 1991. Ebenfalls in der Fifth Avenue, und zwar im Haus Nr. 969, eine Straße weiter, wohnten ihre Schwester Lee und deren Mann Stanislas Radziwill, kurz »Stash« genannt, der ein Vermögen mit Grundstücken und Bauprojekten in England erworben hatte. McGeorge Bundy, ein Sonderberater John Kennedys, und seine Frau, die mit Jackie gut befreundet waren, wohnten im gleichen Gebäude. Und Patricia und Peter Lawford residierten im Haus Nr. 990 in der Fifth Avenue.

Fast das ganze Jahr 1964 hindurch litt Jackie unter schweren Depressionen, erzählte Ralph G. Martin. Er zitierte James Reed, einen Freund der Familie, der Jackie im März besuchte. »Jackie sank plötzlich schluchzend an meine Schulter und konnte sich lange Zeit nicht beruhigen.« Gewöhnlich teilte

Jackie ihre Zeit recht genau ein, aber nun, so erzählte Martin, »war ihr Leben desorganisiert, und sie hielt Verabredungen nicht mehr ein«. In dieser Periode brauchte sie Tabletten, um schlafen zu können, und während des Tages Beruhigungsmittel und Antidepressiva.

Die einstmals so schicke und elegante Jackie sah nun aus wie eine jüngere Version ihrer Tante Beale – der »verrückten Tante Edith«.

Edith Bouvier Beale, die 1969 neunundfünfzig Jahre alt war, wohnte in einer ehemals imposanten Achtundzwanzig-Zimmer-Villa in der Apoquogue Road in East Hampton zusammen mit ihrer altjüngferlichen Tochter Edith (»Little Edie«), damals sechsunddreißig. Beide waren bekannt für ihr exzentrisches Verhalten. Anfang 1972 drohten die Verwaltungsbehörden des County damit, das Haus für ungeeignet als menschliche Behausung zu erklären, wegen der Katzen, Waschbären und anderer Tiere, mit denen die Beales sich umgeben hatten, und wegen des Fehlens sanitärer Einrichtungen.*

Was das Leben für Jackie noch schwieriger machte, war die Tatsache, daß sie niemals allein trauern konnte. Das Rampenlicht, das sie während der Jahre im Weißen Haus beschienen hatte, folgte ihr in noch größerem Maße bis ins Privatleben. Jedesmal, wenn sie ihre Wohnung verließ und in die Kirche ging oder ihre Schwester Lee besuchte oder sich zum Friseur begab, war sie von Fotografen umringt. Klatschreporter konnten gar nicht genug von ihr bekommen, und jeder ihrer Schritte wurde genau beschrieben und interpretiert.

Als er sah, wie die Frau seines alten Freundes sich innerlich quälte und äußerlich verfolgt und gehetzt wurde, rief Lem

* In diesem Jahr ließen Jackie und ihre Schwester Lee das Haus für dreißigtausend Dollar reinigen und instandsetzen. Aristoteles Onassis, zu dieser Zeit mit Jackie verheiratet, spendete ebenfalls fünfzigtausend Dollar, bestand aber darauf, daß davon nichts der Öffentlichkeit bekannt wurde.

Billings: »Um Himmels willen, warum läßt man sie nicht in Ruhe? Denkt denn niemand daran, daß sie auch nur ein Mensch ist?«
Als sie sich in der New Yorker Wohnung häuslich eingerichtet hatten, hellte sich Carolines Stimmung nach und nach auf. Jackie hatte genau den richtigen Instinkt gehabt. Doris Kearns Goodwin, eine Freundin, die ausführlich über die Kennedys geschrieben hatte, sagte: »Jackie war sich darüber im klaren, wie wichtig es war, neben dem umfangreichen Kennedy-Clan eine eigene Familie aufzubauen. Sie erkannte, daß die Kinder durch die Großeltern und Cousinen und Vettern sowie durch Tanten und Onkel Kraft schöpften, aber sie wuchsen mit einem Gefühl auf, zu ihrer eigenen kleinen Familie zu gehören, die ihnen die meiste Stabilität gab.«
In New York standen in Carolines fast quadratischem Schlafzimmer ein überdimensional großes Bett mit Baldachin und eine große Couch an der Wand mit Blick auf den Park. An der weißen Wand über der Couch hingen mehr als zwei Dutzend gerahmte Fotos von Caroline und ihrem Vater, darunter auch eines, das sie mit vier Jahren zeigte, als sie – bekleidet mit Bademantel und Pantoffeln – in eine Pressekonferenz hineinplatzte. In der Hand hatte sie die Stöckelschuhe ihrer Mutter, in die sie hineinschlüpfte, während ihr Vater sie behutsam hinausbrachte.
Zur Einrichtung gehörten außerdem Bilder von Pferden, Carolines andere Passion, und Regale mit Büchern über Pferde. Caroline, damals acht Jahre alt, stand jeden Morgen während der Schulzeit um Viertel nach sieben auf und aß zum Frühstück, das sie zusammen mit John und ihrer Gouvernante einnahm, Rühreier oder Waffeln. Um acht Uhr zwanzig ging sie, bekleidet mit einem roten Trikotanzug, einem grauen Trägerkleid aus Flanell und einem grauen Blazer, der vorgeschriebenen Schulkleidung in der Grundschule, sechs Straßen weiter zum Convent of the Sacred Heart. Die Schule in der 91st Street

befindet sich in einem großzügigen grauen Steinbau, der vom Finanzmagnaten Otto Kahn erbaut wurde und einem italienischen Palazzo in Florenz nachempfunden ist.
Caroline war eine hervorragende Schülerin und erhielt in allen Fächern, für die sie oft mehr als zwei Stunden am Tag fleißig arbeitete, glänzende Noten. Geschichte war ihr Lieblingsfach, und sie nahm am Diskussionskreis zu aktuellen Ereignissen teil.
Jackie wünschte sich, daß Caroline ein möglichst normales Leben führte, und machte sich Sorgen, daß sie von Eltern, die befürchteten, zu aufdringlich zu erscheinen, bei Partys ausgeschlossen würde. Mehrmals griff sie zum Telefon, wenn sie von irgendwelchen geplanten Partys erfuhr, und bat darum, Caroline ebenfalls einzuladen. »Schließlich ist Caroline noch ein kleines Mädchen«, begründete sie ihre Bitte. Danach trafen auch Einladungen ein.
Ein guter Freund, der Caroline oft beobachten konnte, sagte: »Sie ist schon ein richtig erwachsenes kleines Mädchen.« In der Öffentlichkeit legte sie beste Manieren an den Tag und war zurückhaltend, wenn nicht gar schüchtern. Privat hingegen war sie oft ausgelassen, kannte alle neuen Tänze, die bei Kindern beliebt waren, und schwatzte angeregt mit ihren Schulkameradinnen, vor allem mit ihrer besten Freundin, Mary Nelson, die häufig über Nacht zu Besuch kam.
Sie redete auch unbeschwert über ihren Vater. Zu Hause unterhielten Caroline und John jr. sich mit ihrer Mutter über John Kennedy, erinnerten sich an die Zeit, als sie miteinander gespielt und zahlreiche Dinge unternommen hatten.
Einmal, als zum Nachtisch Schokoladenpudding serviert wurde, stellte Caroline fest: »Das hat Daddy auch immer gerne gegessen.«
Der Heilungsprozeß hatte begonnen.

Die Mahlzeiten der Kennedys wurden im Eßzimmer an einem runden Tisch eingenommen, von dem aus man auf den Central Park blicken konnte. In jenem ersten Jahr nahm Jackie das Abendessen gemeinsam mit ihren Kindern ein. Als sie wieder anfing auszugehen, gesellte sich die Gouvernante zu den Kindern. Als Jackie dann nach einer Zeit wieder zu Dinnerpartys einlud, bei denen vorwiegend französische Küche gereicht wurde, versuchte sie, Caroline mit, wie sie es nannte, »Gerichten für Erwachsene« vertraut zu machen. Ihre Anleitungen hatten Erfolg – bis zu einem gewissen Grad –, wie folgende Anekdote deutlich macht:

Um 1967 den Beginn der Weihnachtsferien zu feiern, wurden Caroline, damals neun Jahre alt, und sechs ihrer Schulkameradinnen ins La Caravelle, eines der elegantesten französischen Restaurants und von Jackie häufig frequentiert, zum Abendessen eingeladen. Die Kinder, jedes in seiner Schuluniform, befanden sich in Begleitung der Mutter eines Mädchens. Die Gruppe, die sich an einem Tisch ziemlich in der Mitte des Speisesaals versammelt hatte, benahm sich, wie kleine Mädchen auf der ganzen Welt sich benehmen – die Mahlzeit wurde von fröhlichem Gelächter, verhaltenem Gekicher und häufigen Ausflügen auf die Damentoilette unterbrochen.

Caroline überflog aufmerksam die Speisekarte und bestellte schließlich: Artischocken Vinaigrette. Das Gericht, eine Spezialität für Feinschmecker, ist eine von Jackies Lieblingsspeisen. Die restliche Bestellung Carolines hingegen erfolgte im reinsten JFK-Stil – Steak und Pommes frites.

Am ersten Jahrestag des Attentats offenbarte Jackie ihre immer noch tiefe Trauer in einem gefühlvollen Nachruf auf ihren verstorbenen Ehemann in der Illustrierten *Look.*

»Ich glaube, einen richtigen Trost kann es gar nicht geben«, schrieb sie. »Was verloren ist, kann nicht ersetzt werden.

Ich hätte wissen müssen, daß es ein vermessener Traum war,

anzunehmen, ich hätte mit ihm alt werden und zusehen können, wie unsere Kinder heranwachsen.
Nun denke ich, ich hätte erkennen müssen, daß er etwas Wunderbares war. Ich wußte es. Ich hätte damit rechnen sollen, daß es nicht ewig dauern konnte ...«
John, so schrieb sie, wäre lieber ein normaler Mann und nicht die Legende gewesen, zu der er nun geworden war. Aber sie tröstete sich mit der Erkenntnis, daß er nicht genauso leiden mußte wie diejenigen, die ihn liebten. »Ich denke, für ihn war es so vielleicht das beste – wenigstens brauchte er nicht zu erfahren, welches Leid die Zukunft möglicherweise bereithielt ... Sein Tod nahm dem Tag die Helligkeit – und er starb, ohne je das Gefühl der Desillusionierung kennengelernt zu haben.«

Im Frühjahr 1965 informierte Lee Radziwill Jackie davon, daß sie eine Tanzparty in ihrer Maisonettenwohnung veranstalten wolle. Ob sie wohl daran teilnehmen würde? »Es ist ein Fest im kleinsten Kreis für weniger als hundert Gäste«, bat Lee und fügte hinzu, es kämen nur alte Freunde wie Leonard Bernstein mit Gattin, Pierre Salinger, Ethel und Bobby.
Jackie nahm die Einladung an. Gegen ein Uhr nachts gingen die ersten Gäste. Um vier Uhr hatten die meisten sich bereits verabschiedet. Aber Jackie blieb, tanzte und amüsierte sich.
Im Herbst gab sie selbst eine Party im The Sign of the Dove, einem Restaurant in der Third Avenue. Auch hier genoß sie die Stunden.
Ihr neues Leben hatte begonnen.

Teil drei

Aus dem Abgrund

9. Kapitel

Ein Grieche mit Geschenken

Sie war erst siebenunddreißig Jahre als, als 1965 die Trauerzeit zu Ende ging, und noch attraktiver als in ihrer Rolle als First Lady. Klatschkolumnisten meldeten jede noch so winzige Neuigkeit, gleichgültig, ob zutreffend oder nicht, die sie aufstöberten oder die ihnen zu Ohren kam. Sogar daß sie Unterwäsche mit ihren eingestickten Initialen trug. Schlagzeilentexter änderten ihre Tätigkeitsbeschreibung von First Lady in »Umworbenste Witwe der Welt«. Zeitungen veranstalteten Umfragen, ob sie wieder heiraten sollte. Psychologen wie Dr. Joyce Brothers, die als Ratgeber für ein Massenpublikum tätig waren, versicherten, daß Jackie, falls sie sich je für einen neuen Ehemann entscheiden sollte, »wahrscheinlich ihren Platz im Herzen der Nation verlieren würde«.

Aber Jackie betrachtete sich selbst niemals als Ikone. Sie wollte nicht für immer von einer Nation im Herzen getragen werden, die um ihren verlorenen Prinzen trauerte. Sie betrachtete sich selbst nicht als Idol, sondern als Frau. Der Feminismus entwickelte sich. Betty Friedans epochales Werk *Der Weiblichkeitswahn* war 1963 erschienen und stärkte das Selbstbewußtsein der Frauen Amerikas und schließlich der ganzen Welt. Jackies Hinwendung zum Feminismus begann sich abzuzeichnen und sollte in späteren Jahren zu voller Blüte gelangen.

Rückblickend ist festzustellen, daß eine zweite Ehe durchaus wahrscheinlich war. Jackie selbst erkannte, daß sie eines Tages wieder heiraten könnte. Einen Hinweis darauf lieferte sie an einem Abend, als sie mit wachsender Entrüstung einem führenden Staatsmann zuhörte, der sich zu dem unendlichen

Verlust äußerte, den die Nation durch den Tod John Kennedys erlitten hatte. Anschließend brach sie in Tränen aus, aber nicht etwa wegen der Eloge des Staatsmannes, sondern wegen ihrer eigenen Zukunft. »Um Gottes willen«, brach es aus ihr heraus, »so wie der Mann sich ausgedrückt hat, könnte man annehmen, daß ich überhaupt nicht existiert habe. Vielleicht sollten wir bei uns den alten indianischen Brauch einführen, nach dem Frauen sich selbst in die Bestattungsfeuer ihrer verstorbenen Männer stürzen.«

Sie flog rund um die Welt zu all den glitzernden Salons in Paris, London und New York und legte dabei die gleiche Hektik an den Tag wie Ethel, die Witwe Bobbys, die ihren enormen Aktionsdrang in Hickory Hill auszuleben begann.* Jackie ging ins Theater, zu Ballett- und Opernvorstellungen, sie gab Partys und nahm zunehmend mehr Einladungen an. Beide Frauen versuchten die Vergangenheit zu verdrängen, indem sie aus vollen Zügen die Gegenwart genossen.

Bei offiziellen Anlässen erschien Jackie niemals ohne männliche Begleitung wie zum Beispiel mit Mike Nichols, dem Filmregisseur, dem Dichter Alan J. Lerner, dem Schriftsteller George Plimpton, dem Komponisten und Dirigenten Leonard Bernstein, dem Schauspieler Anthony Quinn, dem Astronauten und späteren Senator John Glenn, dem Historiker Arthur Schlesinger jr., dem früheren Verteidigungsminister Robert J. MacNamara und mit Adlai Stevenson, der einen Posten als Botschafter in Kennedys Administration bekleidet hatte.

* Die Kennedys und sogar die angeheirateten Familienmitglieder scheinen Krisen in gleicher Weise zu meistern. Zwei Wochen nach dem Attentat organisierte Bobby ein Footballspiel auf dem Gelände des Wohnsitzes in Palm Beach. Enge Freunde und Kollegen aus dem Justizministerium waren eingeladen worden. »Es war das rauheste, wildeste Spiel, das ich je gesehen habe«, erklärte Pierre Salinger. »Jeder versuchte, seiner Wut Luft zu machen. Bobby war absolut unbarmherzig. Er attackierte den Spieler mit dem Ball wie ein Tiger, rempelte ihn an, schleuderte ihn zu Boden und begrub ihn unter sich. Alle anderen machten es genauso. Ein Mitspieler brach sich ein Bein, und die blutigen Nasen waren kaum zu zählen. Es war die reinste Hölle.«

Alle bis auf zwei waren die üblichen »sicheren Begleiter«, Männer, die ihr bei irgendwelchen Anlässen Gesellschaft leisteten, mit denen jedoch kein engeres Verhältnis denkbar war. (Adlai Stevenson ließ sich einmal so weit hinreißen, daß er einen Arm um ihre Taille legte und die Hand dann zu ihrer Brust hochschob. Jackie machte sich schnell los, sah ihn einigermaßen verblüfft an und sagte spitz: »Ich bitte dich, Adlai!« Errötend zog Stevenson sofort die Hand wieder weg.) In den fünf Jahren nach dem Attentat auf John Kennedy hatte Jackie eine kurze Romanze und eine andere, die man durchaus als »ernsthaft« bezeichnen kann.

Der erste Mann war ein englischer Diplomat, Sir William David Ormsby-Gore, ein Jahr jünger als Kennedy, der vier Jahre lang während der Regierungszeit Kennedys und Johnsons als Botschafter in den USA akkreditiert gewesen war. Ormsby-Gore, ein Aristokrat, der später als Lord Harlech die Peerswürde erhielt, hatte Verbindungen zu den Kennedys, die bis in die dreißiger Jahre zurückgingen, als Joseph Kennedy amerikanischer Botschafter in England war. Die Verbindung wurde noch enger, als sein Vetter, der Marquis of Hartington, 1944 John Kennedys jüngere Schwester Kathleen heiratete. (Der Marquis fiel vier Monate später in der Schlacht in der Normandie während des Zweiten Weltkriegs, und Kathleen kam im Mai 1948 bei einem Flugzeugabsturz in Frankreich ums Leben.)

Der in Oxford ausgebildete Harlech, selbst Witwer, und Jackie unternahmen 1967 gemeinsame Reisen nach Irland, Kambodscha und Thailand, und die Medien prophezeiten die unmittelbar bevorstehende Bekanntgabe einer Verlobung. Dazu kam es aber nicht, und die Beziehung, falls sie überhaupt jemals bestanden hatte, verlief im Sande.*

* Lord Harlech kam am 26. Januar 1985 bei einem Autounfall ums Leben, als er auf seinen Familienstammsitz in Nord-Wales zurückkehrte.

Der schlanke, charmante Roswell Gilpatric, Unterstaatssekretär für Soziale Fragen in der Kennedy-Administration, eignete sich eher als fester Begleiter, obgleich er schon verheiratet war, jedoch von seiner Frau Madelin getrennt lebte. Sie trafen sich ab 1967, als Gilpatric einundsechzig Jahre alt war. Gemeinsam reisten sie nach Yucatán in Mexiko, begleitet von einigen Reportern. Jahre später tauchten Briefe auf, aus denen deutlich hervorging, daß Gilpatric weitaus mehr war als nur ein zufälliger Begleiter. Gilpatric hatte angenommen, daß die Briefe im Safe von Cravath, Swaine & Moore, der Anwaltsfirma in Manhattan, zu deren Partnern er zählte, sicher aufgehoben seien.
Aber Anfang Februar 1970 wurden die Briefe, die Jackie ihm zwischen 1963 und 1970 geschrieben hatte, von Charles Hamilton, der Autogramme und persönliche Zeugnisse sammelt und verkauft, öffentlich versteigert. Er hatte sie von einem jungen Anwalt erhalten, der in Gilpatrics Firma tätig war.
Einer der Briefe, geschrieben am 13. Juni 1963, während Präsident Kennedy sich in Kalifornien aufhielt, schilderte ihre Gedanken zu einer Reise nach Maryland, die sie eine Woche vorher unternommen hatten. »Lieber Ros«, hatte sie geschrieben, »der Tag in Maryland war wundervoll. Er hat mich für eine ganze Woche glücklich gemacht. Heute ist erst Donnerstag. Aber ich weiß, daß dieses Glücksgefühl sicherlich noch bis morgen anhalten wird.«
Als Gilpatric erfuhr, daß dieser und andere Briefe versteigert worden waren, stellte er Nachforschungen an und fand heraus, daß die Briefe sich nicht mehr im Safe befanden. »Offensichtlich wurden sie von jemandem entwendet, der im Grunde nichts anderes war als ein gemeiner Dieb«, sagte er.
Jackie und Gilpatric blieben befreundet, obgleich sie ihn nicht von ihren Heiratsplänen mit Aristoteles Onassis in Kenntnis gesetzt hatte. In den letzten vier Briefen, die zur Versteigerung gelangten, erklärte sie, weshalb sie ihn im unklaren gelassen hatte. »Ich hätte es Dir sicherlich mitgeteilt, ehe ich wegging«,

schrieb sie, »aber dann geschah alles viel schneller, als ich es geplant hatte.« Der Brief, geschrieben während ihrer Flitterwochen mit Ari, schloß mit den Worten: »Ich hoffe, Du weißt, was Du für mich warst und bist und immer sein wirst. Mit aller Liebe, Jackie.«

Nur wenige verstanden, weshalb Jackie Aristoteles Onassis, den griechischen Tankermilliardär, heiratete. Es gab zahlreiche Theorien: »Sie brauchte Geld, um ihren anspruchsvollen Lebensstil aufrechtzuerhalten. Sie wollte eine lebenslange Sicherheit für ihre Kinder. Sie suchte eine Vaterfigur. (Sie war vierzig, Onassis zweiundsechzig Jahre alt.)

Als sie Onassis am 20. Oktober 1968 das Jawort gab, reagierte die Welt sofort – und zwar überwiegend negativ. Die Stockholmer Zeitung *Expressen* klagte: »JACKIE, WIE KONNTEST DU?« Die *Long Island Press* schrieb verärgert: »WESHALB HAT JACKIE ONASSIS GEHEIRATET? DAFÜR GIBT ES WOHL EINE MILLIARDE GRÜNDE.« Ein Kolumnist schrieb im *L'Espresso,* einer italienischen Zeitung: »Onassis, ein ergrauter Satrap mit rotbrauner Haut, einer fleischigen Nase, einem breiten Pferdegrinsen – das ist also der neue Ehemann der Dame.« Ein ehemaliger Angehöriger der Kennedy-Administration sagte: »Diese Ehe ist lächerlich, absurd, grotesk, widersinnig, pervers, abscheulich, und sie stinkt.«

Wer war dieser »goldene Grieche«, der kleine, unansehnliche Mann, der immer schlechtsitzende Kleidung trug, der aber die umworbenste Frau der Welt errang?

Nachdem er dem Krieg gegen die Türken entkommen war, floh Aristoteles Onassis 1923 mit sechzig Dollar in der Tasche nach Argentinien, um eine Karriere zu beginnen, die in der Weltgeschichte einmalig ist. Geboren wurde er in der alten Stadt Smyrna (heute Izmir genannt) als Sohn von Socrates und Penelope Onassis, gebürtigen Griechen, die in die Küstenstadt gezogen waren, weil sie dem griechischen Festland näher war und bessere Arbeitsmöglichkeiten bot.* Smyrna war seit dem Altertum immer umkämpft worden. 1919 wurde die Stadt durch die Griechen von den Türken des Osmanischen Reichs erobert, aber 1922 organisierte Kemal Atatürk, der Gründer der modernen Türkei, eine Offensive, in deren Verlauf Smyrna zerstört wurde. Socrates Onassis, der von den Türken gefangengenommen worden war, bestürmte seinen Sohn, damals sechzehn Jahre alt, das Kriegsgebiet zu verlassen, ehe auch er den Feinden in die Hände fiel.

Der amerikanische Vizekonsul John L. Parker, der mit Socrates befreundet war, verschaffte dem jungen Aristoteles einen Platz auf einem amerikanischen Zerstörer, der mit Hunderten anderer Flüchtlinge besetzt war. Am 21. September 1923 stolperte er in Buenos Aires die Gangway hinunter, um sein neues Leben zu beginnen.

Der gedrungene Junge mit den dunklen Augen, der das Flüchtlingsschiff praktisch ohne einen Penny in der Tasche verließ, sollte noch vor seinem fünfzigsten Geburtstag zur lebenden Legende werden. Er erwarb sich ein Vermögen, das auf fünfhundert Millionen bis eine Milliarde Dollar geschätzt wurde, besaß luxuriöse Häuser und Wohnungen auf drei Kontinenten, kontrollierte mehr als einhundert Schiffe, von denen jedes viele Millionen wert war, lebte wie ein mittelalterlicher Herrscher auf seiner eigenen Privatinsel im Ionischen Meer, benutzte eine Luxusyacht, schlief mit einigen der schönsten und begabtesten Frauen der Welt, darunter auch Greta Garbo, betrieb eine internationale Fluglinie, besaß das Spielkasino von Monte Carlo in Monaco, legte sich wegen Ölförderungs- und Fischereirechten mit Regierungen an, redete täglich mit den einflußreichsten Männern der Erde (darunter

* Onassis' argentinischer Paß verlegt seinen Geburtstag ins Jahr 1900, aber er erklärte später, daß er ganz bewußt sechs Jahre seinem Alter hinzugefügt habe, um leichter Arbeit zu finden.

auch Staatsoberhäupter), heiratete die Tochter des Mannes, der damals als reichster Grieche galt, lebte ganz offen mit einer der berühmtesten Opernsängerinnen zusammen und heiratete schließlich die Witwe des Präsidenten der Vereinigten Staaten.

Einmal nach seinem Erfolgsrezept befragt, nannte er folgendes Programm: zwanzig Stunden am Tag arbeiten; bereit sein, Risiken einzugehen; auf »wichtigen« Klatsch achten und immer einen verlockenden Köder anbieten, um zu bekommen, was man haben will.

Nach dieser Regel erwarb er seine umfangreiche Tankerflotte, die größer war als die Handelsmarine der meisten Nationen, und beschäftigte mehr als dreitausend Angestellte. Die meisten Schiffe gehörten einer eigenen Firma, die in Panama registriert war, und fuhren unter liberianischer Flagge.

Bis zu seinem neununddreißigsten Lebensjahr Junggeselle, heiratete Onassis am 28. Dezember 1946 Athena (Tina) Livanos, die bildschöne siebzehnjährige Tochter von Stavros Livanos, einem konkurrierenden Tankertycoon. Am 30. April 1948 kam ein Sohn, Alexander, zur Welt, und eine Tochter, Christina, wurde am 11. Dezember 1950 geboren.

Zuerst schien es eine ideale Ehe zu sein, aber 1959 reichte Tina die Scheidung ein. Ursprünglich lautete die Klage, die im Staat New York angestrengt wurde, darauf, daß Onassis Ehebruch begangen habe. Später zog Tina die Klage zurück und wurde 1960 in gegenseitigem Einvernehmen in Alabama geschieden. In der Weltpresse wurde spekuliert, daß Onassis' langjährige Beziehung zum Opernstar Maria Callas der eigentliche Grund für die Trennung gewesen war.

Jackie kannte Onassis seit 1959, damals war sie dreißig Jahre alt, als sie und John zu einer Cocktailparty auf Onassis' Hundert-Meter-Yacht Christina eingeladen wurden, die vor Monte Carlo im Mittelmeer lag. Die Kennedys besuchten gerade Johns Vater. Er hatte eine Villa an der Französischen Riviera gemietet. Onassis' Ehefrau, Tina, wollte so viele berühmte Gäste wie möglich einladen, weil auch Winston Churchill seine Teilnahme zugesagt hatte. Onassis empfahl ihr, auch John Kennedy und seine junge Ehefrau zu fragen, weil er wußte, daß der Senator den ehemaligen englischen Premierminister verehrte.

John Kennedy und Churchill unterhielten sich über Politik, während Ari Jackie im Schiff herumführte. Sie war begeistert. »Es ist unglaublich«, erzählte sie später einer Freundin. »Man kam sich vor wie in Tausendundeiner Nacht.«

Zwei Jahre später, als Jackie, damals First Lady, anläßlich eines fünf Tage währenden Besuchs in Griechenland eintraf, kamen sie und Ari erneut in der Villa von Markos Nomikos, einem anderen reichen Schiffseigner, zusammen. Ari lud sie zu einer Kreuzfahrt auf der *Christina* ein, aber Jackie reagierte ausweichend. Zwei Jahre danach wurde sie erneut eingeladen, und diesmal, voller Trauer über den Tod ihres zweiten Sohnes Patrick, nahm sie an. Ari hatte mit Lee Radziwill, die in Griechenland weilte, gesprochen und Jackie die Yacht, so lange sie wollte, zur Verfügung gestellt.

Während der ersten fünf Tage war sie Jackies Schiff. Ari traf jedes erdenkliche Arrangement für ihre Bequemlichkeit. Er stellte zusätzliche Matrosen ein, engagierte eine Tanzkapelle, holte zwei Friseure auf das Schiff und belud es mit köstlichen Speisen und Wein. Er achtete auch darauf, Anstandspersonen an Bord zu bringen, unter ihnen Lee Radziwill und Franklin D. Roosevelt jr., den Unterstaatssekretär des Handelsministeriums.

Onassis weilte ebenfalls an Bord, nahm aber nicht an der Dinnerparty teil, die Jackie am ersten Abend veranstaltete, und zeigte sich erst, als die *Christina* sich der Insel Lesbos im Ägäischen Meer näherte. Er bot sich an, Jackie auf dieser Insel und später auf Kreta herumzuführen, wo er ihr die Ruine des Labyrinths des Minotaurus zeigte.

Jackie war begeistert, aber zu Hause reagierte der Präsident zunehmend verärgert, als in der Presse Meldungen über Jakkies Luxuskreuzfahrt erschienen. Seine Geduld hatte ein Ende, als Oliver Bolton, ein Republikaner aus Ohio, in einer Rede im Kongreß verlauten ließ, daß sich auch der Unterstaatssekretär des Handelsministeriums an Bord der Yacht aufhalte. Bolton nahm kein Blatt vor den Mund: Ein hochrangiger Regierungsvertreter des Handelsministeriums, so sagte er, würde sicherlich seinen Einfluß auf das Marineministerium geltend machen. Er brauche wohl nicht besonders auf die Bedeutung des Marineministeriums für Onassis' Reedereigeschäfte hinzuweisen.

Die Rede traf einen politischen Nerv John Kennedys, der wußte, daß Bolton recht hatte. Er telefonierte mit Jackie und verlangte, sie solle nach Hause zurückkehren. Sie kam auch, aber erst nach einem rauschenden Bordfest, in dessen Verlauf sie von dem griechischen Milliardär einen Brillanten und eine Rubinhalskette als Abschiedsgeschenk erhielt.

Nach der Ermordung John Kennedys erschien Onassis im Weißen Haus, um sein Beileid zu bekunden, dann verschwand er. Als sie nach New York umzog, telefonierte er wieder mit ihr und lud sie zum Abendessen ein, bei dem er fast die ganze Zeit schweigend dasaß, während sie redete und weinte. Er war die breite Schulter, an die sie sich anlehnen konnte, um sich ihrer Trauer hinzugeben.

Ari erzählte seinen Kindern Alexander und Christina nichts davon, daß er Jackie den Hof machte, und es ist durchaus möglich, daß Jackie selbst nicht ahnte, daß sie umworben wurde. Eines Abends in Paris lud er sie zum Abendessen in seine Penthauswohnung in der Avenue Foch ein und gab seinen Hausangestellten, Helen und George, strikte Anweisungen, zu verschwinden, sobald sie das Essen zubereitet hätten. Er wollte nicht, daß sie erfuhren, wen er zu Gast hatte. Der Tisch war mit dem edelsten Porzellan und den schönsten Gläsern

gedeckt. Dann begab Ari sich in die Küche und servierte eigenhändig das Essen, nicht ohne Geschick.
Er war ein charmanter Gesellschafter, und Jackie nahm immer öfter die Einladungen ins Theater, ins Ballett und zum Abendessen an. Eines Tages besuchte er mit ihr ein kleines griechisches Restaurant in Greenwich Village, wo sie tanzten und nach griechischer Tradition Geschirr zerschlugen, wozu Jakkie ihn lachend überredete.
Im Frühling 1968 nahm Jackie Aris Einladung zu einer zweiten Kreuzfahrt auf der *Christina* an, diesmal in die Karibik. Ein anderer weiblicher Gast erzählte:
»Ich schaute aus meinem Kabinenfenster – ich hatte großes Glück, denn die Aussicht war wundervoll. Es war noch früher Morgen, als Jackie eintraf, aber ich konnte erkennen, daß sie durchaus wußte, daß alle auf sie warteten. Sie sah aus wie eine Schauspielerin, die auf die Bühne tritt und ihre Rolle vorwärts und rückwärts auswendig gelernt hat. Sie trug ein *tant soit peau* [sehr schlichtes] kragenloses Jackett und einen dazu passenden Rock, der zehn Zentimeter über dem Knie endete – ich trug meinen zwei Zentimeter länger, aber Jackie nicht! *Non!* Ich sah auch, daß das Kostüm von Valentino stammte. Er, Givenchy und Balenciaga entwerfen die meisten ihrer Kleider.«

Jackie war gerade aus Paris angekommen, und ehe sie an Bord ging, wollten Reporter von ihr wissen, was sie dort gekauft habe.
Jackie erwiderte: »Einen Givenchy und einen Balenciaga.« Als die Reporter fragten, wo sie seien, erwiderte Jackie mit ihrem koboldhaften Humor: »Nun, sie sind an Bord und entwerfen Kleider.«
Die Mitreisende erzählte, daß Ari während dieser Kreuzfahrt Jackie um ihre Hand gebeten habe.
Mittlerweile hatte Jackie sich wieder soweit erholt, um die wichtige Frage nach ihrer Zukunft bis zu ihrem logischen

Ende durchzudenken. Es gebe gewisse Hindernisse, erklärte sie ihm.
Ja, sie habe ihn sehr gerne, würde auch am liebsten seine Ehefrau werden, aber ...
Es gab religiöse Probleme. Würde sie exkommuniziert, wenn sie einen geschiedenen Mann heiratete? Was wäre mit den Kindern, Caroline und John? Wie würden sie auf einen Stiefvater reagieren? Wäre es nicht besser für die Kinder, zu wissen, daß sie zu einer eng zusammengewachsenen Familie wie den Kennedys gehörten? Und was war mit Bobby? Sie liebte Bobby, war ihm nicht weniger schuldig als ihre geistige Normalität, aber er sei entschieden gegen diese Ehe, weil Jackie nicht nur die Familie verletzen, sondern auch seine eigenen Chancen auf eine Nominierung durch die Demokraten mindern würde. Konnte sie Bobby enttäuschen, dem sie soviel schuldete?
Jackie und Ari besprachen die Probleme stundenlang, aber es kam zu keiner Lösung.

Der Mord an Bobby Kennedy am 4. Juni 1968, als er gerade im Begriff war, von den Demokraten zum Präsidentschaftskandidaten nominiert zu werden, stürzte Jackie in eine neue emotionale Krise, die ihr seelisches Gleichgewicht erneut bedrohte.
Sie flog nach Los Angeles, wo Bobby im Ambassador Hotel erschossen worden war, und kam dort in einem verwirrten und desorientieren Zustand an. Der Mord an Bobby in der Vorratskammer vermischte sich in ihrem Bewußtsein mit der Tragödie in Dallas fünf Jahre zuvor. Sie redete wirr und konnte keinen verständlichen Satz formulieren. Sie sprach von John Kennedy, als wäre er noch am Leben und als wäre sie noch immer die First Lady.
Als Onassis in Griechenland von dem Mord an Robert Kennedy erfuhr, ließ er sich mit einem seiner Jets direkt nach Los Angeles fliegen. Er fand Jackie in einem Zustand ernster emo-

tionaler Verwirrung vor. Frank Brady, der Biograph von Onassis, schrieb: »Sie war in einem Zustand der Panik und der Ungläubigkeit und redete gelegentlich so wirr, daß man annehmen mußte, sie verwechsle die beiden Attentate miteinander.«

Onassis wich nicht von ihrer Seite. Er kehrte mit ihr nach New York zurück und nahm am Begräbnis Robert Kennedys in der St. Patrick's Cathedral teil.

Jackie traf schließlich ihre Entscheidung. Sie würde Aristoteles Onassis heiraten. Im Spätsommer des Jahres 1969 setzte sie die Kennedy-Familie davon in Kenntnis. Sie hatte sich auf eine Flut von Einwänden vorbereitet, und diese kamen auch.

Sieh dir doch nur mal, so sagten sie, die Herkunft des Mannes an. Sie ist bestenfalls obskur.* Onassis, so hoben sie hervor, war im Februar 1954 aufgrund des Vorwurfs verhaftet worden, illegal ausrangierte Schiffe der amerikanischen Regierung erworben zu haben, was laut Gesetz ausschließlich amerikanischen Firmen erlaubt ist.

Sie zu erwerben war einfach gewesen. Onassis gründete Scheinfirmen mit amerikanischen Namen und Inhabern, kaufte die Schiffe und verleibte sie seiner Flotte ein.

Nach dem Mittagessen im Colony Restaurant in Manhattan in jenem Februar wurde Onassis von Beamten verhaftet, die, angesichts seines Reichtums und seines Ansehens, höflich auf das Ende seiner Mahlzeit gewartet hatten, ehe sie ihn unter Arrest stellten. Im Büro des Staatsanwalts am Foley Square wurde Onassis freigelassen, nachdem er versprochen hatte, in ein paar Tagen vor dem Distriktsstaatsanwalt von Washington zu erscheinen. Er kam pünktlich, ließ sich die Anklage vorlesen und wurde wieder entlassen, nachdem man ihn fo-

* Der Widerspruch schien keinem irgendwelche Probleme zu bereiten, bedenkt man, daß das Familienoberhaupt, der alte Joe Kennedy, ebenfalls obskure, wenn nicht gar verbotene Methoden angewendet hatte, um sein Vermögen zu vermehren.

tografiert und seine Fingerabdrücke genommen hatte. Der Fall, der sowohl zivilrechtliche als auch strafrechtliche Anschuldigungen umfaßte, zog sich zwei Jahre lang hin. Schließlich ließ die amerikanische Regierung die strafrechtlichen Punkte fallen und erklärte sich einverstanden, auf die über zwanzig Millionen Dollar lautende Zivilklage gegen Onassis nach Zahlung von sieben Millionen Dollar zu verzichten. Er bezahlte, und der Fall war erledigt.

»Es war nicht das Geld«, sagte Kenny O'Donnell. »Es ging nie um Geld.« Und trotzdem, Jackie hatte nur siebzigtausend Dollar in bar von John Kennedy geerbt sowie eine jährliche Rente von zweihunderttausend Dollar aus einem Treuhandvermögen, das er eingerichtet hatte. Hinzu kamen sein Haus auf dem Kennedy-Anwesen und einige persönliche Gegenstände. Es ist offensichtlich, daß Geld bei Jackies Entscheidung eine gewisse Rolle gespielt hatte, allerdings nicht die wichtigste. Emotionale Sicherheit für sie selbst und Sicherheit für ihre Kinder waren die wesentlichen Gründe. Aristoteles Onassis war ein sicherer Hafen.

Sie klagte nach der Ermordung von Bobby Kennedy: »Ich hasse dieses Land. Ich verabscheue Amerika, und ich möchte nicht, daß meine Kinder weiterhin hier leben. Wenn Kennedys ermordet werden, sind meine Kinder ebenfalls in Gefahr. Ich möchte von hier verschwinden!«

Sie hatte damit den Hauptgrund für ihre Ehe mit Aristoteles Onassis genannt: der Tod Robert Kennedys, ihres treuen Freundes, Beraters und Helfers.

Kenny O'Donnell erzählte mir: »Bobby hatte die Vaterrolle für ihre Kinder übernommen und war ihre Zuflucht, ihr Schutz. Immer wenn sie emotional aus dem Gleichgewicht geriet, rief sie ihn an, und er war da.« Aber nacheinander wurden ihr die Männer, auf die sie sich verließ, genommen.

Joe McCarthy, der zusammen mit Kenny und Dave Powers *Johnny, We Hardly Knew Ye* geschrieben hat, erzählte mir:

»Ich zweifle nicht daran, daß Bobbys Tod bei ihr den letzten Anstoß gab und daß sie sich zu Onassis flüchtete, um vor einer feindlichen Welt beschützt zu werden.«

Es gab viele Spekulationen über einen 173 Punkte umfassenden vorehelichen Vertrag, den Ari aufsetzte und den Jackie unterschrieb. Er wurde von einem ehemaligen Steward auf der *Christina*, Christian Cafarakis, in einem Buch, *The Fabulous Onassis: His Life and Loves*, erwähnt, das 1978 bei William Morrow erschien. Cafarakis und Co-Autor Jacques Harvey berichteten, der Vertrag habe Klauseln enthalten, die festlegten, daß sie getrennte Schlafzimmer hätten, daß Ari für den Fall, daß sie sich trennten, Jackie zehn Millionen Dollar für jedes Jahr zahlen solle, das sie bis zu diesem Zeitpunkt miteinander verheiratet gewesen waren, daß er ihr, falls sie ihn während der ersten fünf Jahre verlasse, zwanzig Millionen Dollar zahlen würde, und daß sie, falls er während ihrer noch bestehenden Ehe sterben würde, hundert Millionen Dollar erhalten solle. Dieser »Vertrag« wurde jedoch bisher der Öffentlichkeit nicht zugänglich gemacht, und Historiker, die sich mit der Familie Kennedy und der Familie Onassis befassen, haben berechtigte Zweifel angemeldet, daß dieser Vertrag überhaupt existiert. Was von den meisten jedoch als gesichert betrachtet wird, ist, daß Onassis Jackie eine Art Mitgift zahlte, drei Millionen Dollar bei ihrer Hochzeit, dann ein Treuhandvermögen von einer Million Dollar für Caroline und John anlegte, das an sie ausgezahlt wird, solange sie noch minderjährig sind, und daß er, falls Jackie und Ari geschieden würden, ihr bis zum Lebensende eine jährliche Summe von hunderttausend Dollar zahlen werde.

Während ein leichter Regen über dem Ionischen Meer niederging, wurden Jackie und Ari am 20. Oktober 1968 bei Kerzenschein in einer winzigen Kapelle in einem Zypressenhain auf

der Insel Skorpios getraut. Das kleine Eiland liegt etwa drei Kilometer östlich des verschlafenen Fischerdorfs Nidri auf der Insel Lefkas vor der Westküste Griechenlands.
Onassis hatte die kleine Insel für hunderttausend Dollar gekauft, um dort ungestört leben zu können. »Ich will nicht, daß mir jemand beim Pinkeln zusieht«, hatte er gesagt. Sie erscheint auf keiner Landkarte von Griechenland und den umliegenden Inseln im Ionischen und Ägäischen Meer, vielleicht weil sie zu klein ist oder, wie viele Griechen annehmen, weil Onassis die griechische Regierung bezahlt hat, damit sie den Kartographen verbietet, ihre genaue Lage zu offenbaren.
Die Insel Skorpios ähnelt einem Skorpion, das eine Ende ist kurz und dick, das andere lang und schlank mit kleinen Landzungen, die wie die Scheren eines Skorpions ins Meer hinausragen. Auf der Insel hat Onassis etwa zehn Kilometer Straße anlegen lassen, die zum großen Teil aus solidem Fels herausgesprengt wurden. Außerdem hat er mehrere Chalets für Hausgäste erbauen lassen. Sein eigenes Haus steht auf dem höchsten Punkt der Insel. Skorpios verfügt jedoch über keine Wasservorräte, daher legen jeden Morgen Schiffe an, um Frischwasser in ein ausgeklügeltes Pump- und Rohrsystem einzuleiten. Schließlich war auch noch ein Anlegeplatz für die *Christina* nötig. Mit erheblichen Kosten hat Onassis das Meer ausbaggern und zwei Häfen bauen lassen, einen für seine Yacht, den anderen für die schwimmenden Paläste der Gäste, die er einlud. Um absolute Ungestörtheit zu gewährleisten, hat Ari zudem die kleine benachbarte Insel Sparti erworben. Sie ist etwa anderthalb Kilometer entfernt und liegt zwischen Skorpios und Nidri.
Trotz einer Streitmacht von hundertfünfzig durchtrainierten Wachleuten, die Ari eingestellt hat, und trotz der Flotte patrouillierender Schiffe der griechischen Marine haben Reporter es immer wieder geschafft, auf die Insel zu gelangen und sich mit den Wächtern kurze, aber heftige Schlachten zu lie-

fern. Die Medien waren unbeeindruckt von Jackies persönlicher Bitte, in aller Stille heiraten zu wollen: »Wir denken, Sie verstehen, daß auch bekannte Persönlichkeiten in ihren Herzen die Gefühle einfacher Menschen hegen, speziell für die Momente, die für uns die wichtigsten von allen sind – Geburt, Heirat und Tod.« Ein Kompromiß wurde geschlossen. Eine kleine Gruppe von Zeitungsleuten durfte in der Kapelle der Zeremonie beiwohnen.

Nur einundzwanzig Gäste* drängten sich in der Kapelle der Kleinen Muttergottes, als Jackie, in einer zweiteiligen langärmeligen und beigefarbenen Valentino-Kreation aus Chiffon und Spitze, und Ari, in einem zweireihigen dunkelblauen Anzug und roter Krawatte, in einer griechisch-orthodoxen Zeremonie einander das Jawort gaben. Rechts und links des Paares standen Caroline und John. Beide trugen eine schlanke weiße Kerze. Nach der Trauung sprach der in einen goldfarbenen Mantel gehüllte, schwarzbärtige Archimandrit Polykarpos Athanassion von der Kapnikara-Kirche in Athen die Fürbitten, Helfer legten Kränze aus weißen Blumen auf die Köpfe des Brautpaares, das schließlich in einer Art rituellem Tanz dreimal um den Altar herumging. Um siebzehn Uhr siebenundzwanzig wurden sie zu Mann und Frau erklärt.

Nach der Zeremonie, die eine Dreiviertelstunde dauerte, verließ die Hochzeitsgesellschaft die Kapelle. Heftiger Wind kam auf, und aus dem Regen wurde ein Wolkenbruch, auf den keiner der Gäste vorbereitet war. Dennoch begaben sich alle zur *Christina*, wo, trotz des schlechten Wetters, der Empfang wie geplant stattfand. Er dauerte die ganze Nacht mit Bouzouki-

* Die Angehörigen der Braut: Caroline und John; Mr. und Mrs. Hugh Auchincloss; Pat Lawford und Jean Smith; Prinz und Prinzessin Stanislas Radziwill und ihre beiden Kinder. Die Angehörigen und Freunde des Bräutigams: Alexander und Christina; Mrs. Artemis Garofalides, Aris Schwester, die als Trauzeugin fungierte; Mrs. Yerasimos Patronicolous, seine Halbschwester, und deren Mann; Mr. und Mrs. Nicholas Kokims, Freunde und Geschäftspartner; John Georgakis, der Geschäftsführer von Olympic Airways, und dessen Frau.

Musik, Tänzerinnen, die vom Festland herübergebracht worden waren, üppigem Blumenschmuck und, natürlich, genug Speisen, um eine ganze Flotte von Kreuzfahrtschiffen satt zu bekommen.
Gäste und die Medien fragten sich, welches Hochzeitsgeschenk Ari seiner Frau machen würde. Von allen Seiten kamen witzige Vorschläge: das Taj Mahal, vielleicht, oder das gesamte Boston Pops Symphony Orchestra, das Empire State Building, die De-Beers-Edelsteinminen. Oder die New Yorker Börse, die S. S. *Queen Elizabeth* oder vielleicht auch das Schloß von Windsor. Als Jackie den Salon des Schiffs anläßlich des Hochzeitsmahls betrat, trug sie sein Geschenk, einen Ring mit einem großen Rubin, der von Brillanten umgeben war. Sie trug außerdem dazu passende Ohrringe. Die Gäste waren sprachlos, nur die elfjährige Caroline kreischte: »Mami, Mami, sie sind wunderbar!« Jackie streifte den Ring ab, und während Onassis das Geschehen aufmerksam verfolgte, wanderte das kleine Mädchen durch den Salon, um den Gästen den Ring zu zeigen.
Beide Kinder von Ari Onassis waren entschieden gegen die Ehe.
Christina war eine attraktive junge Frau, etwa einsfünfundsechzig groß. Bei ihrer Figur zeigten sich schon jetzt Ansätze zu jener Stämmigkeit, die sich schon bald zur Fettleibigkeit verändern sollten. Aber mit achtzehn Jahren hatte sie ein hübsches ovales Gesicht und eine kleine Nase, geschaffen von kosmetischer Chirurgie. Sie konnte es kaum ertragen, ihren Vater an eine andere Frau zu verlieren. Christina himmelte ihn an und war sein *chrysomous*, sein »goldenes Mädchen«. Als letztendlich armes kleines, reiches Mädchen hatte Christina alles, was ein kleines Mädchen sich wünschen konnte: das teuerste Spielzeug, die feinsten Kleider, die besten Wohnungen, darunter ein großzügiges Penthausapartment in Paris und eine prachtvolle Villa in Glyfada, einem eleganten Athe-

ner Vorort. Aber nur selten hatte sie ihren Vater, der ständig auf Geschäftsreisen war. Ihre Mutter Tina und Ari wurden 1960 geschieden, und am 14. Oktober 1974 wurde Tina tot in ihrer Pariser Wohnung aufgefunden. Eine Autopsie ergab, daß sie eines natürlichen Todes gestorben war.

Ein enger Freund der Familie erzählte die folgende Geschichte, die Aris Vorstellungen von der Elternschaft illustriert und auch Christinas Reaktion darauf:

»Eines Tages saßen Ari und ich in seinem Büro in Monte Carlo und unterhielten uns über geschäftliche Angelegenheiten. Ohne Vorwarnung sprang er hinter seinem Schreibtisch auf und sagte, er wolle für Christina ein Geschenk kaufen. Er erzählte mir, daß sie zwar keinen Geburtstag habe, daß ihm jedoch gerade eingefallen sei, er habe versprochen, an diesem Abend nach Hause zu kommen, statt dessen müsse er nach Argentinien. So brachte uns ein Chauffeur zu einem Spielzeugladen. Er dachte nicht an ein gewöhnliches Geschenk, wie jeder durchschnittliche Vater es für seine Tochter kaufen würde, sondern an etwas ganz Besonderes. Er fragte nach dem teuersten Spielzeug im Laden. Die Verkäuferin brachte uns eine winzige Ballerinapuppe, die, wenn man sie aufzog, zur Melodie von ›Sugar Plum Fairy‹ tanzte. Sie kostete mehrere hundert Dollar. Ari ließ sie eigens mit dem Flugzeug nach Paris bringen, wo Christina sich zu diesem Zeitpunkt aufhielt. Er flog nach Argentinien – und Christina bekam ihre atemberaubend schöne Puppe. Sie wurde ihr von einem Hausangestellten übergeben, der sie von einem Boten an der Tür erhalten hatte.«

Alexander, ein seltsamer, schwermütiger junger Mann, reagierte noch ablehnender, indem er seinem Vater ganz unverblümt erklärte, er nehme an der Zeremonie nicht teil. Ari bettelte und schlug seinem Sohn dann ein Geschäft vor. Alexander war ein begeisterter Flieger und flog fast täglich, wobei er seinem Vater mit seiner Tollkühnheit einen Schrecken nach dem anderen einjagte. Und fast täglich stritten Ari und Alexander sich wegen seiner Fliegerei. Der Sohn sagte schließlich, wenn Aristoteles endlich aufhörte, ihn wegen seiner Fliegerei ständig zu drangsalieren, dann würde er an der Trauung teilnehmen. Ari wurde zu diesem Versprechen genötigt.

Der junge Mann erschien tatsächlich, aber die Reporter bemerkten sehr wohl, daß er vor der Kapelle wartete, bis alle Gäste hineingegangen waren. Erst dann folgte er ihnen mit deutlichem Widerwillen. Vor der Zeremonie hatte Alexander bereits seine Meinung zu der Hochzeit öffentlich kundgetan. »Ich brauche keine Stiefmutter«, hatte er gesagt, »aber mein Vater braucht eine Frau.« Er erzählte einem Freund außerdem, sein Vater habe einige »ganz schön verrückte Dinge getan«, und fragte: »Meinst du, er wird jetzt senil?«

Alexander stichelte während der gesamten siebenjährigen Ehe gegen Jackie. Ausdrücklich wies er die meisten Einladungen nach Skorpios und in die Pariser Wohnung zurück. Eines Abends, während eines der wenigen gemeinsamen Essen mit Jackie auf der Insel, unterhielt man sich auch über den neuesten Klatsch: Eine hübsche junge Schauspielerin hatte einen viel älteren, aber außerordentlich reichen griechischen Industriellen geheiratet. Alexander sah Jackie herausfordernd an und sagte laut genug, daß alle Gäste es hören konnten: »Du findest das doch gar nicht so übel, oder? Jemanden wegen seines Geldes zu heiraten, nicht wahr?« Erschrecktes Schweigen setzte ein. Nach einigen Sekunden nahm Jackie, die so tat, als habe sie die bissige Bemerkung nicht gehört, ihre Unterhaltung mit den Gästen wieder auf.

Die Auswirkungen auf Caroline und John waren grundlegend anders als die auf Christina und Alexander. Caroline, noch nicht ganz elf Jahre alt, war wie benommen und verständnislos. John, zwei Jahre jünger, freundete sich sofort mit Ari an.

Caroline nannte ihn am Tag, als er ihre Mutter heiratete, immer noch »Mr. Onassis«. Ein Jahr dauerte es, bis sie sich überwinden konnte, zu ihm »Daddy« zu sagen. Ihre Verwirrung, als sie stumm vor dem Altar der winzigen Kirche stand, war offensichtlich. Sie kam, ohne zu lächeln, nach der Feier neben Jackie aus der Kirche und saß mit großen Augen und ernstem Gesicht auf dem Schoß ihrer Mutter in einem goldenen Wagen, während ihr neuer Vater sie zu seinem schwimmenden Palast fuhr. John amüsierte sich, wie immer, prächtig.

Ari erklärte John, sie seien *filaracos* – Kumpel –, und verbrachte viele Stunden mit ihm beim Segeln, Angeln und Wasserskilaufen. Nach einem Angelausflug legte Ari am Pier an, und dann setzten die beiden sich in den Schatten einiger Bäume, und Ari erzählte Geschichten von Piraten, die einmal die Gegend unsicher gemacht hatten, und von Schätzen, die auf dem Grund der Ägäis ruhen.

John lernte, gebrochen Griechisch zu sprechen. Als Onassis ihn am Tag nach dem Angelausflug in Nikos Kominates' Taverne auf Nidri mitnahm, sagte John: »*Thela na fao auf der Christina*« – »Ich möchte auf der Christina essen.« Onassis brach in schallendes Gelächter aus. Nikos meinte: »Er mochte Ari sehr, und Ari mochte ihn sehr.«

Scharfe Kritik wurde auch aus dem Vatikan laut.

Gerüchte kamen auf, daß die römisch-katholische Kirche Jackie, einer Katholikin, einen ungewöhnlichen Dispens erteilt habe, Ari, einen Angehörigen der griechisch-orthodoxen Kirche und einen geschiedenen Mann zu heiraten. In Rom jedoch dementierte der Rt. Rev. Monsignore Fausto Vallainc, damals Direktor des vatikanischen Pressebüros, daß es zu einer Einigung gekommen sei und die Kirche die Ehe anerkenne, wie es in der Athener Zeitung *Ethnos* gestanden hatte.

Monsignore Vallainc sagte zu Reportern: »Eine solche Übereinkunft gibt es nicht. Als Mrs. Kennedy sich mit Mr. Onassis vermählte, wußte sie genau, was sie tat. Nämlich daß sie gegen das Gesetz der römisch-katholischen Kirche verstößt.«

Das wöchentliche Presseorgan des Vatikans, *L'Osservatore della Domenica,* erklärte, daß eine Heirat mit einem geschiedenen Mann kein Grund für eine Exkommunikation oder einen förmlichen Ausschluß aus der Kirche sei. Eigentlich sei es mehr »eine Verleugnung ihres Glaubens« gewesen. Wenn in dem Artikel Jackies Name auch an keiner Stelle genannt wurde, bestand kein Zweifel, daß der Artikel auf sie gemünzt war. Laut der Associated Press wiederholte die vatikanische Zeitung und bestätigte das, was Monsignore Fausto einige Tage zuvor gesagt hatte.
In der Zeitung stand: »Die Ehe mit einem geschiedenen Mann, der bereits durch eine frühere Heirat gebunden ist, zu schließen, bedeutet für den katholischen Teil (Jackie) die Einnahme einer Haltung, die eigentlich eine Verleugnung ihres Glaubens ist.« Laut des kanonischen Gesetzes, hieß es weiter in der Zeitung, muß man Jackie als »öffentliche Sünderin« betrachten, was bedeutet, daß ihr die Sakramente verweigert würden, darunter auch eine kirchliche Bestattung und die Kommunion, hingegen ist die Teilnahme an einer Messe gestattet.

Während ihrer Ehe mit Onassis wurde Jackie sich bewußt, daß sie sich verändert hatte. In einem außergewöhnlichen Interview – es war eine der seltenen Gelegenheiten, bei denen sie die Mauer der Zurückgezogenheit durchbrach, die sie um sich herum aufgerichtet hatte – antwortete sie ausführlich auf die Fragen einer iranischen Reporterin, als sie und Ari Teheran besuchten.
Die Reporterin Maryam Kharazmi von der englischsprachigen *Kayham International* wollte von ihr wissen: »Sind Sie heute [am 25. Mai 1972] der gleiche Mensch, der sie als Frau von Präsident Kennedy gewesen waren?«
Jackie erwiderte:
»Weshalb versuchen die Menschen ständig, mich durch die verschiedenen Namen zu erklären, die ich zu verschiedenen

Zeiten getragen habe? Die Menschen vergessen häufig, daß ich Jacqueline Bouvier war, ehe ich Mrs. Kennedy oder Mrs. Onassis wurde. In meinem ganzen Leben habe ich immer versucht, mir selbst treu zu bleiben. Das werde ich auch weiterhin versuchen, solange ich lebe.

Zuerst einmal und vor allem anderen bin ich eine Frau. Ich liebe Kinder und finde, daß es das Schönste ist, was eine Frau sich vorstellen kann, wenn sie mit ansehen darf, wie ihre Kinder heranwachsen.

Ich habe sehr vieles durchgemacht und habe sehr gelitten, wie Sie wissen. Aber ich habe auch viele glückliche Momente erlebt.

Ich bin zu dem Schluß gekommen, daß wir vom Leben nicht zuviel erwarten dürfen. Wir müssen dem Leben mindestens genausoviel geben, wie wir von ihm erhalten. Jeder Moment, den jemand erlebt, unterscheidet sich vom anderen, das Gute, das Schlechte, die Not, die Freude, die Tragik, die Liebe und das Glück sind alle verbunden in einem unbeschreiblichen Ganzen, das Leben genannt wird.«

Als sie nach ihren eigenen Erfahrungen als Journalistin gefragt wurde, antwortete Jackie:

»Mein Job bestand darin, jeden Tag eine einzige Frage sechs oder sieben verschiedenen Menschen zu stellen und sie zu fotografieren, wenn sie antworteten«, erklärte sie. »Sehr oft war es schwierig, überhaupt irgend etwas zu erhalten. Ich habe mich selbst gelehrt, nicht zuviel zu erwarten und nichts als selbstverständlich hinzunehmen … Ich habe Angst vor Reportern, wenn sie als Gruppe auf mich zukommen«, sagte sie. »Ich mag keine Menschenmengen, denn ich hasse diese unpersönlichen Massen. Sie erinnern mich an einen Schwarm Heuschrecken. Tatsache ist, daß ich sehr schüchtern bin. Die Menschen halten meine Schüchternheit für Arroganz und meinen Rückzug von der Publicity für ein Zeichen dafür, daß ich angeblich auf den Rest der Menschheit herabschaue.«

10. Kapitel

Die Wahrheit über *diese* Ehe

Die aufsehenerregende Ehe wird heute als schrecklicher Fehlschlag angesehen. Außerdem herrscht allgemein die Auffassung, daß Jackie Aristoteles Onassis nie geliebt habe und er sie auch nicht.

Nichts davon trifft zu.

Während der ersten zwei oder drei Jahre war es eine gute Ehe, denn jeder wurde den emotionalen Bedürfnissen des anderen gerecht. Ari gab Jackie die Sicherheit und Stabilität, die sie in ihrem schwierigen Leben brauchte. Und ehe sechs Monate verstrichen waren, begann sie – und auch Caroline – ihn zu lieben.

Sie zeigte ihre Empfindungen durch ihre Taten und Worte. Aufgeregt wie ein Schulmädchen, das von einem älteren Schulkameraden schwärmt, erzählte sie einer Freundin im Hotel Grand Bretagne am Platz der Verfassung in Athen: »Es ist ein wunderbares Gefühl, verliebt zu sein.«

Was Ari betrifft, so liebte er sie so, wie seine Persönlichkeit und sein Charakter es zuließen. Seinen Freunden gestand er: »Ich liebe diese Frau. Ich liebe sie wirklich.« Jackie schenkte ihm die emotionale Genugtuung, etwas errungen zu haben, das er sich sehnlichst gewünscht hat, nämlich ein Kronjuwel. Er demonstrierte seine Zuneigung auf die einzige Art und Weise, die er kannte, indem er Jackie mit Geschenken und Aufmerksamkeiten überschüttete.

Jackie und Ari hatten sehr viel gemeinsam. Pearl Buck, die gute Kontakte zu Freunden der beiden unterhielt, erzählte: »Er liebte Schönheit, sie liebte Kunst, und er hatte das Geld, um ihre Wünsche zu erfüllen ... Und er liebt Kinder. Er hat die natürliche Fähigkeit, mit ihnen zu kommunizieren. Und er liebte sie mit der Reife seines Alters und aufrichtiger Hingabe.«

Ari sagte kurz nach der Hochzeit: »Sie (Jackie) ist wie ein Vogel. Sie sucht den Schutz des Nestes, möchte aber genauso die Freiheit zum Fliegen. Ich biete ihr beides.«

»Er ist ein weiser und gütiger Mann«, sagte Pearl Buck. Charlotte Ford Niarchos, die geschiedene Frau von Stavros Niarchos, dem reichen Tankerkönig, beschrieb ihn als einen »wundervollen Vater mit unendlichem Charme und einer einmaligen Persönlichkeit, ungemein intelligent, höflich und wohlerzogen, sehr attraktiv und sehr männlich«.

Kurz nach der Hochzeit veröffentlichte die *Chicago Daily News* den Kommentar eines New Yorkers, der namentlich nicht genannt wurde, der aber Onassis recht gut kannte. »Wenn er sich für eine Frau interessiert, dann macht er ihr voller Hingabe und Leidenschaft den Hof, so daß sie im wahrsten Sinne des Wortes dahinschmilzt. Er ist bekannt für die treibende Kraft seiner persönlichen Leidenschaften wie auch seiner geschäftlichen Manöver.«

Daher ist es kaum verwunderlich, daß ein solcher Mann eine Frau, sogar Jacqueline, dazu bringen konnte, sich in ihn zu verlieben.

Er hatte diese »treibende Kraft« seiner Leidenschaften demonstriert, nachdem er Ende der fünfziger Jahre Maria Callas, die Opernsängerin, kennengelernt hat, die damals noch mit Giovanni Battista, einem Mailänder Geschäftsmann, verheiratet war. Er war dreißig Jahre älter als die fündundzwanzigjährige Callas, als sie am 21. April 1949 getraut wurden.

Onassis plante seinen Feldzug zur Eroberung der Callas genauso sorgfältig, wie Bismarck einen Schlachtplan entwickelt hätte. Im Mittelpunkt der Strategie befand sich seine Yacht *Christina*. Er lud Maria und ihren Mann zu einer Kreuzfahrt ein. Seine Frau Tina sollte natürlich auch mitfahren.

Aber weder Tina noch Battista behinderten Onassis. Sein Ziel war Maria, die er eifrig umwarb – mit Erfolg. Nur zwei Monate nach der Kreuzfahrt erlag ihm der Opernstar. »Maria hatte sich zum erstenmal Hals über Kopf verliebt. Onassis hatte ihr Herz im Sturm erobert«, erzählte die langjährige Freundin der Callas, Helen Rochas von der französischen Parfümfirma.
Die Callas erklärte die Affäre, indem sie sich auf das Schicksal berief. »Ich bin nirgendwo eingebrochen«, sagte sie später, »und er auch nicht. Tina wollte ihn sowieso verlassen. Ich mußte meiner Bestimmung folgen.«
1967 wurde Ari der Callas überdrüssig. Die Gründe faßte sie in einer bitteren Bemerkung zusammen: »Aristoteles ist besessen von berühmten Frauen. Er war besessen von mir, weil ich berühmt war. Und Jackie ist noch berühmter.«
Am Tag, als Ari Jackie heiratete, besuchte Maria in Paris die Premiere der Filmversion der George-Feydeau-Farce *Eine Fliege im Ohr.* Sie lächelte und winkte, als sie das Kino betrat, und war danach auf einer Party anläßlich des fünfundsiebzigsten Geburtstags des Restaurants Maxim's fröhlich und unbeschwert. Arianna Stassinopoulos sagte: »Es war eine der überzeugendsten Vorstellungen ihrer Karriere. Man hätte ihr schon genau in die großen dunklen Augen schauen müssen, um die Qual zu erkennen, die ihren Glanz trübte.«

Erstaunlich war, daß Aristoteles Onassis, der die Flatterhaftigkeit der Liebe kannte und der wußte, daß Männer untreu sein können und es auch sind und daß Frauen ihre Männer ebenfalls betrügen können, extrem eifersüchtig sein konnte. Er litt unter dem, was einige Psychiater »Othello-Syndrom« genannt haben. Er wollte alles über Jackies romantische Beziehungen seit dem Tod John Kennedys in Erfahrung bringen.
Eine von Jackies Freundinnen, die häufig als Gast bei ihren Partys zugegen war, sagte: »Er ist ein wahrer Weltmann, aber manchmal benahm er sich wie ein eifersüchtiger, leidender

Ehemann, wenn er versuchte, sich bei mir Informationen über Lord Harlech und andere Männer einzuholen, von denen er glaubte, daß Jackie mit ihnen liiert gewesen war.« Nicht ein einziges Mal fragte er Jackie direkt. Er wußte schon, weshalb. Onassis gab sich alle Mühe, daß seine Ehe mit Jackie funktionierte, und in den ersten Jahren hatte er durchaus Erfolg. Als besorgter Ehemann las er ihr alle Wünsche von den Augen ab. Er tat alles, um sie glücklich zu machen. Am wichtigsten für Jackie war die Aufmerksamkeit, die er ihren Kindern zuteil werden ließ.

Einmal, als beide an Deck der *Christina* saßen und lasen, erhob Jackie sich plötzlich aus ihrem Sessel, ging zu ihm hinüber und küßte ihn. Überrascht fragte er: »Wofür war das denn?«

»Für vergangene Nacht«, antwortete sie. Ari war die ganze Nacht wachgeblieben, weil John Magenschmerzen gehabt hatte. »Es ist mir nur gerade in den Sinn gekommen«, sagte Jackie und gab ihm noch einen Kuß. Ari grinste nur.

Eine Minute später stand er auf, kam zu ihr und küßte sie – leidenschaftlich.

»Und wofür war das?« wollte sie wissen.

»Ich habe mich gerade daran erinnert«, sagte er, »daß ich vor zwei Monaten krank war und du an meinem Bett gewacht hast.« Sie lachten beide und küßten sich noch einmal.

Er war ein überaus aufmerksamer Ehemann. Im Hotel Grande Bretagne sagte Jackie zu ihrer Freundin: »Seine ständige Aufmerksamkeit und sein Einfallsreichtum sind wundervoll. Letzten Donnerstag, zum Beispiel, stellte er morgens fest, ich sehe ein wenig blaß aus und brauche Abwechslung. Er machte den Vorschlag, nach Paris zu fliegen und bei Maxim's zu dinieren.

Solche Ideen hat er ständig. Er bemerkt Dinge, die andere übersehen. Er hat einen wachen Geist und kann Eindrücke aufnehmen und sie gründlich analysieren, und er hat am Ende recht.«

Und dann folgte das offene, schlichte Geständnis, daß sie ihn liebe.
Seine Großzügigkeit war grenzenlos. An ihrem vierzigsten Geburtstag schenkte er ihr Rosen und ein Brillanthalsband und ein Armband, die mehr als eine Million Dollar gekostet hatten. Er veranstaltete an diesem Abend in einem Gartenrestaurant in der Nähe von Piräus eine Geburtstagsparty, an der Tochter Christina, eine Reihe Angehörige und einige gute Freunde teilnahmen. Lee Guthrie berichtete darüber: »Sie saßen den ganzen Abend – oder eher bis in den frühen Morgen – zusammen. Ari hatte einen Arm um sie gelegt, und sie flüsterten miteinander und küßten sich wie zwei High-School-Kids, die zum erstenmal verliebt sind.«
»Er strengte sich enorm an, um ein guter Vater zu sein«, erzählte Lem Billings mir. Gleich zu Beginn der Ehe sagte er zu Caroline und John, daß er ihnen niemals ihren Vater ersetzen könne, daß es ihm aber eine Ehre wäre, wenn er ihr Freund und Beschützer sein könne.
Obgleich seine Geschäfte ihn rund um die Welt jagten, gab er sich aufrichtige Mühe. Er brachte den Kindern Geschenke mit, war immer zuvorkommend zu ihren Freunden und segelte und angelte und lief Wasserski mit ihnen, wenn sie auf Skorpios waren. Einmal erfuhr er, daß Caroline sich ein ganz bestimmtes Pferd wünschte. Er bat Jackie, sie solle es ihr kaufen, dann verschob er ein Millionengeschäft, um nach Amerika zu fliegen, damit er dabeisein konnte, wenn Caroline das Pferd geschenkt bekam.
Schließlich gewann er Caroline für sich. Nach seinem Tod im Jahr 1975 vertraute sie einem Freund, Juan Cameron, damals noch Student an der Middlesex Academy in Massachusetts, an: »Ich habe ihn nicht sehr oft gesehen, aber ich habe ihn wirklich geliebt.«

Das Geturtel und Geschmuse dauerte nur zwei Jahre.
Jackie, die sich emotional erholt hatte, begann zunehmend häufiger zu reisen, und Onassis nahm sich sein Recht, das ihm seiner Meinung nach als Grieche zustand, und schaute sich nach anderen Frauen um. Und tatsächlich, nicht lange nach seiner Hochzeit mit Jackie kehrte Ari in Maria Callas' Leben zurück, was, nach seinem Verständnis, nicht gleichzeitig bedeutete, daß er seine neue Frau weniger liebte. »Er kannte seine Beute sehr gut«, stellte Arianna Stassinopoulos fest. Während die Ehe mit Jackie ein Hindernis darstellte, glaubte er, er könne Maria Callas noch einmal für sich gewinnen.
Und er hatte recht.
Er schickte der Callas Blumen und Geschenke, und wenig mehr als zwei Monate nach seiner Hochzeit mit Jackie, feierte er mit Maria Weihnachten – nicht allein, natürlich, aber mit gemeinsamen Freunden.
Zu Beginn hatte Ari erklärt, Jackie »könne tun, was ihr gefällt – internationale Modenschauen besuchen und reisen und mit Freunden ins Theater oder wer weiß wohin gehen. Und ich werde natürlich auch tun, was mir gefällt. Ich stelle ihr keine Fragen, und sie stellt mir keine Fragen.«
Es war eine klare Aussage, und vielleicht hatte Onassis sie auch so gemeint, aber Jackie übertrieb, und für Ari begann ein Prozeß der Ernüchterung. Während Jackie wohl kaum während ihrer Flitterwochen zwanzig Millionen Dollar ausgab, wie Fred Sparks in einem aufsehenerregenden Buch, das 1970 erschien, behauptete, schaffte sie es aber, etwa eineinhalb Millionen Dollar für Kleider, Reisen, Geschenke und – ihre ganz besondere Passion – die Renovierung des Hauses auf Skorpios auszugeben. Stassinopoulos meinte dazu: »An Jackies üppigem Geldausgeben war etwas Sprunghaftes, beinahe schon Zwanghaftes. Und je mehr er (Onassis) sich von Jackie ausgenutzt fühlte, desto mehr fühlte er sich von Maria geliebt.«

Genauso wie die Tragödien die Kennedys heimgesucht hatten, geschah es auch bei Onassis. Am 22. Januar 1973 kam sein geliebter Sohn Alexander, der seinem Vater das Versprechen abgerungen hatte, ihn wegen seiner Fliegerei nicht mehr zu »nerven«, bei einem Flugzeugabsturz ums Leben, nachdem er kurz zuvor vom Athener Flughafen mit einem zweimotorigen Piaggio-Wasserflugzeug gestartet war. Ironie des Schicksals: Nicht Alexander flog die Maschine, sondern sie wurde von dem Amerikaner Donald McCusker, achtundvierzig Jahre alt, gesteuert. Der Flug sollte ein Test sein, ob McCusker ein Lufttaxiunternehmen leiten könne, das Alexander aufzubauen hoffte. Ari, der zu diesem Zeitpunkt in New York weilte, begab sich schnellstens ins Athener Krankenhaus. Dort hatte man feststellen müssen, daß Alexander, dessen Gesicht völlig zerstört war, nur noch dahinvegetieren könnte. Am nächsten Tag starb Alexander gnädigerweise an einer Gehirnblutung. Onassis war am Boden zerstört. Ironischerweise wurden die beiden Patriarchen, Joe Kennedy und Aristoteles Onassis, die darin schwelgten, ihr Geld zu verdienen, indem sie andere vernichteten, durch den Tod ihrer Söhne selbst vernichtet. Joe Kennedy schloß sich, nachdem sein ältester Sohn während des Zweiten Weltkriegs nach einem Flugzeugzusammenstoß über dem Ärmelkanal ums Leben gekommen war, in seinem Zimmer im Big House auf Cape Cod ein und hörte stundenlang klassische Musik. Aristoteles Onassis weinte tagelang, sagte sämtliche Verabredungen ab und erlangte nie wieder seine alte Lebensfreude, seine Gier nach Liebe und seinen Drang zur Mehrung seines Reichtums. Er wanderte durch die Straßen Athens, saß stundenlang in Cafés und trank den nationalen Aperitif, der sich milchig färbt, wenn er mit Wasser vermischt wird, und eine starke berauschende Wirkung hat. Eines Tages entdeckten mehrere Freunde, die gerade zu einer Dinnerparty unterwegs waren, ihn in einem Café in der Nähe der Akropolis. Einer der Freunde gesellte sich zu ihm, nachdem er den anderen erklärt hatte, er werde nachkommen. »Ich setzte mich an seinen Tisch«, erzählte der Freund. »Zuerst schwieg er, was ihm gar nicht ähnlich war. Nach einer Weile begann er zu reden. Er sprach über seinen Jungen. Schleppend und leise erzählte er von Alexander, wie sehr er ihn geliebt habe, wie sehr er ihn vermisse. Er sagte, daß er bis auf Christina nun ganz allein sei. Jackie, so fuhr er fort, wolle ihn einfach nicht verstehen. Eine Stunde lang redete er so. Dann bot ich ihm an, ihn nach Hause zu bringen, aber er sagte, er brauche nur ein Taxi. Ich war beruhigt, als ich sah, daß er in gerader Haltung über die Straße ging, ohne zu schwanken oder zu taumeln. Er schien nicht mehr betrunken zu sein.«

1973 zerbrach die nunmehr fünf Jahre dauernde Ehe.

Unfähig, mit Jackie über die Probleme zu reden, die ihn schwer belasteten, vertraute Onassis seine geheimsten Gedanken und Empfindungen Maria Callas an. Maria hörte ihm geduldig zu, während er in seiner Penthauswohnung in Paris auf und ab ging, über Jackies Gleichgültigkeit schimpfte und sich über ihre Verschwendungssucht und ihre äußerliche Härte beklagte.

Während er einerseits ohne irgendwelche Schuldgefühle zu einer alten Geliebten zurückgekehrt war, wurde er Jackie gegenüber mißtrauisch. Ende 1974 engagierte er den stets im großen Stil auftretenden Anwalt Roy Cohn, um feststellen zu lassen, ob sein Mißtrauen berechtigt war. Er heuerte außerdem einen Privatdetektiv an, um Beweise für Jackies Untreue suchen zu lassen. Stassinopoulos meinte dazu: »Sein Körper hatte sich gegen sich selbst gewandt, und Onassis attackierte nun heftigst die Frau, die er irrationalerweise für die Urheberin der immer zahlreicher auf ihn einstürzenden Katastrophen hielt.«

Die doppelte Moral seiner Denkweise, nämlich einerseits von seiner Frau bedingungslose Treue zu fordern, sich dieser Forderung selbst aber nicht zu unterwerfen, wurde Ari nie be-

Eine verstörte Jackie Kennedy – immer noch in dem blutverschmierten Kleid, das sie bei der Fahrt mit dem Präsidenten trug – war Zeugin bei der Vereidigung von Lyndon Johnson zum sechsunddreißigsten Präsidenten der Vereinigten Staaten.
(John F. Kennedy Library)

Jackie und Caroline knien in der Empfangshalle im Capitol neben dem Sarg, wo Tausende stundenlang warteten, um dem toten Präsidenten die letzte Ehre zu erweisen.
(John F. Kennedy Library)

Am 27. Mai 1967 taufte Caroline Kennedy den amerikanischen Flugzeugträger *John F. Kennedy*. Jackie und John jr. lachen über den schäumenden Champagner.
(U. S. Navy Photograph)

Links oben: Die Kennedy-Familie verläßt die St. Matthew's Kathedrale. Jackie, an der einen Hand Caroline (sechs Jahre), an der anderen John (drei Jahre), gefolgt von Robert Kennedy und Jean Kennedy Smith, Peter Lawford im Hintergrund.
(White House Photo)

Links unten: Der mit der amerikanischen Flagge bedeckte Sarg wird vom Capitol für die Totenmesse zur St. Matthew's Kathedrale gefahren. (John F. Kennedy Library)

Caroline arbeitete in der Film-Abteilung des Metropolitan Museum of Modern Art in New York City, als sie Edwin A. Schlossberg bei einer Dinner-Party kennenlernte. Die beiden waren fünf Jahre befreundet, bevor Caroline den sympathischen, reichen Ed, Mitbegründer einer Firma, die sich auf Planungen von Museen und Lehrausstellungen spezialisiert hatte, heiratete. (Boston Herald)

Sie wurden in der römisch - katholischen Church of Our Lady of Victory in Canterville, Massachusetts, getraut. Caroline war achtundzwanzig und Ed einundvierzig Jahre alt, beinahe derselbe Altersunterschied wie bei Jakkie Bouvier und John Kennedy. (Boston Herald)

1964 – während dieser Zeit lebte Jackie in einem Appartement in New York City – kehrte sie zu Besuch nach Boston zurück. (Boston Herald)

Jackie Kennedy und Mrs. Jean Smith nahmen an einer Konferenz zur Planung der JFK-Bibliothek im Longan-Flughafen in Boston teil.
(Boston Herald)

Jackie und Maurice Templesman, ein Diamantenhändler und ihr langjähriger Freund und Begleiter, besuchen ein Theater in New York City. (Albert Ferreira/DMI)

Templesman und Jackie in New York City, einen Tag, nachdem Jackie im April 1994 aus dem New York Hospital entlassen worden war. (© Bill Davila)

Jackie und John jr. verlassen nach einer Veranstaltung die JFK-Bibliothek und gehen an einem Foto des verstorbenen Präsidenten vorbei. (John F. Kennedy Library)

Familienmitglieder nehmen an der Wiedereröffnung des Kennedy-Museums, bei der Präsident Bill Clinton eine Rede hält, teil, das während der Vorbereitungen für eine neue Ausstellung – geplant von Carolines Ehemann Edwin Schlossberg – geschlossen gewesen war. Auf dem Podium Ethel Kennedy, Senator Ted Kennedy, Jackie, John jr., Caroline und drei von John F. Kennedys Schwestern. (John F. Kennedy Library)

wußt. Prinz Michael von Griechenland meinte dazu: »Die Ehefrauen zu betrügen ist in Griechenland beinahe Pflicht. Ehebruch ist ein Nationalsport. Meistens hassen die Männer das Eingesperrtsein in ihren Wohnungen. Es macht ihnen Spaß, die ganze Nacht hindurch von einem Café zum anderen zu ziehen. Es ist eine sehr griechische Gewohnheit und wird auch von Onassis gepflegt.«

Cohn berichtete, daß kein Beweis für irgendeine Untreue Jackies je zutage gefördert wurde und daß es durchaus möglich ist, daß die Verschlechterung von Aris Gesundheit zu einer Paranoia geführt hat, die ihn zu der Auffassung brachte, sie sei ihm untreu geworden.

In diesem Jahr 1974 war bei Onassis eine fortgeschrittene Myasthenie festgestellt worden. Es handelt sich hierbei um eine Art Muskelschwund, der abnorme Erschöpfungszustände zur Folge hat. Sehr oft ist die Augenmuskulatur am heftigsten betroffen. Onassis mußte sich mit Heftpflaster behelfen, um die Augenlider offenzuhalten.

Obgleich er stets eine Sonnenbrille trug, entdeckten die Medien sehr bald seine Krankheit. Trotz einer Cortisonbehandlung, die ihn zunehmend reizbar machte, verbesserte sich sein Zustand nicht. Im Herbst 1974 wurde er in ein New Yorker Krankenhaus eingeliefert, wo die Ärzte ihm erklärten, sie könnten nichts mehr für ihn tun. Ein paar Monate später, mittlerweile weißhaarig, bleich und abgespannt, wurde er in einer speziell ausgerüsteten Maschine der Olympic Airways nach Paris geflogen. Dort begab er sich ins Amerikanische Krankenhaus in Neuilly-sur-Seine am Rand von Paris.

Am 8. Februar 1975 fanden die Ärzte Steine in seiner Gallenblase und operierten sofort. In seinem geschwächten Zustand erkrankte Onassis an einer Lungenentzündung und blieb fünf Wochen im Krankenhaus.

Mittlerweile war die Feindschaft zwischen Jackie und Aris Tochter Christina derart eskaliert, daß sie nicht mehr miteinander sprachen. Beide besuchten Onassis in seinem Krankenzimmer Nummer 217 im Eisenhower-Flügel, saßen an den gegenüberliegenden Seiten des Bettes und ignorierten einander. Ari unterhielt sich mit seiner Tochter auf Griechisch und mit Jackie auf Französisch.

Am 10. März erklärten die Ärzte Jackie, sie könne unbesorgt für ein paar Tage in die USA fliegen, denn Onassis scheine Fortschritte bei seinem Kampf gegen die Lungenentzündung zu machen. Caroline, die in der Filmabteilung im Metropolitan Museum of Art arbeitete, hatte eine Fernsehdokumentation vorbereitet, die Jackie sich unbedingt ansehen wollte.

Jackie bestieg den Jet der Olympic Airways und traf am Donnerstag abend, dem 13. März, in New York ein. Am nächsten Morgen telefonierte sie mit dem Amerikanischen Krankenhaus und erfuhr, daß Onassis' Zustand sich stabilisiert hatte. Später in dieser Nacht verschlechterte sein Zustand sich jedoch rapide, und er starb am Samstag, dem 15. März, an Lungenentzündung, die, laut Dr. Mercedes Mercadier, allen Antibiotika widerstanden hatte. Zum Zeitpunkt seines Todes war Ari neunundsechzig Jahre alt.

Drei Tage später beerdigte Jackie, die nach Paris geflogen war und sich in die Wohnung in der Avenue Foch zurückgezogen hatte, ihren zweiten Ehemann. Diesmal wurde sie von Caroline und John begleitet. Onassis wurde auf Skorpios neben seinem geliebten Sohn Alexander begraben.

Nach dem Tod von Onassis begann eine Reihe häßlicher Prozesse, aus denen Jackie am Ende als reiche Frau hervorging.

Als sie Onassis heiratete, hatte sie auf einer Bargeldzahlung in Höhe von drei Millionen Dollar bestanden, was als Mitgift verstanden wurde. Dafür verzichtete sie auf alle Forderungen, sein Vermögend betreffend.

In seinem letzten Willen hinterließ Onassis die Hälfte seines Vermögens für die Gründung einer Stiftung, die die Gelder an öffentliche Wohlfahrtsorganisationen verteilen soll. Und zwar vorwiegend in Griechenland. Davon waren alle überrascht, denn er hatte zu Lebzeiten niemals soziales Bewußtsein bewiesen.

Dieses Erbe war Jackies Einfluß zu verdanken. Bevor er Jackie heiratete, sagte Pearl Buck, die aus einem Bericht in einer kleinen Zeitung in Vermont zitierte, »hatte Onassis nicht an Wohltätigkeit gedacht«. Die Menschen, so meinte er, sollten für sich selbst sorgen. »Nun, unter dem Einfluß dieser starken, schönen Frau, verändert er das Image, das er im Laufe der Jahre von sich aufgebaut hat. Er verschenkt große Geldsummen, um glücklosen Menschen, vor allem Kindern, zu helfen«, sagte Mrs. Buck.

Jackie hatte den neugierigen Griechen mit Kennedy-gemäßem Liberalismus infiziert.

Was Jackie betraf, waren seine Anweisungen sehr exakt:

Ihr vermachte er eine Viertelmillion Dollar jährlich in steuerfreien Anleihen und verfügte, daß der Betrag alle drei Jahre zum Ausgleich der Inflation aufgestockt werden solle. Von dieser Summe waren fünfzigtausend Dollar an steuerfreien Anleihen für die Unterstützung von Caroline und John vorgesehen, bis sie das einundzwanzigste Lebensjahr erreicht hätten und das Geld wieder an Jackie gezahlt würde.

Er fügte noch eine Bedingung hinzu: Falls Jackie das Testament anföchte, sollte mit allen Mitteln vor Gericht dagegen vorgegangen werden. Die Kosten aus seinem Vermögen bestritten werden.

Jackie focht das Testament an. Christina reagierte mit einem Angebot, die jährliche Zahlung auf acht Millionen Dollar zu erhöhen, was von Jackies Anwälten zurückgewiesen wurde. Ein Jahr gerichtlicher Streitigkeiten folgte und fand ein Ende, als Christina, die des Streits überdrüssig war und endlich von ihrer gehaßten ehemaligen Stiefmutter befreit sein wollte, ihre Anwälte anwies, eine Einigung zu suchen.

Jackie erhielt zweihundertdreißig Millionen Dollar sowie weitere sechs Millionen Dollar für Steuern. Dafür verpflichtete sie sich, Skorpios nie wieder zu betreten, und verzichtete auch auf sämtliche Ansprüche auf die Yacht *Christina*.
Die griechische Tragödie, die 1968 begonnen hatte, strebte zweieinhalb Jahre nach Onassis' Tod ihrem Höhepunkt entgegen. Maria Callas, die mehr und mehr von Beruhigungsmitteln und Schlaftabletten abhängig war, litt immer häufiger unter Depressionen. Sie war eine reiche Frau mit einem geschätzten Vermögen von über zehn Millionen Dollar, hatte aber überhaupt kein Bedürfnis, das Geld auszugeben. Sie wollte in ihrer Suite in einem Pariser Hotel bleiben und um ihren verstorbenen Geliebten trauern, den sie in ihrem Herzen als ihren Ehemann betrachtete.
Sie sagte in einer bizarren Erklärung: »Plötzlich bin ich eine Witwe.« Aris Tod, sagte Stassinopoulos, hatte ihr »einen tödlichen Schlag« versetzt.
Im Frühling 1977 begab Maria Callas sich zu einem ihrer zahlreichen Besuche ans Grab von Aristoteles Onassis nach Skorpios. Dort kniete und betete sie mehrere Stunden lang. Fünf Monate später, am 16. September, starb sie an einem Herzanfall in ihrer Pariser Wohnung.
Costa Gravas, Aris zuverlässiger Berater, der Chef sämtlicher Unternehmen von Onassis wurde, glaubte, sie sei an gebrochenem Herzen gestorben. »Das Leben erschien ihr nach seinem Hinscheiden nicht mehr lebenswert«, äußerte er.
Elf Jahre später, am 29. November 1989, ging die Tragödie schließlich zu Ende.
Wie in den Bühnenstücken des Sophokles brachte das Leben nur Tod und Verzweiflung. Der Mensch, so glaubte Sophokles, ist eine göttliche Kreatur, aber auch völlig hilflos, ein Spielball der Götter, die ihn nach ihrem Gutdünken manipulieren und, wenn es ihnen gefällt, sein Schicksal bestimmen.

Onassis, seine Frau Tina, sein Sohn Alexander, seine Geliebte Maria Callas – alle waren gestorben.
Und nun Christina.
Sie war ungemein fett geworden. Sie hatte vier Ehen hinter sich und hatte acht Jahre zuvor versucht, ihrem Leben mit einer Überdosis Schlaftabletten ein Ende zu machen. Christina war erst achtunddreißig Jahre alt, da sie in Argentinien an einem Lungenödem starb, als sie Freunde in einem Vorort von Buenos Aires besuchte.
Sie wurde auf der Insel Skorpios neben ihrem Vater und ihrem Bruder begraben. Jackie äußerte ihre Betroffenheit, nahm aber nicht an der Totenmesse in der kleinen Kapelle teil, in der sie 1968 Aristoteles Onassis geheiratet hatte.

11. Kapitel

Jackies Kinder – Caroline

Im Gegensatz zu Onassis' Kindern, deren tragischerweise kurzes Leben vorwiegend unglücklich verlief, leben Jackies Tochter und Sohn glücklich und produktiv.

Caroline, mittlerweile vierunddreißig Jahre alt, ist nach ihrem Studium an der School of Law der Columbia University Anwältin geworden, Mutter von drei kleinen Kindern und mit Ellen Alderman, einer Law-School-Kommilitonin, Co-Autorin eines Bestsellers. John, zwei Jahre jünger und ebenfalls Anwalt, arbeitete drei Jahre lang als stellvertretender Staatsanwalt im Büro des Distriktstaatsanwalts von Manhattan, Robert N. Morgenthau. Mitte 1993 quittierte er seinen Dienst, um sich anderen Interessen zuzuwenden, die er damals nicht näher erläuterte. Anders als die Kinder von Ethel und Robert Kennedy passierte den beiden nichts Schlimmeres, als daß sie gelegentlich einen Verkehrsstrafzettel erhielten. Eines von Bobbys Kindern starb an einer Drogenüberdosis, und einige andere hatten ebenfalls Drogenprobleme. Teddy Kennedy jr. und sein jüngerer Bruder Patrick haben eingestanden, daß sie Alkoholprobleme hatten. Im Juni 1992 ging Ted jr. im Alter von einunddreißig Jahren freiwillig wegen Alkoholsucht ins Institute for Living in Connecticut und unterzog sich einer dreiwöchigen Therapie. Patrick ließ verlauten, er habe sich mit neunzehn Jahren in einem Rehabilitationszentrum in Spofford, New Hampshire, aufgehalten, um seine Drogensucht behandeln zu lassen, die er mittlerweile überwunden habe. Und als Teenagerin hatte Teds Tochter Kara Haschisch geraucht und war mehrmals von zu Hause weggelaufen.

Jackies vorbildliche Mutterrolle hat ihre Kinder auf dem rechten Weg gehalten.

1970 entschied sie, daß Caroline auf die Brearley School in Manhattan überwechseln sollte, weil sie dort mit einem breiteren Spektrum von Menschen in Berührung komme als an einer religiös orientierten Schule. Da sie stets auf die Privatsphäre ihrer Kinder achtete, mußten die Lehrer und das Personal an der Brearley School und im Collegiate, wo John studierte, sich schriftlich verpflichten, niemals mit Außenstehenden über die Kennedy-Kinder zu reden.

Sie versuchte auch, ihre Kinder vor der Presse abzuschirmen, vor allem vor freischaffenden Fotografen, die üblicherweise Prominenten auflauern und sie ohne ihre Erlaubnis fotografieren. Ein ständiger Störenfried war Ron Galella, der nicht nur hinter Fotos von Jackie herjagte, sondern auch von Caroline und John.

Einmal ließ sie ihm durch einen Angestellten von Ari Onassis die Kamera abnehmen. Ein anderes Mal sorgte sie für seine Verhaftung. Am Ende verklagte sie ihn mit der Begründung, daß er sie belästige und ihre Privatsphäre und die ihrer Kinder verletze. Galella reagierte mit einer Gegenklage. Jackie, so sagte er, beschneide sein Recht, seinen Lebensunterhalt zu verdienen. Onassis, der versucht hatte, Jackie von der Klage abzuhalten, weil es schlechte Publicity gäbe und Galellas Bedeutung überhöhte, konnte sie nicht bewegen, die Klage zurückzuziehen. Er fragte Galella unter vier Augen, ob man vielleicht zu einer außergerichtlichen Einigung gelangen könne. Als der Fotograf hunderttausend Dollar verlangte, zog Onassis sein Angebot zurück.

Jackie gewann den Prozeß. Das Gericht verfügte, daß Galella sich ihr und ihren Kindern nicht weiter als bis auf fünfzig Meter nähern dürfe. Ihre Anwaltsrechnung belief sich auf mehr als zweihunderttausend Dollar.

Brearley hatte den Ruf, daß die Aufnahme in der Schule »nicht gerade einfach« sei, aber Caroline absolvierte die Aufnahmeprüfung mit hervorragenden Zensuren und kam in die achte Klasse. Sie belegte unter anderem Kurse in Englisch, Geschichte, Latein, Algebra, Physik, Musik und Französisch. Die Schule, deren Studenten und Schüler der gesellschaftlichen Elite angehörten, galt als progressiv und förderte Eigeninitiative und Selbständigkeit.

Als Carolines fünfzehnter Geburtstag bevorstand, entschied Jackie, daß sie nun alt genug sei für ein Internat, wo sie größere Freiheiten habe und noch mehr Selbständigkeit lernen würde als zu Hause. Nach eingehender Suche entschied sie sich für die Concord Academy, damals eine einundfünfzig Jahre alte Mädchenschule auf einem großen Campus in Concord, Massachusetts, nur eine kurze Autofahrt von Boston entfernt. In Concord mit seinen Häusern aus dem neunzehnten Jahrhundert, den mit prächtigen Ulmen gesäumten schattigen Straßen, dem Walden Pond und der Old North Bridge in der Nähe schien die Zeit stehengeblieben zu sein. An der Concord Academy studierten gewöhnlich die Kinder der Reichen und Prominenten.

Während Caroline in diesem Sommer ihre Ferien auf Skorpios verbrachte und in Spanien den Stierkampf kennenlernte, entwarf der Gemeinderat, der sehr wohl Jackies Bemühungen ernst nahm, Caroline vor der Öffentlichkeit abzuschirmen, Pläne, um ihr eine normale Umgebung zu bieten. Ein paar Wochen vor ihrer Ankunft veröffentlichte die Wochenzeitschrift *Concord Journal* eine besondere Bitte.

In einem Leitartikel unter der Überschrift »Ein kleines Mädchen kommt zu Besuch« hieß es über Caroline: »Als die Tochter des Camelot-Prinzen und seiner ätherischen Prinzessin war sie viel zu früh in ihrem Leben der Schmeichelei der Massen ausgesetzt. Ereignisse, die sie weder initiiert noch sich ausgesucht hat, fanden in ihrer nächsten Umgebung statt und haben aus ihr ein manchmal verängstigtes Kind gemacht, dem die Freuden der Kindheit in einer amerikanischen Stadt versagt geblieben sind, ein Recht, das Millionen von Kindern durch eine Nation zugestanden wird, die ihr Vater einst geführt hat.« In dem Leitartikel hieß es weiter:

»Bitte behandeln Sie sie wie jedes andere Kind in Concord. Ignorieren Sie sie, wie Sie es mit den Kindern Ihrer Nachbarn tun, außer bei besonderen Umständen, wenn ein paar freundliche Worte angebracht sind.

Denken Sie daran, daß sie noch ein Kind ist.«

In der neunten Klasse bewohnte Caroline in einem der sieben Wohnheime der Schule ein kleines Zimmer, etwa zwei Meter fünfzig im Quadrat. Die Wohnheime sind ehemalige Villen, die die Main Street um die Jahrhundertwende säumten. Es gibt keine privaten Badezimmer.

Wie in allen anderen Wohnheimen residierten zwei »Hauseltern« ständig in Carolines Haus und führten die Aufsicht. Es gab nur ein Minimum an Regeln und Vorschriften, da die Schule den Standpunkt vertrat, daß die jungen Leute eine größtmögliche persönliche Freiheit haben sollten.

Die Studenten brauchten am Wochenende nicht auf dem Campus zu bleiben, sondern konnten sich selbst aussuchen, was sie unternehmen wollten, zum Beispiel andere Studenten besuchen, an irgendwelchen Gemeinschaftsaktivitäten teilnehmen oder sogar in Boston arbeiten und lernen. Alle Studenten konnten zum Unterricht und zu den Mahlzeiten die Kleidung tragen, die sie wollten. Ebenso wie ihre anderen Klassenkameradinnen erschien Caroline meistens in einer groben Baumwollhose, in Sporthose oder Shorts.

Die Klassen waren klein, mit durchschnittlich zwölf bis vierzehn Schüler pro Lehrer. Die Gesamtzahl der Studenten betrug nur 265. Ein Drittel waren Tagesschüler, darunter fünfzig Jungen. (Indem sie einem an vielen Schulen und Universitäten entstehenden Trend folgte, führte Concord 1971 die Koedukation ein.)

Ihre Freunde und Klassenkameraden erzählten Geschichten von Carolines Unberechenbarkeit. Eines Tages betrachtete sie sich im Spiegel über der Kommode in ihrem Zimmer. »Mein Gesicht«, verkündete sie, »ist viel zu symmetrisch.« Woraufhin sie einen Rasierapparat ergriff und sich sorgfältig eine Augenbraue abrasierte.

Berühmt war sie für ihre Streiche. Einmal schüttete sie Schaumbadlotion in den Wassertank eines Trinkbrunnens. Ein anderes Mal mischte sie ein paar Abführkekse mit Schokoladengeschmack unter die Plätzchen, die sie und eine Freundin für den Schulbasar buken.

An einem Frühlingsmorgen schafften es Caroline und eine Freundin, sich um sieben Uhr morgens aus ihrem Wohnheim auszusperren. Sie waren in einem plötzlichen Entschluß nach draußen gegangen. Zu ihrem Schrecken fiel die Tür hinter ihnen ins Schloß. Achselzuckend und in Pantoffeln und Bademänteln spazierten sie ins nahegelegene Stadtzentrum, um zu frühstücken. Unterwegs griff ein Polizist in einem Streifenwagen die beiden auf und brachte sie in die Schule zurück, wobei die Bewohner des Heims geweckt wurden. Der Beamte ermahnte Caroline und ihre Freundin nachdrücklich, in Zukunft nicht mehr in ihrer Nachtkleidung spazierenzugehen.

Sie spielte im wahrsten Sinne des Wortes Verstecken mit den Secret-Service-Agenten, die sie bis zu ihrem sechzehnten Geburtstag rund um die Uhr bewachten. Einmal verschwand sie in einem Automobil nach Boston, um ihren Onkel, Senator Ted Kennedy, reden zu hören. Die Agenten, die annahmen, sie halte sich im Wohnheim auf, waren verblüfft und verärgert, als sie per Sprechfunk erfuhren, daß sie fünfundzwanzig Kilometer entfernt war. Bei einer anderen Gelegenheit bestieg sie einen Bus, verließ ihn jedoch sofort wieder durch die Hintertür, ohne dabei beobachtet zu werden. Die Agenten folgten dem Bus, während Caroline ihrer eigenen Wege ging.

In den Jahren, in denen sie heranwuchs, und sogar noch als

Erwachsene hat Caroline immer sehr empfindlich auf in den Medien geäußerte Vorwürfe reagiert, sie sei snobistisch und arrogant und nutze ihren Prominentenstatus, um bevorzugt behandelt zu werden.

Juan Cameron, ein Student an der Middlesex Academy, anderthalb Kilometer entfernt, der mit Caroline befreundet war und sie fast täglich sah, erzählte mir im Jahr 1973: »Sie braucht die ständige Bestätigung, daß die Menschen sie mögen. Es ist ihr sehr wichtig, nicht für überheblich gehalten zu werden. Ich habe nie etwas Derartiges an ihrem Benehmen bemerkt.«

Juan, der aus Washington stammt, wurde ihr im Herbst 1974 durch Ethel Kennedys Sohn Michael, Juans besten Freund, vorgestellt.

Einmal führten Caroline und mehrere Klassenkameraden und -kameradinnen in einer Eisdiele in Concord eine angeregte Unterhaltung. Sie hatten ihre Gläser längst leergetrunken, aber das Gespräch war so interessant, daß sie einfach nicht gehen wollten. Zwei Jungen erkundigten sich, ob der Tisch frei werde, und Caroline erwiderte: »Seht ihr denn nicht, daß wir uns unterhalten?« Einer der Jungen sagte daraufhin laut: »Für wen, verdammt noch mal, hält die sich eigentlich?«

Caroline sprang auf und verließ die Eisdiele tränenüberströmt.

Ihre Erinnerung an ihren Vater war immer sehr intensiv. Ihr Studentenzimmer in Concord wie auch ihr Zimmer in New York hingen voller Fotos von ihm. Und während die meisten Leute sich aus Angst, an alte Wunden zu rühren, scheuten, von ihrem Vater zu reden, sprachen sie und Juan sehr oft über ihn.

»Ihr Vater war für sie der Größte«, erzählte Cameron. »Er steht auf der Liste der Männer, über die sie gelegentlich redet, an erster Stelle. Sie sagt, er sei der beste Präsident gewesen, den die Nation je gehabt hatte.«

Im Sommer ihres ersten Jahres in Concord ließ Carolines Interesse an öffentlichen Angelegenheiten sie für John Kerry von Tür zu Tür gehen, und sie genoß diese Erfahrung sehr. Kerry war der Anti-Kriegs-Kandidat für den Kongreß und hatte in Erscheinung, Stimme und politischer Einstellung große Ähnlichkeit mit ihrem Vater, dem verstorbenen Präsidenten. Sie reiste auch im Frühherbst nach New Hampshire, um sich Gruppen junger Leute anzuschließen, die für Senator McGovern, den Präsidentschaftskandidaten der Demokraten warben. Es war ein bedeutsamer Moment im Oktober, als Caroline, bekleidet mit einem schwarzen Hosenanzug und noch keine sechzehn Jahre alt, ihren ersten politischen Auftritt nach dem Attentat in Boston absolvierte, wo der ruhmvolle Aufstieg ihres Vaters begonnen hatte. Sie begleitete Ted Kennedy und ihre Tante Joan zu einer Wohltätigkeitsveranstaltung zugunsten der Wahlkampfkasse McGoverns und erlebte einen begeisterten Empfang.

Im darauffolgenden Sommer verbrachte sie mit einem Filmteam sechs Wochen im Bergland von Ost-Tennessee, wo sie an einer Dokumentation über das Leben und die Arbeit von Grubenarbeitern mitwirkte. Ohne großes Aufsehen traf sie Mitte Juni in der wilden Appalachenregion um die Kleinstadt Clairfield, dicht an der Grenze von Kentucky, ein und half bei den Dreharbeiten und in der Filmentwicklung. Die Dokumentation war ein Regierungsprojekt im Rahmen des Programms Federation of Communities in Service.

Während ihres Aufenthaltes in den Appalachen wohnte Caroline bei einer Familie in Clairfield. In verwaschenen Jeans fügte sie sich nahtlos in das Filmteam und in die Familiensituation ein. Eine Frau aus dem Ort wurde im *Knoxville News-Sentinel* wie folgt zitiert: »Man glaubt gar nicht, daß sie die Tochter des früheren Präsidenten und so reich ist. Sie wandert genauso durch die Berge wie die Einheimischen.«

Als Caroline sechzehn Jahre alt war, besuchte Jackie mit ihr und John ein düsteres Gebäude in Waltham, Massachusetts, wo sämtliche Erinnerungsstücke John Kennedys so lange aufbewahrt wurden, bis die Bibliothek des Präsidenten fertiggestellt sein würde. Dave Powers, der Kennedy-Berater, der zum Kurator der Bibliothek ernannt worden war und diese Position noch heute bekleidet, sagte, er habe an diesem Tag mit den Tränen kämpfen müssen.

»Es war eine bewegende Erfahrung«, erzählte er mir. »Sie war kaum sechs Jahre alt, als sie das letzte Mal all die Sachen gesehen hat. Aber zehn Jahre später konnte sie sich noch lebhaft an alles erinnern.«

Powers erzählte, Caroline habe sofort den Schaukelstuhl erkannt, der im Oval Office neben dem offenen Kamin gestanden hatte. Sie erinnerte sich auch an den großen Walzahn, den JFK auf seinem Schreibtisch liegen hatte und als Briefbeschwerer benutzte, und sie stürzte sich sofort auf die halbe Kokosnußschale, in die er einen Hilferuf eingeritzt hatte, nachdem sein PT-Boot im Zweiten Weltkrieg von einem japanischen Zerstörer in der Mitte durchgeschnitten worden war. John, der erst drei Jahre alt gewesen war, als der Präsident ermordet wurde, konnte sich an gar nichts erinnern, daher erklärte Caroline ihm alles, während sie durch die Gänge schritten: Das dort ist Daddys Schreibtisch, das da hing über dem Kamin an der Wand, das dort stand direkt neben der Tür …

Carolines Leidenschaft für Pferde, aufgeflackert in ihrer Kindheit und in späteren Jugendjahren immer noch vorhanden, hatte nachgelassen und wurde im Alter von siebzehn Jahren durch etwas Neues und Aufregendes ersetzt – durch das Fliegen.

Anfang 1974 hatte Caroline ihrer Mutter mitgeteilt, daß sie gerne Flugstunden nehmen wolle. Jackie rief einen alten Freund an, Frank Comerford, der die Comerford Flight School auf dem Hanson Field in paar Meilen östlich von Concord leitet. Mr. Comerford war John Kennedys Pilot für die kurzen Flüge gewesen, die er in den fünfziger Jahren während seines

Wahlkampfs für das Repräsentantenhaus und den Senat unternehmen mußte.

Nachdem alles arrangiert worden war, startete Caroline in einer einmotorigen rotweißen Cessna 150, einem Zweisitzer, mit dem leitenden Fluglehrer Laurie Cannon neben sich. Sie kreiste über der historischen Stadt und flog über die Old North Bridge hinweg, wo die »kampfbereiten Farmer standen und den Schuß abfeuerten, der auf der ganzen Welt gehört wurde«. Damit hatte die erste Schlacht des Revolutionskrieges begonnen. »Sie machte ihre Sache gut«, erzählt Mr. Cannon. »Es gab keine Probleme, nur die üblichen kleinen Fehler.« Caroline nahm fünfzehn Stunden für dreißig Dollar pro Stunde und war schon fast soweit, allein fliegen zu können, als sie wieder aufhörte. Sie erklärte, die Arbeit in der Schule würde immer mehr, und sie sei einfach zu beschäftigt.

Skilaufen und Tennis waren jahrelang ihre Lieblingssportarten, aber 1975 hatte Caroline mit dem Geländelauf, mit Feldhockey und Lacrosse begonnen. Sie war eine erstklassige Verteidigerin in der Mädchen-Lacrossmannschaft von Concord und brachte überzeugende Leistungen, obgleich ihre Mannschaft mehr Spiele verlor als gewann.

In ihrem letzten Studienjahr besuchte Caroline nur ein College – Radcliffe, die Frauenabteilung der Harvard University, die drei Generationen von Kennedys – ihr Großvater, ihr Vater, drei Onkel und mehrere Vettern und Cousinen – besucht hatten. Sie wurde angenommen, beschloß aber, das Collegestudium um ein Jahr zugunsten eines Praktikums bei Sotheby's, einem Kunstauktionshaus in London, zu verschieben. Zu dem Praktikum gehörten Besuche in anderen Galerien und Museen Englands und auf dem Kontinent sowie von Vorträgen und intensive Kunstbetrachtung.

Im Jahr 1975 hatte Caroline eine kurze, aber wilde Begegnung mit dem englischen Jet-set. Von Englands jungen Aristokraten

in die elegantesten Vergnügungsstätten eingeladen, amüsierte Caroline sich manchmal bis in den frühen Morgen.
Jackie erhielt davon Kenntnis und ermahnte ihre Tochter per Telefon, etwas kürzerzutreten. Rose, die gelegentlich Zeitungsmeldungen über Carolines »wildes Leben in London« zu Gesicht bekam, rief Jackie mehrmals an und drängte sie, die junge Dame sofort nach Hause zurückzuholen. Sogar ihr Onkel Ted Kennedy wurde eingespannt, um Rose zu beruhigen.
Caroline schränkte ihr ausschweifendes Leben ein, als sie einen schlimmen Schrecken erlebte. Eine Bombe explodierte vor dem Haus des verstorbenen Parlamentsmitgliedes Sir Hugh Fraser, wo sie wohnte. Ein Motiv wurde nicht gefunden, aber die Polizei glaubte nicht, daß Caroline das Ziel gewesen war. Dennoch reichte dieser Vorfall aus, um ein etwas ruhigeres Leben zu führen.
In Radcliffe wohnte Caroline im Winthrop House, wo ihr Vater und Onkel Bobby gewohnt hatten. Obgleich sie fleißig studierte und hervorragende Noten nach Hause brachte, dauerten die ausgelassenen Jahre an. Sie besuchte häufig Partys, trank in örtlichen Kneipen Dosenbier und erwarb sich einen Ruf als »guter Kumpel«. Bei ihren Besuchen in New York wurde sie häufig mit verschiedenen Begleitern im legendären Studio 54 gesehen, damals die absolute »In-Disco«.
Sie begann sich für den Journalismus zu interessieren und verbrachte einen Sommer als Praktikantin bei der *Daily News* in New York. Ihr Name erwies sich als ein wenig hinderlich. Einmal, als sie für eine kleinere Meldung recherchierte, entdeckte sie zu ihrer Verärgerung bei der Rückkehr ins Büro, daß Fotos von Paparazzi bereits vor ihr in der Redaktion eingetroffen waren.
Während der Collegezeit wurden die Auseinandersetzungen zwischen Mutter und Tochter immer heftiger. Jackie, eine Verfechterin von allem, was elegant und geschmackvoll ist, ärger-

te sich über Carolines unaufgeräumtes Zimmer im Winthrop House in Cambridge, aber mit wenig Erfolg. Sie konnte Caroline auch nicht überreden, bessere Garderobe zu tragen. Einmal, es geschah offensichtlich aus Trotz, erschien Caroline in einem alten karierten Hemd, einer Levis-Cordhose und einem Pullover bei einer Wohltätigkeitsveranstaltung für die Joseph P. Kennedy jr. Foundation in einem Bostoner Restaurant. Alle anderen Frauen trugen Nachmittagskleider, und die Männer trugen Anzüge mit Weste. Jackie konnte es kaum fassen.

Aber Jackie, die zwar gelegentlich entsetzt war, ließ trotzdem die Zügel locker und achtete stets darauf, daß zwischen ihnen keine Kluft entstand, die nicht mehr hätte überbrückt werden können.

Carolines Einstellung gegenüber Geld ähnelte viel mehr der ihres Vaters und ihrer Onkel als der ihrer Mutter. Jackies Angewohnheit, viel auszugeben, hatte ihre beiden Ehen belastet. John Kennedy hatte nur selten Bargeld bei sich gehabt. Sehr oft mußte Dave Powers für ihn einen Geldschein auslegen. Auch Bobby verärgerte häufig seine Mitarbeiter aus der Mittelschicht und der Arbeiterklasse, wenn sie seinen Kostenanteil für Kaffee und Sandwiches übernehmen mußten.

Carolines Taschengeld und persönliches Konto waren großzügig bemessen, aber sie gab wenig für sich selbst aus. In den örtlichen Restaurants am Harvard Square war sie für ihre bescheidenen Trinkgelder bekannt und enttäuschte so manche Serviererin.

Eine Freundin sagte dazu: »Es ist nicht so, daß sie geizig ist. Sie hat lediglich kein Gefühl für Geld. Manchmal hat sie sehr viel in der Tasche, dann wieder zuwenig. Sie plant einfach nicht sorgfältig genug.«

Dennoch konnte sie sehr großzügig sein. Sie schrieb hohe Schecks für wohltätige Zwecke aus. Einmal erzählte eine Klassenkameradin ihr von einem Freund, der von einer anderen Schule ausgeschlossen worden war und sich völlig mittellos auf dem Harvard Square herumtrieb. Obgleich sie den Jungen überhaupt nicht kannte, schenkte Caroline ihm ein paar große Scheine.

Häufig besuchte sie Campusversammlungen und Vorträge über gesellschaftliche Themen, woran sich weitere stundenlange Diskussionen mit ihren Freunden und Freundinnen anschlossen. Einmal, im Jahr 1977, kurz bevor sie zwanzig Jahre alt wurde, gehörte sie zu den dreieinhalbtausend brüllenden und johlenden Studenten, die über den Campus marschierten und dagegen protestierten, daß die Harvard Corporation Aktien von amerikanischen Firmen besaß, die Geschäfte in Südafrika machten. Es war die größte Demonstration in Harvard seit dem Vietnamkrieg.

Die Demonstranten trugen brennende Kerzen und Fackeln, während sie marschierten und Rednern zuhörten. Caroline hielt ihre Kerze hoch und stimmte in den Sprechchor mit ein: »Eins, zwei, drei, vier, jagt die Apartheid durch die Tür. Fünf, sechs, sieben, acht, weg mit dem Rassistenstaat.« Die Demonstration dauerte bis zum nächsten Morgen, und Caroline hielt bis zum Ende durch.

Jackies Einfluß machte sich in einem Bereich deutlich bemerkbar – in der Kunst. Nach ihrem Jahr bei Sotheby's konkretisierte sich Carolines Interesse, und in Radcliffe wählte sie Kunst als Hauptfach und belegte Kurse in visuellen und Milieustudien, in klassischer Architektur, Geisteswissenschaften, in afro-amerikanischen Studien, Sprachen, Geschichte und Philosophie.

Aber Jackies Versuche, sie auf ein elegantes Leben in der feinen Gesellschaft vorzubereiten, schlugen fehl. Sie wollte ihre Tochter im Alter von achtzehn Jahren nach klassischer Manier im Rahmen eines Debütantinnenballs in die Gesellschaft einführen. Jackie bestürmte Caroline, doch ihre Tochter weigerte sich beharrlich. Jackie kapitulierte schließlich, und es gab keine Präsentationsparty für Caroline.

Caroline hatte natürlich auch einige Romanzen, doch nur eine war ernsterer Natur. 1978 lernte sie den einunddreißigjährigen Tom Carney kennen, Autor, Yale-Absolvent und irischer Katholik. Jackie hielt große Stücke auf ihn, und Caroline verliebte sich. Carney wurde des öfteren auf den Familiensitz auf Cape Cod eingeladen und besuchte Caroline häufig in Cambridge. Die Beziehung endete für Caroline sehr traurig. 1981 heiratete Carney Maureen Lambrey, eine junge Fotografin.

Nur wenige Monate später lernte Caroline Edwin A. Schlossberg auf einer Dinnerparty kennen. Er stammte aus einer orthodoxen jüdischen Familie, sah gut aus, war wohlhabend und dreizehn Jahre älter als sie. Schlossberg war der Sohn eines wohlhabenden Managers aus der Stoffbranche, der sich zur Ruhe gesetzt hatte. Er wurde als typischer »Renaissance-Mensch« beschrieben, hatte in Naturwissenschaften und Literatur an der Columbia University promoviert und ist der Gründer einer Firma, die Museen und Lehrausstellungen entwirft. Vier Jahre später, im Jahr 1986, wurde ihre Verlobung offiziell bekanntgegeben.

Caroline war zuvor schon mehrmals entschlossen gewesen, die Verlobung bekanntzugeben, hatte es sich aber in der letzten Minute immer wieder anders überlegt. Im Frühjahr 1986 faßte Caroline dann den Entschluß zu heiraten, und Jackie ließ eine entsprechende Meldung auf der Gesellschaftsseite der *New York Times* abdrucken. Ihr Freunde an der Columbia University veranstalteten für Caroline eine Verlobungsparty in der Cafeteria, und ihre ehemaligen Kollegen aus dem Metropolitan Museum taten das gleiche in einer Wohnung am Central Park West, wo sie neben anderen Geschenken ein jüdisches Kochbuch überreicht bekam.

Nach ihrem Studienabschluß auf dem College im Jahr 1979 war Caroline in eine Wohnung in Manhattan gezogen, die sie sich mit drei Freunden teilte, einem Mädchen und zwei jungen Männern. Die Wohnung befand sich in den drei obersten Stockwerken eines hundertjährigen Hauses in der West 84th Street. Ihr kleines Zimmer stand in scharfem Kontrast zu ihrem früheren Zimmer in der Fifth Avenue. Es hatte schlichte weiße Fensterjalousien, und die Farbe blätterte von der Wand, die sie mit Bildern behängt hatte. Carolines Anteil an der Miete betrug fünfhundert Dollar im Monat.

Sie arbeitete sechs Jahre lang in der Film- und Fernsehabteilung des Metropolitan Museum of Art und kündigte, nachdem sie sich mit ihrer Mutter, ihrem Onkel Ted und Schlossberg beraten hatte.

»Ich langweile mich bei der Arbeit im Museum«, sagte sie. »Ich hatte das Gefühl, als komme ich dort nicht weiter.«

Sie immatrikulierte sich an der School of Law der Columbia University, wo sie so ruhig und unauffällig lebte, wie sie in ihren ersten Studienjahren wild und ausgelassen gewesen war. Anfangs sehr schüchtern, schloß sie keine Freundschaften. Im Verlauf des ersten Jahres gewöhnten die anderen Studenten sich nach und nach an ihre Anwesenheit, und sie schien selbstsicherer zu werden und scharte einen kleinen Kreis von Bekannten um sich, mit denen sie essen ging und in der Cafeteria der Universität zusammensaß.

Zu Beginn des Semesters gestand sie, wie viele ihrer Kommilitonen, einer Freundin: »Ich ersticke fast unter der vielen Arbeit.«

In ihrer Verzweiflung suchte sie bei ihrem Vetter Robert F. Kennedy jr. Rat. Bobby arbeitete eine Zeitlang als stellvertretender Staatsanwalt und brachte ihr den Trick bei, schnell zu lesen und dabei wichtige Informationen aufzunehmen.

Dennoch gab es entmutigende Tage. Einmal, nach einer Vorlesung über bestimmte Aspekte des Sachenrechts, äußerte sie zu einer Mitstudentin: »Warum mache ich das alles eigentlich mit? Irgendwie glaube ich, ich wäre viel lieber zu Hause und hätte Kinder.«

Gegen Ende des Semesters erhielt sie eine Belobigung für ihre Arbeit im Studentengericht, einer fingierten Gerichtsverhandlung, in der alle Studenten nach dem ersten Jahr vor einer Jury von auswärtigen Richtern und Anwälten ihre Plädoyers halten müssen.

Am Ende des Studienjahrs wurde deutlich, daß Caroline verliebt war und ans Heiraten dachte.

Eine Kommilitonin erzählte: »Ständig spielte sie an dem Verlobungsring herum, den Ed ihr geschenkt hatte, ein breiter Goldreif mit einem großen Brillanten.« Wenn sie Caroline beobachteten, stellten ihre Freundinnen fest, daß ein Mona-Lisahaftes Lächeln auf ihrem Gesicht lag, während sie den Ringfinger ihrer linken Hand betrachtete.

Einmal, während einer Vorlesung in Verfassungsrecht, wurde sie dabei ertappt, wie sie sich stirnrunzelnd über einen Schreibblock auf ihrem Pult beugte. Aber sie machte sich keine Notizen. Sie zeichnete ein Hochzeitskleid, das sie nach der Vorlesung aufgeregt ihren Freundinnen zeigte.

Sie hielt sich nach den Vorlesungen nie länger im Universitätsgebäude auf, sondern eilte schnellstens nach Hause in ihre kleine Wohnung, um noch zu arbeiten, ehe sie mit Ed Schlossberg zu Abend aß. Oft holte sie ihn in seinem Studio in der 20 West 20th Street ab, um mit ihm ein ruhiges Restaurant in Greenwich Village aufzusuchen.

Im April 1983 erlitt Caroline einen weiteren Schock, als ihr Vetter David, dem sie in ihrer Jugend besonders nahegestanden hatte, an einer Überdosis Drogen in einem Hotel in Palm Beach starb.

Als David Kennedy in Harvard studierte, hatte Caroline ihn oft in der kleinen Wohnung besucht, die er sich mit Juan Cameron in der Ellsworth Street in Boston teilte. Davids zunehmende Drogensucht hatte dafür gesorgt, daß er die Universität verlassen mußte.

Am Mittwoch morgen, es war der 25. April 1984, versuchte

Davids Mutter Ethel mehrmals, ihn telefonisch zu erreichen, hatte aber kein Glück. Angst machte sich im palastartigen Winterdomizil der Kennedys am North Ocean Boulevard breit, wo Caroline sich gerade aufhielt. Im Laufe des Vormittags fuhren sie und eine Freundin zum Brazilian Court Hotel in der Australia Avenue, wo sie David über das Haustelefon zu erreichen versuchte. Auch diesmal erhielt sie keine Antwort. Die beiden gingen hinauf zu Zimmer 107, klopften an die Tür und kehrten um, als niemand öffnete. Sie ahnten nicht, daß David tot war und vollständig bekleidet zwischen zwei Betten lag. Später gab der Autopsiebericht an, daß in seinem Körper Kokain, Demerol und Melaril gefunden worden war sowie Einstiche im Skrotum.

Während sie mit Mühe die Tränen zurückhielt, betrat Caroline, begleitet von ihrem Vetter, Sydney Lawford, und ihrer Tante, Jean Smith, die Totenhalle im Gebäude des medizinischen Leichenbeschauers. Angestellte schlugen das Laken auf Davids Leiche zurück. Caroline preßte eine Hand vor den Mund und warf einen hastigen Blick auf sein Gesicht, das völlig entspannt war. Der Tod hatte die Linien und Falten der Angst geglättet. Sie nickte kurz, als sie gefragt wurde, ob der Tote auf der Bahre David Kennedy sei.

Sein Tod traf Caroline tief. »Sie weinte tagelang«, erinnerte sich eine Freundin.

Caroline und Ed Schlossberg wurden am 19. Juli in der römisch-katholischen Kirche Our Lady in Victory in Centerville, Massachusetts, unweit des Kennedy-Anwesens in Hyannisport, getraut. Reverend Donald A. McMillan, ein Jesuitenpriester, der die Zeremonie vornahm, beschrieb den Vorgang als »eine traditionelle katholische Feier ohne heilige Messe«. Caroline war achtundzwanzig Jahre alt, Ed einundvierzig. Ihr Altersunterschied war ungefähr der gleiche wie zwischen John Kennedy und Jacqueline Bouvier.

Gerüchte, die besagen, daß Schlossberg gerne einen Rabbiner

zu der Zeremonie eingeladen hätte, wurden von Father McMillan dementiert. Schlossbergs Vater und Mutter, Alfred und Mae, wohnten der Zeremonie bei, wollten sich jedoch laut eines Zeitungsberichts zu der Hochzeit nicht äußern, »weil mein Sohn es nicht wünscht«. In einem späteren Interview mit der *Jewish World*, einer auf Long Island, New York, erscheinenden Zeitung, gab der ältere Schlossberg zu, daß die Hochzeit für seine Familie »unangenehm gewesen sei und wahrscheinlich für die Kennedys ebenfalls. Es ist für einen überzeugten Katholiken sicherlich ebenso traumatisch, wenn ein Familienangehöriger einen Juden heiratet, wie umgekehrt für überzeugte Juden«, sagte er. »Aber die Leute passen sich einander an.«

Mehr als vierhundert Personen, darunter viele Veteranen der Kennedy-Administration wie Redenschreiber Ted Sorenson, der frühere stellvertretende Justizminister Burke Marshall und der ehemalige Botschafter in Indien, Galbraith, nahmen an der Feier teil. »Wir weinten alle«, erzählte ein Gast.

Vor der Kirche applaudierten zweitausend Personen bei der Ankunft der Braut, die die Kirche an der Seite ihres Onkels Ted Kennedy betrat. Sie war erstaunlich schön und trug ein Kleid der Modeschöpferin Caroline Herrera.

Der Hochzeitsempfang fand auf dem Landsitz der Kennedys statt. Rose Kennedy, Carolines Großmutter, schaute dem fröhlichen Treiben von einem Rollstuhl aus zu, der auf der Veranda ihres Hauses stand.

John jr., der von Ed als Redner ausgesucht worden war, erhob das Glas auf das Paar. Er sagte: »Unser ganzes Leben lang waren wir immer zu dritt – Mai, Caroline und ich. Jetzt gibt es einen vierten.«

Nach den Flitterwochen auf Hawaii kehrte das Paar nach Manhattan zurück und begann eine Ehe, die, wie Schlossberg später erklärte, »nicht besser hätte sein können«. Caroline zog aus ihrem kleinen East-Side-Apartment aus. Ed verließ seine

Mansarde in Soho, und sie bezogen ein zweieinhalb Millionen Dollar teures Apartment im elften Stock eines Klinker- und Kalksteinhauses in der Park Avenue 888, nicht weit von Jackie Onassis entfernt. Auf der Etage befinden sich nur zwei Wohnungen, womit ihre Privatsphäre weitgehend gewährleistet ist. Eingerichtet ist die Wohnung mit modernen Möbeln, die Schlossberg entworfen hat, und mit Kunstgegenständen, die er auf seinen Reisen sammelte.

Caroline setzte ihr Studium an der Columbia University fort. Während eines Sommers absolvierte sie ein Praktikum in der Anwaltsfirma Paul, Weiss, Rifkind, Wharton and Garrison, wo Ted Sorenson, der Freund ihres Vaters, ebenfalls als Partner arbeitete. Ihr Einkommen betrug tausendzweihundert Dollar die Woche. Einmal im Monat reiste sie nach Boston zu den Konferenzen des Kuratoriums der John-Fitzgerald-Kennedy-Bibliothek, dem sie als jüngstes Mitglied angehörte. Sie war die offizielle Vertreterin der Kennedy-Familie in der Massachusetts-Kommission zur Auswahl des Künstlers, der eine Statue des verstorbenen Präsidenten schaffen sollte. Sie sollte vor dem mit einer goldenen Kuppel versehenen State House in der Beacon Street in Boston aufgestellt werden. Die Bronzestatue, geschaffen von Isabel McIlvain, wurde am 24. Mai 1990, dem dreiundsiebzigsten Geburtstag ihres Vaters, feierlich enthüllt. Präsident Kennedy ist in einer charakteristischen Pose zu sehen – gehend, die Ellbogen angewinkelt, die linke Hand in der Jackentasche.

Nach den Flitterwochen vertraute Caroline Freunden an, sie wolle so bald wie möglich Mutter werden. Obwohl sie während ihres dritten und letzten Jahres an der Law School schwanger war, »versäumte sie nicht einen einzigen Tag ihre Vorlesungen und Übungen«, erzählte Edwin Schlossberg. Trotz Schnee und Eis eines kalten Januars und Februars, die andere Studenten, die nicht in der Nähe des Campus wohnten, zu Hause bleiben ließen, erschien Caroline stets pünktlich.

Caroline legte im Mai ihre Abschlußprüfung ab und brachte einen Monat später, am 24. Juni 1988, ihr erstes Kind, ein Mädchen, zur Welt. Das Baby wurde nach ihrer Urgroßmutter mütterlicherseits auf den Namen Rose Kennedy Schlossberg getauft. Caroline und Ed kehrten mit Rose nach Hause und in das Kinderzimmer zurück, mit dessen Einrichtung sie Anfang Mai begonnen hatten.

Roses Zimmer, nicht besonders groß, war eine phantasievolle Meisterleistung. Ed und Caroline kombinierten ihre Fähigkeiten – er als Ausstellungsgestalter, sie als ehemalige Expertin im Metropolitan Museum of Art –, um, wie Ed mir erklärte, eine »fröhliche Atmosphäre« zu schaffen. Das Zimmer hatte farbenfrohe, frei gestaltete Wandbehänge, liebevoll gefertigte Ausschneidefiguren und andere kinderfreundliche Dekorationen.

Während des Sommers und des Herbstes arbeitete Caroline für die juristische Abschlußprüfung im Februar, die sie bereits im ersten Anlauf erfolgreich ablegte.

Als Rose fünf Monate alt war und häufig unter Schluckauf litt, wie alle Babys, hatte Ed die Idee zu einer Kindergeschichte, die er »Schluckaufmärchen« nannte. Sie handelte von einer Familie namens Bloboreneo, die in einer Villa wohnte. Die »schlaueste, aufmerksamste und kleinste« Bloboreneo erzählte die Geschichte von den Skebleens und ihren »furchtbar häßlichen« Feinden, den Grosstttuffferrsss, und wie diese alle Weihnachtsbäume der ganzen Welt stahlen und wie der unerschrockene und verschlagene kleine Schluckauf sie wieder zurückholte.

An den meisten Wochenenden packte das Ehepaar Rose und ihre Siebensachen in einen Wagen, und sie fuhren hinaus zu ihrem Sommerhaus in dem kleinen Ort Chester, Massachusetts, etwa hundert Meilen westlich von Boston. Ehe Rose zur Welt kam, erholten Caroline und Ed sich gelegentlich an den Wochenenden auch in Jackies Strandhaus in der Gegend von

Gay Head auf Martha's Vineyard, am häufigsten jedoch in Chester.

Das Haus in Chester ist eine Oase der Schönheit und Ungestörtheit. Vor etwa fünfzehn Jahren fand Ed eine alte Scheune auf mehreren Morgen Land in den Berkshire Hills und ließ sie in ein zweistöckiges rustikales Wohnhaus umbauen. Dort saßen er und Caroline im Winter vor einem lodernden Kaminfeuer, lasen und lernten, während sie klassische Musik hörten und das prächtige Farbenspiel des Herbstlaubs von einer Terrasse aus dicken Holzbalken verfolgten oder Waldspaziergänge unternahmen.

Ed ist mehr als nur ein gelegentlicher Besucher in Chester. Ausgestattet mit einem ausgeprägten Gemeinschaftssinn, arbeitet er in der Bürgerhilfe mit, einer Gruppe von Freiwilligen, die die Häuser der Bewohner instandhalten, die es sich nicht leisten können, Handwerker zu engagieren. Außerdem sitzt er im Conservation Committee und im Kuratorium der örtlichen Bibliothek. 1976 bekleidete er den Posten des Vorsitzenden des Ausschusses für die Zweihundertjahrfeier.

Die Stadt mit ihren weniger als eintausend Einwohnern beachtete das gutaussehende Paar nicht, wenn es in den Läden einkaufte. Ed, ein fähiger Hobbykoch, suchte das beste Fleisch, das frischeste Gemüse und außergewöhnliche Gewürze im örtlichen Supermarkt.

Zu Hause bereitete er das Abendessen, wobei Caroline als nicht besonders hilfreiche Assistentin mitwirkte. Carolines Leistungen in der Küche beschränken sich auf das Öffnen von Konservendosen und, im besten Fall, auf das Kochen von Eiern. Im Jahrbuch der Concord Academy nannte sie als Hauptziel für ihr späteres Leben, »keine Hausfrau zu sein«.

An einem Wochenende, als Rose zehn Monate alt war, nahmen die Schlossbergs sie zu einem Stall unweit ihres Hauses in Chester mit. Zuerst sahen sie sich die Schafe an, aber sie waren zu groß und machten Rose Angst, so nahm

Caroline sie auf den Arm und ging mit ihr in einen anderen Teil des Stalls.
Dort fand Rose Shirley, ein langohriges, stupsnasiges Lamm mit braunen Augen, die die gleiche Farbe hatten wie Roses Augen. Kind und Lamm betrachteten einander mit beträchtlichem Interesse.
Am 11. Dezember, einem eisig kalten Tag in New York City, eilten Ed und Caroline mit einer warm eingepackten Rose auf dem Arm die Stufen der römisch-katholischen Thomas More Church in der 86th Street hinauf, wo das Kind im Glauben ihrer Mutter getauft wurde. In der hundert Jahre alten Kirche hatten sich bereits Jackie, Großonkel Ted Kennedy, Ethel Kennedy, John, der Onkel des Babys, und viele Kennedy-Vettern und -Cousinen versammelt. Die Taufe wurde von Pater McMillan vorgenommen, der Caroline und Ed getraut hatte und eigens aus Centerville in die Stadt gekommen war.
Caroline hat mittlerweile zwei weitere Kinder, Tatiana Celia Kennedy Schlossberg, geboren am 5. Mai 1990, und John Bouvier Kennedy Schlossberg, der am 19. Januar 1993 zur Welt kam.
Caroline und Ed ziehen ihre Kinder im wesentlichen genauso groß, wie Caroline und ihr Bruder großgezogen wurden. Schlossberg erklärte dem Autor, zwar mit strenger Hand, aber gleichzeitig auch so frei, daß die Persönlichkeit des Kindes sich ungehindert entwickeln kann. Carolines Verhältnis zu ihrer Mutter, wenngleich manchmal etwas schwierig, war immer liebevoll und ist mittlerweile enger als je zuvor.
Alle, die sie kennen, stimmen darin überein, daß Jackies Erziehung nahezu perfekt war. Trotz ihres eigenen bewegten Lebens hat sie Caroline und John viel Zeit gewidmet, hat sie auf lange Reisen mitgenommen und stets darauf geachtet, daß Männer als Vaterfiguren in ihrer Umgebung waren, und sie hat versucht, ihnen Mutter und Freundin zugleich zu sein. Caroline, die sich der Probleme bewußt ist, mit denen Kinder

von prominenten Persönlichkeiten konfrontiert werden können, ist sich über die Rolle ihrer Mutter durchaus im klaren und wird den gleichen Weg einschlagen, den diese vorgezeichnet hat.

1991 trat Caroline erneut ins Rampenlicht, und zwar mit einem Buch, das sie zusammen mit einer Kommilitonin von der Columbia University, Ellen Alderman, geschrieben hat. *In Our Defense: The Bill of Rights in Action* landete sofort auf der Bestsellerliste der *New York Times,* und beide Frauen traten im Fernsehen auf, um sich über das Buch zu äußern.

Aus einer Idee entstanden, zu der sie durch einen ihrer Kurse angeregt wurden, analysiert das Wert die Art und Weise, wie Durchschnittsmenschen den Schutz genutzt haben, den die ersten Zehn Artikel der Verfassung, die Bill of Rights, dem Bürger zugestehen.

Caroline besuchte sowohl geweihte Indianerstätten wie auch Gefangene in Todeszellen, um sich ihre Geschichte anzuhören. Die Autorinnen redigierten das Buch gemeinsam in der Schlossberg-Wohnung, weil Caroline »in der Nähe ihrer Kinder bleiben wollte«. Es wurde Anfang 1991 veröffentlicht und lobend besprochen.

Die *New York Times Book Review* schrieb am 24. Februar 1991: »... [die Autorinnen] erzählen die Geschichten von Menschen, die die Bill of Rights zu ihrer – und unserer – Verteidigung benutzt haben. Diese Menschen werden nicht als gesichtslose Figuren in Gerichtsprozessen vorgestellt, sondern als normale Menschen mit guten und schlechten Seiten ... Die Autorinnen liefern Beispiele, wie Gerichte mit solchen Rechten wie der Redefreiheit, der Pressefreiheit und dem Recht auf unvoreingenommene Richter umgegangen sind, während sie gleichzeitig aufzeigen, in welcher Weise Durchschnittsmenschen sich mit denselben Idealen auseinandergesetzt haben.« Das einflußreiche *Library Journal* schrieb im Januar 1991: »Obgleich die Autorinnen die menschliche Seite der Bill of Rights hervorheben und weniger ihre juristische Auslegung, ist ihre Analyse vernünftig, und die ausführlichen Anmerkungen und die umfangreiche Bibliographie liefern die Grundlage zu weiteren Untersuchungen.« Am 14. Dezember 1990 nannte der *Publishers Weekly*, die Bibel des Verlagswesens, das Buch eine »spannende Fall-Sammlung«, das seine Ansichten »in klarer, unvoreingenommener, fachjargonfreier Sprache darbietet …«

Plant Caroline ein weiteres Buch, eine Karriere als Anwältin oder – als äußerste Möglichkeit – ein Leben in der Politik?

Ed Schlossberg meinte dazu: »Sie hat sich noch nicht entschieden, was sie tun soll.«

So kommt es, daß Caroline Kennedy Schlossberg, die berühmte Tochter einer berühmten Familie, sich in einer Position befindet, die sich nicht vom Dilemma zahlloser anderer gebildeter junger Frauen unterscheidet. Sie ist ebenso wie diese hin und her gerissen zwischen der Entscheidung, eine berufliche Karriere anzustreben oder sich ganz der Mutterschaft hinzugeben.

12. Kapitel

Jackies Kinder – John

Die Familie hat ihn niemals John-John genannt. Sein Vater war Jack, und er war John. Als er heranwuchs, wehrte er sich dagegen, mit dem kindischen Namen angeredet zu werden, den er haßte.
Wenn er jemandem zum ersten Mal begegnet, streckt er ihm die Hand entgegen und sagt: »Hallo, ich bin John.«
Dave Powers erklärt, wie der Doppelname zustande kam.

»Eines Tages versuchte John seinen Sohn auf sich aufmerksam zu machen, und er rief seinen Namen und klatschte gleichzeitig in die Hände. Als das Kind nicht reagierte, klatschte John erneut und rief ›John, John‹. Jemand von der Presse hörte das, und so hieß er ›John-John‹.
Nachdem der Doppelname in aller Munde war, fragte ich den Präsidenten: ›Wie wäre der Junge wohl von den Medien genannt worden, wenn Sie dreimal in die Hände geklatscht hätten – John-John-John?‹«

Er überraschte die Nation und die übrige Welt, als er seine kurze Rede beim Nationalkonvent der Demokraten hielt, wo er seinen Onkel Ted vorstellte, und das Interesse für ihn hat seitdem nicht mehr nachgelassen. Plötzlich, so schien es, war aus dem kleinen Jungen ein hochgewachsener, kräftiger und reizend schüchterner junger Mann geworden, der sogar noch besser aussieht als sein berühmter Vater.
Schon bald erhielt er seinen anderen Spitznamen. Einen Meter achtzig groß, mit dunklem gewelltem Haar, einer athletischen

Figur und einem strahlenden Lächeln, wie man es von Jackie kennt, wurde er von Journalisten »the Hunk« (der tolle Mann) genannt, und das *People Magazine* entschied 1988, daß er der »sexieste Mann der Welt« sei.

Als John an jenem letzten Tag im Jahr 1964 das Weiße Haus mit seiner Mutter und Caroline verließ, hielt er in seiner Hand die Freiheitsmedaille, die Präsident Johnson soeben posthum seinem Vorgänger verliehen hatte. Sie wurde von Robert Kennedy für Jackie entgegengenommen, die immer noch trauerte und die Zeremonie hinter einem Wandschirm sitzend verfolgte. Sie gab die Medaille später an John weiter.

In New York wurde John an der Saint David's angemeldet, einer katholischen Grundschule für Jungen, die nur wenige Straßen von seinem Zuhause entfernt war. Ebenso wie Caroline wurde er von Secret-Service-Männern zur Schule und zurück begleitet. Sein Codename lautete Lark. Später, etwa zur gleichen Zeit, als Jackie Caroline nach Brearley schickte, schrieb sie John auf der Collegiate School in der West 77th Street ein. Damals meldeten die Zeitungen, daß dieser Schritt durch den Wunsch der Schule initiiert wurde, da er die zweite Klasse wiederholen solle. »Er wurde als unruhig, störend und unaufmerksam beschrieben.« Das wurde von dem Rektor David Hume dementiert. Ein näherliegender Grund war der, daß er eine weltlichere Erziehung erhalten sollte.

John durfte mit dem Bus der Collegiate School fahren, während die Secret-Service-Agenten ihm in einem neutralen Wagen folgten. Solange er am Unterricht teilnahm, warteten sie im Keller der Schule und spielten bis zum Ende des Tages Gin Rommé. Danach folgten sie wieder dem Bus, bis John vor der Wohnung in der Fifth Avenue abgesetzt wurde.

Aktiv und manchmal auch ein rechter Clown, war John in der Schule beliebt und bekam durchschnittliche Zensuren. Der ausgelassene Junge, damals sechs Jahre alt, störte 1966 die Hochzeit von Janet Auchincloss in Newport, indem er sich mit seinen Vettern prügelte und versuchte, mit einem Stock bewaffnet Pferde durch das Empfangszelt zu treiben. Am Bailey's Beach unweit des Auchincloss-Anwesens schleuderte er Eimer voll Sand auf die Sonnenanbeter und warnte sie lediglich eine Sekunde vorher durch einen Ruf »Achtung!«.

John und Caroline kehrten kurz nach ihrer Teilnahme an der Trauung ihrer Mutter mit Aristoteles Onassis nach Amerika und in die Schule zurück.

In New York schickte Jackie John zu einem hervorragenden Jugendpsychiater, da sie zu der Überzeugung gelangt war, er könne in der Schule mehr leisten. Sie ließ ihn auch wieder die Schule wechseln und meldete ihn auf der Phillips Academy in Andover, Massachusetts, an, die er 1979 beendete.

Es war Johns Entscheidung, die Brown University in Providence, Rhode Island, zu besuchen, anstatt die Harvard University. Er legte 1983 seine Abschlußprüfung in Geschichte ab. Er besuchte eine Reihe von Kursen und nahm an Seminaren teil, die sich mit Aspekten der Kennedy-Ära beschäftigten. Obgleich er keine persönlichen Erfahrungen an seine Tage im Weißen Haus hat, weiß er genausoviel über die Kennedy-Administration wie die meisten Vertreter des New-Frontier-Gedankens, die dort gearbeitet haben.

Sogar als Teenager wußte er eine ganze Menge von seinem Vater. Im Winter 1975 begleitete er Onkel Ted und Tante Joan und einige seiner Vettern und Cousinen zu einem Skiurlaub in den Berkshire Mountains in Massachusetts. Als er am Morgen das Hotel verließ, entdeckte er an der Wand ein Foto von John Kennedy. Er blieb stehen, und er las die Worte auf einer Plakette unter dem Bild laut vor: »Frage nicht, was die Nation für Dich tun kann, frage lieber, was Du für die Nation tun kannst.«

»Das ist sein berühmtester Ausspruch«, sagte der fünfzehnjährige John mit Stolz in der Stimme. Dann ging er hinaus zu den anderen.

Seine Sommer verbrachte er produktiv. Ehe er das College besuchte, studierte er zusammen mit jungen Leuten aus den Vereinigten Staaten und Kanada Umweltfragen am Mount Kenia. Im darauffolgenden Sommer arbeitete John bei einer afrikanischen Firma, die Paul Tempelsman gehörte, der einen seiner Manager abstellte, um John auf einer ausgedehnten Reise durch Südafrika zu begleiten. Dort besaß die Firma mehrere Bergbau- und Industriebeteiligungen.

Im nächsten Jahr, erneut auf Maurice Tempelsmans Empfehlung, bewarb John sich um ein Studentenpraktikum im Center of Democratic Policy, einer liberalen Organisation in Washington. Während eines weiteren Sommers diente er beim Friedenskorps in Guatemala und half beim Wiederaufbau des Landes nach einer Erdbebenkatastrophe. Später arbeitete er sechs Monate lang in den Armenvierteln in Indien und besuchte gleichzeitig an der Universität von Delhi Kurse über Methoden der Lebensmittelproduktion in unterentwickelten Regionen.

An der Brown University entwickelte er ein erhebliches Interesse am Theater und spielte Rollen in mehreren Produktionen, darunter *Volpone, Short Eyes* und *In the Boom Boom Room.* Ein Angebot, den jungen John Kennedy in einem Film zu verkörpern, lehnte er ab.

Im Sommer 1985, mit vierundzwanzig Jahren, spielte er die Hauptrolle in der Neuinszenierung eines Stücks namens *Winners,* produziert mit der Unterstützung durch das Irish Arts Center in einem winzigen, fünfundsiebzig Zuschauern Platz bietenden Theater in der West 51st Street in Manhattan. John stellte einen irischen Jugendlichen dar, den – mit seiner schwangeren Freundin – ein tragisches Schicksal ereilt. Die Freundin wurde von Christina Haag gespielt, mit der John nach seinem Abschluß an der Brown University im Jahr 1982 eng befreundet war.

Das Stück wurde nur sechsmal vor einem ausgewählten Publikum aufgeführt. Jackie sah es sich nicht an.

Es wurde weithin berichtet, daß nicht die Juristerei und die Politik Johns große Liebe seien, sondern das Theater. In Wahrheit ist die Schauspielerei nur ein Hobby, und er hat niemals ernsthaft eine Bühnenlaufbahn in Erwägung gezogen. Seit damals hat es auch keine Ausflüge mehr ins Theater gegeben.

Dazu meinte Sandy Boyer, der Chef des Irish Arts Center: »John ist ein außergewöhnlicher und sehr talentierter junger Schauspieler, der durchaus eine erfolgreiche Bühnen- und Filmkarriere hätte einschlagen können, wenn er es gewollt hätte.« Aber offensichtlich wollte John nicht. »Er schien keinen theatralischen Ehrgeiz zu haben«, fügte Boyer hinzu. »Dieses Stück war etwas, das er mit seinen Freunden aufführen wollte.« John erklärte belustigt, daß *Winners* »ganz gewiß auf keinen Fall ein professionelles Schauspielerdebüt« war.

Er verabscheut Publicity und gibt nur selten Interviews. Eine Ausnahme war, als er und Caroline über ihren Preis *Profiles in Courage* redeten.* Als er an der Brown University graduierte, marschierte er zusammen mit seinen Kommilitonen in der traditionellen Prozession mit und wurde schon nach ein paar Metern von Freunden umringt, die ihn vor den Zeitungsfotografen abzuschirmen versuchten.

Ein anderer Versuch seiner Freunde, ihn zu beschützen, endete in einem Streit mit Fotografen, als Gäste eine gemeinsame Geburtstagsparty für ihn (er wurde achtzehn) und Caroline (sie wurde einundzwanzig) verlassen wollten. Die Party war von Jackie im Le Club, einem eleganten Nachtclub, arrangiert worden. Von einem Fotografen des *National Enquirer* belästigt, als sie die Party in den frühen Morgenstunden verließen, be-

* Der Preis wird alljährlich von der John-F.-Kennedy-Bibliothek einer politischen Persönlichkeit verliehen, die am besten die Maxime des verstorbenen Präsidenten umgesetzt hat – nämlich in kontroversen Themen seinen eigenen Prinzipien treu zu bleiben, auch wenn dadurch die Karriere oder mehr gefährdet sein sollte.

schlossen einige von Johns Freunden, nicht zuzulassen, daß er fotografiert wird. Es kam zu einem Handgemenge.
Schlank und sehnig, ist er ein echter Athlet und trainiert regelmäßig im Plus One Fitness Center in der Nähe des unteren Broadway in Manhattan, einem privaten, medizinisch betreuten Fitneßclub. Er fährt häufig mit dem Fahrrad durch die Stadt, im Sommer oft in Shorts und mit freiem Oberkörper, und ist ein exzellenter Wasserskiläufer, Tennisspieler und Schwimmer. Er wandert, besteigt Berge, unternimmt Floßfahrten und paddelt.
Jackie bekommt jedesmal Angst, wenn ihr Sohn in seinen Trainingsanzug schlüpft und gegenüber ihrer Wohnung in der Fifth Avenue in den Central Park rennt, um ohne irgendwelche Beschützer Football zu spielen. Vor drei Jahren brach John, der genauso hart spielt, wie sein Vater und Onkel Bobby es immer taten, sich im Gewühl ein Bein und mußte wochenlang an Krücken gehen.
Er kann manchmal sehr impulsiv sein. Vor zwei Jahren charterte seine Cousine Maria Shriver ein Schiff für ein Essen am Tag vor ihrer Hochzeit mit Arnold Schwarzenegger. Nach dem Essen, während die Yacht noch einige hundert Meter vom Pier entfernt war, sprangen John und ein Freund plötzlich über Bord und schwammen an Land.
1984 wohnten John und ein Freund in einem Apartment in der West 86th Street, das sie gemietet hatten. John Kennedy, obgleich wohlhabend, war ständig mit der Miete im Rückstand. Das war ein Problem für den Eigentümer der Wohnung. John vergaß auch regelmäßig, seine Schlüssel mitzunehmen, wenn er ausging. Um wieder ins Haus zu kommen, mußte ihm jemand die Tür öffnen. Dazu sagte ein Hausbewohner: »John drückte auf jeden Klingelknopf, bis jemand reagierte und den Summer betätigte und er die Tür öffnen konnte. Er hat den Hausmeister an den Rand des Wahnsinns getrieben.« Nicht nur das. John schlief auf einem Wasserbett, dessen Benutzung

laut Erlaß des Mieterbeirats verboten war. Der Rat war schon im Begriff, John und seinen Freund aus dem Haus zu jagen, als der Eigentümer des Apartments erschien, um die Wohnung wieder zu übernehmen. Er berichtete: »Jemand hatte offensichtlich ein Loch in die Wand geschlagen. Der Teppich sah aus, als hätten sie darauf ein Lagerfeuer angezündet.«
Johns erstes politisches Interview fand 1988 während des Parteitags der Demokraten statt, als Connie Chung von NBC ihn nach einer Rede befragte. Es war inhaltlich eher mager, ermöglichte aber Vergleiche mit seinem Vater und Onkel Bobby. Der Sohn war sechsundzwanzig Jahre alt und hatte keine Ahnung, ob er in die Politik gehen wollte oder nicht. Mit achtundzwanzig Jahren plante JFK bereits eine Bewerbung für den Kongreß, und mit neunundzwanzig war Bobby Vorsitzender eines Unterausschusses des Senats. Der Sohn war muskulös, der Vater dünn und schien nur aus Zähnen und Haaren zu bestehen. 1993, kurz vor seinem vierunddreißigsten Geburtstag, war John jr. sich immer noch im unklaren über seine Zukunft. Mit vierunddreißig Jahren war JFK nur noch ein Jahr von seiner Wahl in den Senat entfernt gewesen.

Chung: Erzählen Sie mir, das war doch das erste Mal, daß Sie vor einem so großen Publikum gesprochen haben, nicht wahr?
Kennedy jr.: Das war es. Ich hatte zwar schon gelegentlich Wahlkampfauftritte mit Teddy absolviert, aber das war die größte Menschenmenge, die ich je gesehen habe.
Chung: Und wie fühlt man sich dabei?
Kennedy jr.: Ganz gut. Überraschenderweise.
Chung: Waren Sie nervös?
Kennedy jr.: Jetzt bin ich es. (Gelächter) Aber es ist passiert, wissen Sie. Es ist vorbei. Ich wußte, daß es bald vorbei sein würde. Das ist es, woran ich ständig gedacht habe.
Chung: Weshalb haben Sie es dann überhaupt getan?

Kennedy jr.: Weil Teddy mich gebeten hat. Das genügte mir.
Chung: Sie sind zur Zeit – in welchem Jahr besuchen Sie jetzt die Law School an der NYU?
Kennedy jr.: Ich beende gerade mein letztes Jahr.
Chung: Meinen Sie, es könnte Sie interessieren, in die Politik zu gehen?
Kennedy jr.: Nun, ich bin mit dem, was ich zur Zeit tue, vollauf beschäftigt und ausgelastet. Offensichtlich finde ich Gesellschaftsfragen schon interessant, und auch ein solcher Parteitag ist eine interessante Erfahrung für mich, aber ich bin eben – nun, wissen Sie, ich werde sehen, was geschieht, und ansonsten bin ich mit dem zufrieden, was ich gerade tue.
Chung: Einer Ihrer Vetter, ich glaube Patrick, ist Abgeordneter von Rhode Island.
Kennedy jr.: Ja.
Chung: Denken Sie vielleicht daran, in vier Jahren das gleiche zu tun? Ich meine, Abgeordneter zu werden?
Kennedy jr.: Mein Gott, ich kann mir noch nicht einmal vorstellen, was ich nächstes Jahr tun werde. Was in vier Jahren ist, das weiß ich wirklich nicht. Ich warte ab.

1986, im Alter von sechsundzwanzig Jahren, bekam er seinen ersten bezahlten Job im New York City Office of Economic Development, einer Non-Profit-Organisation. Jackie war ein Mitglied des Vorstands. Im Herbst dieses Jahres immatrikulierte er sich an der School of Law der Universität von New York. Den Weg von seiner Wohnung auf der Upper West Side zur Schule in Greenwich Village legte er oft per Fahrrad zurück. Später zog er um in ein Penthausloft in der Tribeca-Gegend.
Als er zur Arbeit im Office of Economic Development erschien, flüsterten mehr als nur eine junge Frau: »Mein Gott! Er sieht gut aus!« Den ganzen Tag über fanden weibliche Angestellte der Abteilung alle möglichen Vorwände, um vorbeizukommen und ihn zu betrachten. Während des Wahlkampfs

seines Vetters Joe für das Repräsentantenhaus erschien John bei einer Veranstaltung in Somerville und versteigerte einen Basketball, der mit den Autogrammen der Boston Celtics verziert war. Laut eines Zeitungsberichts über das Ereignis »verloren Frauen jeden Alters das Bewußtsein, einige sogar tatsächlich«, als er auftrat.

Beim Parteitag der Demokraten 1984 in San Francisco unterhielt er sich mit Maria Cuomo, der hübschen Tochter des Gouverneurs von New York, die noch nicht verheiratet war. Als er sich entfernte, um ihr einen Drink zu holen, wurde sie von einem reichen Spender angesprochen, der sagte, er bewundere Cuomos programmatische Rede und wolle für seinen Wahlkampf Millionen spenden, wenn er sich aufstellen lasse. »Das ist illegal!« platzte Maria heraus. Als John mit dem Drink zurückkam und sie nirgends finden konnte, ging er weg. An diesem Abend zog der Gouverneur seine Tochter auf. »Du hast gerade Millionen an Wahlkampfspenden in den Wind geschossen«, sagte er.

»Zur Hölle mit den Millionen«, erwiderte Maria. »Ich habe gerade meine Chance bei John Kennedy in den Wind geschossen!«

Während der Sommerferien arbeitete John in der Bürgerrechtsabteilung des Justizministeriums. Im Sommer darauf war er ein Mitarbeiter bei Manott, Phelps, Rothenberg & Phillips. Charles Manott war Onkel Teds Zimmergenosse an der Law School gewesen.

An der Universität von New York kam John ebenfalls an die Reihe als Referendar am Stadtgericht von Brooklyn. Joseph A. Esquirol jr., der leitende Richter, befürchtete, daß »jede Frau ihren Schreibtisch im Stich läßt, um rüberzukommen und ihn zu begaffen«. Er bat seine Angestellten, »zu versuchen, nicht zu sabbern, bis er wieder weg ist«.

Er wurde im August 1989 als stellvertretender Distriktstaatsanwalt in Manhattan vereidigt und verdiente ein Anfangsgehalt von 29 999 Dollar. Nach einer U-Bahnfahrt von seiner Wohnung auf der West Side zum Gerichtsgebäude in Manhattan kam er völlig entspannt an und verdrehte die Augen, als Reporter auf ihn zustürmten, wie er sein Büro aufsuchen wollte.

»Das ist mein erster Arbeitstag«, sagte er, während er versuchte, sich durch die Journalistenmeute zu drängen. Später, nachdem er mit den achtundsechzig anderen Anfängern an der Vereidigungszeremonie und einem Essen in Chinatown teilgenommen hatte, wurde er ein wenig ungehalten über die Pressevertreter, die vor dem Restaurant warteten.

»Bitte, das ist doch wirklich peinlich«, schimpfte er. »Ich muß mit diesen Leuten zusammenarbeiten.«

John blieb drei Jahre lang im Büro des Distriktstaatsanwalts von Manhattan, die übliche Zeitspanne für junge Anwälte. Er führte sechs Prozesse und gewann alle. Er fiel zweimal durch die Prüfung vor der Anwaltskammer von New York und schaffte sie erst beim dritten Anlauf. Nach seinem zweiten fehlgeschlagenen Versuch reagierte er auf die spöttischen Schlagzeilen mit dem Gelübde, es noch einmal im Juli zu versuchen und dann zu bestehen.

»Ich bin ganz eindeutig kein juristisches Genie«, sagte er bescheiden.

Nachdem er angekündigt hatte, daß er seinen Job aufgeben werde, folgten Spekulationen, daß ihm ein Posten in der Clinton Administration angeboten würde.

Was bringt die Zukunft für John? Bewirbt er sich um ein öffentliches Amt?

1990, als er und Caroline den *Profiles in Courage Award* vorstellten, äußerte er sich so, als bereite er sich auf eine politische Laufbahn vor.

»Diese Phrasen wie ›öffentliches Amt‹, ›eine Notwendigkeit, sich mit gesellschaftlichen Fragen auseinanderzusetzen‹ – Gedanken, die [John Kennedy] zugeschrieben werden – verlieren schnell ihre Bedeutung, wenn sie ständig wiederholt werden«, sagte er.

»Aber sein ganzes Leben lang hatte mein Vater einen großen Respekt vor der Politik, und er war der Meinung, daß sie ein ehrenhaftes Gewerbe ist. Für mich besteht sein stolzestes Vermächtnis darin, daß in der Zeit, die er Präsident war, und in den Jahren nach seinem Tod Menschen, die sich normalerweise niemals für eine politische Karriere entschieden oder sich aktiv mit Politik beschäftigt hätten, eine ganz andere Einstellung zur Politik und zum Staatsdienst entwickelten. Sie engagierten sich und übernahmen Verantwortung.

Immer wieder sind Menschen zu mir gekommen und haben gesagt, ›ich bin nur wegen Ihres Vaters in den Staatsdienst gegangen‹. Ich bin darauf sehr stolz. So wie mein Vater es in seinem Werk und seinem Leben versucht hat, wollen wir nicht nur Höchstleistungen im Dienst an der Öffentlichkeit auszeichnen und fördern, sondern auch ungewöhnlichen Mut: Menschen nämlich, die etwas geopfert haben, die eine Position bezogen, die politisch vielleicht unpopulär war, und an ihr festgehalten haben, weil es moralisch richtig war …

Mein Vater glaubte fest an die hohe Bedeutung der Politik und des Staatsdienstes – das ist in der Demokratie eine der wichtigsten Aufgaben. Daher möchten wir die Menschen ermutigen, in die Politik zu gehen und ihrem Land zu dienen. So viele Menschen wie irgend möglich sollten sich am politischen Leben beteiligen – je mehr, desto besser. Und wenn die Menschen sich nicht für die brennenden Fragen interessieren und sich an ihrer Lösung nicht aktiv beteiligen wollen, kann das für die gesamte Nation zum Schaden und ein großer Verlust sein.«

Familienangehörige und gute Freunde waren sich darin einig, daß John einem starken Druck ausgesetzt sein würde.

Einerseits würde seine Mutter Jackie, die zu gut die Opfer

kennt, die er bringen müßte, wenn er sich für ein Leben in der Öffentlichkeit entschiede, ihm nicht unbedingt raten, ein politisches Amt anzustreben. Aber, wandte der ehemalige Senator von Florida, George Smathers, ein, sein Onkel, Senator Edward Kennedy von Massachusetts, wäre begeistert. Außerdem gäbe es sicherlich den Drang, die Arbeit fortzusetzen, die richtig in Angriff zu nehmen sein Vater kaum Zeit gehabt hatte: die Lebensqualität für alle Amerikaner zu steigern.
Falls John jr. sich entschließt, in die Politik zu gehen, so meinen Experten in Washington, läge nicht nur eine strahlende Zukunft vor ihm, sondern seinem Aufstieg wären auch keine Grenzen gesetzt. Senator Smathers sagte:
»Er wäre ein wundervoller Kandidat. Er ist der bei weitem bestaussehende Kennedy-Nachkomme und verfügt über alle sonstigen Eigenschaften, die ihn weit bringen würden – sogar bis ins Weiße Haus.
Er ist kein Vollblutpolitiker wie einige seiner Vettern, aber wenn er jemals ins [politische] Spiel eingreifen würde, wäre er verdammt erfolgreich.
John jr. würde von allen Kennedys wahrscheinlich am ehesten den Sprung ins Weiße Haus schaffen. Die Frage ist nur, wie groß ist sein Wunsch danach? Viele Opfer lägen vor ihm. Ist er bereit, sie zu bringen?«

John treibt einen hohen Aufwand, um öffentliche Auftritte zu vermeiden. Darum gebeten, an einem Gedenkgottesdienst anläßlich des fünfundzwanzigsten Todestages seines Vaters in Boston teilzunehmen, entschuldigte er sich. Seine Wahlkampfreden, die er für seinen Vetter Joe hielt, fanden stets vor kleinen Versammlungen und in Abwesenheit der Presse statt.
Als er sich im Wahlkampf für seinen Vetter Patrick einsetzte, der sich 1988 um einen Sitz in der gesetzgebenden Versammlung des Staates bewarb, war er so schüchtern, daß viele Wäh-

ler »fast körperlich spüren konnten, daß er am liebsten nach Hause zurückgekehrt wäre und alles andere lieber getan hätte, als einen Wahlkampf zu führen«, sagte ein Ladenbesitzer in Providence. Er reichte einem Mann die Hand und murmelte: »Hallo, ich bin John Kennedy. Ich fände es toll, wenn Sie für meinen Vetter stimmen würden.«

Wäre seine zurückhaltende Art nicht ein Handicap im politischen Geschäft, wo eine gewisse Aufdringlichkeit einen Kandidaten sehr weit bringen kann? Dave Powers wies darauf hin, daß auch Johns Vater zu Beginn seiner Karriere eine erhebliche Schüchternheit an den Tag legte. Thomas P. O'Neill III., der ehemalige stellvertretende Gouverneur von Massachusetts und Sohn des späteren Sprechers des Weißen Hauses, sagte: »Sein Vater mußte regelrecht aufs Podium getragen werden.« Bobby Kennedy war so schüchtern, daß seine Hände zitterten, wenn er ans Rednerpult trat.

Regelmäßig wird über Johns Liebesleben berichtet – aber bisher nur, um auf einen einzigen Punkt hinzuweisen. Wie sein Vater auch mag er Frauen. Ein Freund meinte: »Der Apfel fällt nicht weit vom Stamm. Die Mädchen kommen und gehen.«

Einige haben es jedoch etwas länger ausgehalten. Fünf Jahre lang traf er sich regelmäßig mit Sally Munro, die ihm an der Brown University um ein Jahr voraus war; dann gab es Ashley Richardson, ein Mannequin für Badeanzüge; und er wurde mit der Schauspielerin Sarah Jessica Parker am Strand in den Hamptons auf Long Island gesehen. Andere Meldungen brachten ihn mit Madonna, mit der Theaterregisseurin Tony Kotite und mit der Schauspielerin Molly Ringwald in Verbindung. In jüngster Zeit ließ eine auf- und abflackernde Romanze mit der Schauspielerin Daryl Hannah Zeitungsleute ihren Spuren auf Reisen in den USA, im Pazifik, nach Hongkong und nach Vietnam folgen. Gerüchte über eine bevorstehende Hochzeit im Haus von Lee Radziwill in East Hampton sorgten dafür, daß die Stadt von Reportern und Fotografen regelrecht belagert wurde.

Im Spätsommer 1993 hatte die Hochzeit sich zum Ratespiel des Jahres, wenn nicht gar des Jahrzehnts entwickelt. Sensationsblätter räumten ihr mehr Platz ein als den Ereignissen in den vom Krieg heimgesuchten Nationen auf dieser Welt. Jedes noch so geringfügige Ereignis wurde atemlos verfolgt, als handle es sich um einen in der Öffentlichkeit inszenierten Thriller.

Jeder Klatschkolumnist kam mit einer »Exklusivmeldung« heraus. Jackie sei gegen eine Ehe Johns mit Daryl, weil sie keine »Klasse« habe und versuche, ihr den Sohn zu entfremden; Daryl sei zu besitzergreifend, und John, der ihre Eifersucht nicht ertragen könne, wolle die Beziehung beenden; Daryl sei schwanger und John in Schwierigkeiten; er habe jemand anderen kennengelernt. Diese und andere Gerüchte flogen umher wie Konfetti, aber nichts von Bedeutung konnte am Jahresende den gespannt lauschenden Ohren der Öffentlichkeit angeboten werden.

Was Madonna betrifft, so soll Jackie die Sexkönigin entsetzt angestarrt haben, als John sie nach Hause mitbrachte. Während sie sich dort aufhielt, hat Jackie kaum mit ihr geredet und anschließend ihrem Sohn Vorhaltungen gemacht, wie er eine engere Bindung auch nur ernsthaft in Erwägung habe ziehen können. Sie verlangte von John, daß er sich gefälligst von Madonna fernhalten solle, und John gehorchte.

Dank eines Treuhandvermögens, das sein Vater ihm hinterließ, und der Vereinbarung, die seine Mutter mit den Erben und Verwaltern des Onassis-Vermögens traf, ist John Millionär.

Erkundigt man sich nach dem Wesen von John F. Kennedy jr., so hört man in bezug auf seinen Charakter und seine Persönlichkeit stets die gleichen Begriffe: »Anständig. Liebenswürdig. Bescheiden. Freundlich. Ein solider, zuverlässiger Bursche.«

All das ist ein Lob für Jackie. Sie hat es nie zugelassen, daß ihre eigene Reputation ihre Kinder belastet.

Einmal lud John einige seiner Freunde in die Wohnung in der Fifth Avenue ein. Jackie empfing sie an der Tür, schüttelte jedem die Hand und stellte sich mit den Worten vor: »Hallo, kommt rein. Ich bin Johns Mutter.«

Teil vier

Zu neuen Ufern

13. Kapitel

Nahaufnahme

Jackies Wohnung in Manhattan befindet sich im Haus 1040 in der Fifth Avenue, an der Ecke der 83rd Street, mit Blick auf den Central Park und dem Metropolitan Museum of Art schräg gegenüber.

Besucher gelangen durch eine reichverzierte, mit schwarzem schmiedeeisernem Gitter beschlagene Tür in die kleine Vorhalle mit Glastüren, die in die große Vorhalle führen. Auf einem Tisch steht eine große Vase mit Blumen der Jahreszeit, an der Decke hängt ein eindrucksvoller Kronleuchter. Links befinden sich die Fahrstühle, rechts ein offener Kamin mit einem mit Verzierungen versehenen Spiegel in einem Messingrahmen darüber. Der Fußboden besteht aus rautenförmigen schwarzen und weißen Marmorfliesen.

1964 hatte sie die Wohnung für zweihunderttausend Dollar erworben. Seitdem ist ihr Wert bis auf mehr als vier Millionen Dollar angewachsen, doch als die Rezession einsetzte und die Preise fielen, sank er auf immerhin noch drei Millionen Dollar.

Der Fahrstuhl hält im vierzehnten Stock an, und Besucher betreten eine Eingangshalle vor ihrer Wohnungstür. Sie ist die einzige Bewohnerin der Etage. Die Halle öffnet sich in eine weite rechteckige Galerie, von der ringsum vierzehn Zimmer abgehen. Vom Wohnzimmer, zwölf Meter lang, dessen Fenster auf den Central Park hinausführen, gelangt man in eine etwas kleinere Bibliothek. Die Wohnung hat fünf Schlafzimmer, drei Zimmer für Hausangestellte, eine Küche und eine Serviceküche.

Fünf Angestellte sind in der Wohnung tätig. Marta, um die

Sechzig und Haushälterin und Chefin des Personals, arbeitet schon seit mehreren Jahrzehnten für Jackie und ist mittlerweile quasi ein Mitglied der Familie, so daß sie auch der feierlichen Entlassung Carolines und Johns aus der Grundschule, aus dem College und aus der Law School beiwohnte. Jackie beschäftigt außerdem eine Kammerzofe, eine Köchin und halbtags zwei Hausdiener, die gleichzeitig als Kellner bei Cocktail- und Dinnerpartys fungieren.

Nicht anders als viele Frauen, die der Inneneinrichtung überdrüssig werden, in der sie jahrelang gelebt haben, hat Jackie die Wohnung mehrmals umgestaltet. Als sie einzog, entschied sie sich für dunkle, schwere und strenge Möbel im Stil Louis-quatorze. Ein Besucher in dieser Zeit erzählte mir: »Sie ›kleidet‹ ihre Wohnung genauso wie sich selbst – mit leichtem Understatement, aber erlesenem Geschmack.«

Zu Beginn der neunziger Jahre entdeckte sie das ländliche Frankreich, einen lässigen, dennoch eleganten Einrichtungsstil, der den Eindruck eines französischen Landhauses vermittelt, das von anspruchsvollen, reichen Leuten bewohnt wird. Die Tische und Stühle sind aus mit Schnitzereien verzierten, hellen Obsthölzern wie Birne, Apfel und Kirsche gemacht. Passend zu den Hölzern sind die Stoffe kleingemustert und vermitteln Eleganz und Gemütlichkeit. Sie hat auf kräftige, intensive Farben verzichtet. Die Wände sind weißgekalkt und erinnern an Steinmauern, wie man sie in Bauernhäusern finden kann, und der Fußboden ist mit Terrakottafliesen belegt.

Ihre Dinnerpartys finden seltener statt als noch in den siebziger und den achtziger Jahren. Es sind kleine Veranstaltungen mit nicht mehr als zehn oder zwölf Gästen, manchmal auch nur acht, die im Eßzimmer an einem runden Tisch Platz finden, der ausgezogen werden kann. Während ihrer Krebsbehandlung hat sie noch weniger Dinnerpartys organisiert, diese Gewohnheit jedoch nicht völlig aufgegeben.

Ihre Gäste, die auf hochlehnigen Stühlen Platz nehmen, sind alte Freunde und deren Ehefrauen, die sich gewöhnlich angeregt und lebhaft unterhalten. Der ehemalige Außenminister Henry Kissinger ist oft dort anzutreffen sowie Robert McNamara, der Verteidigungsminister im Kabinett von JFK; der Historiker Arthur Schlesinger jr. und Botschafter John Kenneth Galbraith sind häufig eingeladen. Unter den Gästen waren auch Candice Bergen, George Plimpton, Roger Mudd mit Gattin und Barbara Walters. Zu Lebzeiten war Rudolf Nurejew, der berühmte russische Tänzer, ein besonders gern gesehener Gast.

Es tauchen manchmal auch neue Freunde auf – Autoren, Sänger, Ballettänzer, Lektoren –, die alle zu ihrem Kreis gehören. Bevorzugt serviert Jackie französische Küche mit leichten Saucen, aber wenn John jr. und seine Freunde erscheinen oder wenn sie Gäste eingeladen hat, die einen etwas kräftigeren Appetit entwickeln, bietet sie ihnen Fleischgerichte an. Ihre Einkäufe tätigt sie weitgehend selbst bei Lobel's Prime Meat an der Ecke Madison Avenue und 83rd Street, einem exklusiven Geschäft, das von vielen Prominenten frequentiert wird, unter ihnen der Modeschöpfer Calvin Klein, der ehemalige Footballstar Joe Namath und der Regisseur Mike Nichols.

Evan Lobel, der Inhaber, sagte: »Jackie kommt etwa einmal im Monat. Gewöhnlich kauft sie Kalb oder Lammrücken, ihr Lieblingsfleisch, manchmal auch Steaks. Sie ist immer sehr freundlich, sehr höflich, aber«, fügte er hinzu, »man darf ihr nicht widersprechen.« Wenn mehrere Kunden im Laden sind, wartet Jackie, bis sie an der Reihe ist, und fordert niemals bevorzugte Behandlung. Lobel sagte weiter: »Damit hätte sie sowieso keinen Erfolg.«

Die Mahlzeiten werden in Jackies weißer Küche zubereitet, die sieben Meter im Quadrat mißt und in zwanzig Jahren nicht ein Mal verändert wurde. Der Kochherd und andere Einrichtungsgegenstände sind viele Jahre alt.

Jackie hat ihre frühe Liebe zur Malerei niemals aufgegeben. Ein Zeichentisch steht vor einem Fenster im Wohnzimmer. Wenn die Vorhänge aufgezogen sind, scheint die Morgensonne strahlend herein. Von Zeit zu Zeit sitzt sie dort, justiert die Neigung der Tischplatte und zeichnet.
In der Wohnung befinden sich viele Fotos, fast alle Erinnerungen an Camelot. Es gibt Bilder von einem lachenden John Kennedy allein, von John und Jackie in Hyannis Port in glücklichen Zeiten, Familienfotos mit Caroline und John. Die Fotos stehen zum Teil auf dem Flügel und auf Wandregalen im Eßzimmer, auf Rauchtischchen im Wohnraum, oder sie hängen an den Wänden im Schlafzimmer.
In der gesamten Wohnung gibt es nur ein einziges Bild von ihrem zweiten Ehemann, Aristoteles Sokrates Onassis. Es befindet sich in ihrem Schlafzimmer.
Trotz ihrer Krankheit versucht Jackie ihren bisherigen Tagesablauf einzuhalten. Sie steht gegen acht Uhr morgens auf, denn sie braucht acht bis neun Stunden Schlaf, um ihre volle Leistungsfähigkeit zu erreichen. Das Frühstück ist sehr leicht – gewöhnlich besteht es aus Orangensaft, Toast und Tee.
Zwischen neun und halb zehn begibt sie sich zu ihrem Arbeitsplatz als Leitende Lektorin bei Doubleday & Company. Sie hat oft einen Aktenkoffer mit Manuskripten bei sich. Gelegentlich benutzt sie ein Taxi, das sie telefonisch bestellt hat, aber meistens läßt sie sich von einem Chauffeur in ihrem blaugrünen BMW 325 zur Arbeit fahren.
Manchmal läßt sie das Mittagessen ausfallen oder setzt sich in ein Imbißrestaurant in der Nähe ihres Büros und bestellt einen einfachen Hamburger mit einem halben Brötchen und eine Tasse Kaffee. Wenn sie mit einem Agenten oder einem Autor in einem eleganten Restaurant zum Essen verabredet ist, bestellt sie meistens Meeresfrüchte oder anderen frischen Fisch (am liebsten Rotbarsch), stets gebraten, und verzichtet auf Gerichte mit schweren Saucen. Sie verzehrt jeweils nur eine Por-

tion von ihrem Gericht, trinkt dazu Wein, Champagner und gelegentlich auch einen Daiquiri. Ihr bevorzugtes Mittagsrestaurant ist Mortimer's an der Ecke Lexington Avenue und 75th Street, wo sie so oft anzutreffen ist, daß die Geschäftsleitung einen der besten Tische ständig für sie reserviert hält. Nachmittags genügt ihr ein kleiner Becher Joghurt. Zu Hause besteht ein Imbiß aus dünnen Weizenkräckern oder frischen Erdbeeren, alles sehr kalorienarm. Aber wie jeder andere »sündigt« sie auch gelegentlich. Als sie einmal mit einem Taxi in Battery Park unterwegs war, bat sie den Fahrer, der sie erkannt hatte, auszusteigen und ihr einen Hot dog – »mit allem« – zu besorgen.

Jackie sucht ihr Büro an drei oder vier Tagen in der Woche auf und verläßt es am späten Nachmittag. Meistens ist ihr Aktenkoffer dann noch praller gefüllt als am Morgen.

Um die Tragödien in ihrem Leben besser verarbeiten zu können, hat Jackie mit Yoga begonnen. Um diese aus der Hindu-Philosophie entstandene Technik zu beherrschen, sind genau vorgeschriebene geistige und körperliche Übungen notwendig. Eine der einfachsten Praktiken ist die Meditation, durch die geistige Spannungen und Ängste abgebaut werden.

Jackie begann 1967 mit täglichen Meditationen, und sie betreibt sie noch immer. Wo sie sich aufhält, schließt sie die Tür ihres Büros oder ihres Zimmers zu Hause, zieht die Vorhänge zu, löscht das Licht, nimmt den Lotussitz ein und beginnt mit dem Prozeß der Geistesreinigung. (Anfänger setzen sich einfach mit übereinandergeschlagenen Beinen auf den Fußboden und versuchen die Lotusposition einzunehmen, indem sie beide Beine miteinander verschränken. Während der Meditation, so erklären Yogalehrer ihren Schülern, soll man sich auf eine friedliche, ruhige Szene konzentrieren, auf einen Strand zum Beispiel oder eine idyllische Landschaft. Dann soll man rhythmisch und langsam atmen und ganz bewußt andere Gedanken, die das Phantasiebild stören wollen, verdrängen.)

Bewohner der Upper East Side haben sie schon so oft in der Nachbarschaft gesehen, daß sie kaum noch Notiz von ihr nehmen. »Sie wohnt hier«, sagte eine Frau, die mit ihrem Hund auf der Madison Avenue spazierenging, »genau wie alle anderen.«
Es folgen ein paar Schnappschüsse von Jackie in ihrem Wohnviertel, ehe sie erkrankte:

- Während eines Schaufensterbummels entdeckt sie bei Village Designer Shoes zwischen der 86th und der 87th Street auf der Madison Avenue ein Paar Schuhe, die ihr gefallen, betritt den Laden und kommt enttäuscht wieder heraus. Man hat ihre Größe nicht auf Lager.
- In T-Shirt und Jeans und mit einer Sonnenbrille besucht sie The Gap an der Ecke 86th Street und Madison und kauft je eine blaue, graue und weiße Trainingshose und sagt Bescheid, daß sie jemanden schickt, der die Stücke abholt.
- Bei Alexander Brothers, einem Blumenladen in der Nähe der 86th Street, kauft sie mehrere Dutzend Pfingstrosen.
- Häufig kauft sie Lebensmittel bei Gristede's, einem Supermarkt in der Nähe, und lädt einen Einkaufswagen mit Cornflakes, frischem Obst und Käse voll (sie bevorzugt Schweizer Käse und italienischen Fontina).
- Sie streift durch Antiquitätenläden, findet Gefallen an einer kleinen Sitzbank und erkundigt sich nach dem Preis. »Dreihundert Dollar«, sagt man ihr. »Mein Gott, sind Sie teuer«, erwidert sie und kauft die Bank nicht.

Verkäuferinnen wie Phyllis bei The Gap erzählen, sie sei »eine stets freundliche und reizende Kundin, sehr zurückhaltend und höflich«. Sie erzählen außerdem, daß sie bei ihren meisten Spaziergängen allein ist. »Sie scheint keine Freundinnen zu haben, mit denen sie einkaufen gehen kann«, bemerkte die Verkäuferin eines anderen Bekleidungsgeschäfts. »Gewöhnlich kommen die Frauen zu zweit hierher, aber Jackie ist immer allein.«

Wie sieht sie jetzt aus, im Alter von mehr als fünfundsechzig Jahren?

Anfang der achtziger Jahre zeigten sich bei ihr die ersten Spuren des Alters. Fältchen, wie die Speichen eines winzigen Rades, erschienen um ihre großen braunen Augen. Unter beiden unteren Augenlidern entstand eine tiefe parallele Falte. Ihre Stirn war weiterhin glatt, aber die Wangen, ständig der tropischen und der Sommersonne ausgesetzt oder von eisigen Winden auf einem Skihang attackiert, hatten die Glätte der früheren Jahre verloren. Winzige Poren waren zu sehen, und die Haut wirkte verwittert. Zwei diagonale Linien von den Nasenflügeln zu ihren Mundwinkeln waren deutlich tiefer geworden.

Aber die Haut an ihrem Hals war noch immer straff und ohne irgendwelche Anzeichen von Schlaffheit. Auch war nichts von dem Doppelkinn zu erkennen, das entsteht, wenn das Fett unter der Gesichtshaut zu rutschen beginnt.

Bereits 1969, als sie vierzig Jahre alt wurde, hatte Jackie, als sie ihr Gesicht inspizierte, erste Anzeichen des Alterns entdeckt und Dr. Henry Lax aufgesucht. Sollte sie sich liften lassen? Dr. Lax sagte nein, noch nicht.

Erst zehn Jahre später riet Dr. Lax ihr zu einer kleineren Schönheitsoperation, wenn sie wolle. Eine Straffung um die Augen, aber nichts Drastisches wie ein ganzes Gesichtslifting. »In diesem Alter«, sagte Dr. Lax, »wäre ein Gesichtslifting zu radikal und auffällig.« Also ließ Jackie sich ihre Augen »richten«.

Weitere zehn Jahre später, 1979, unterzog sie sich schließlich einer kompletten Gesichtsoperation. Sie wurde von Dr. Michael Hogan im New York Hospital in Manhattan durchgeführt. Nach einem Heilungsprozeß von fünf Wochen sah sie wieder aus wie Vierzig.

Aber während ihr Gesicht jugendlich wirkt, sehen ihre Hände ihrem Alter entsprechend aus. Die Schönheitschirurgie kann daran nichts ändern. Jackies Hände sind klein, mit langen schlanken Fingern, deren Kuppen vom Nikotin gelb sind. Sie raucht ständig, allerdings niemals vor einer Kamera. Ihre Handrücken sind von dicken Adern überzogen, die Haut ist dünn und weist braune und gelbe Flecken unterschiedlicher Größe auf. Es sind die sogenannten Altersflecken, die sich bei vielen Menschen nach dem fünfzigsten Lebensjahr entwikkeln. Seit kurzem trägt sie weiße oder elfenbeinfarbene Handschuhe zu offiziellen Anlässen, um ihre Hände zu verhüllen. (Ihre Vorbildfunktion ist so groß, daß nach Erscheinen von Fotos mit einer Jackie in weißen Handschuhen die Handschuhindustrie einen spürbaren Aufschwung ihrer Umsätze vermelden konnte. Auch diesmal eiferten die Frauen Jackies Beispiel nach.)

Jackies Friseur ist Thomas Morrissey in der Madison Avenue zwischen der 66th und der 67th Street. Morrissey bedient sie persönlich in einer Privatkabine, während Margarete Maniküre und Pediküre vornimmt. Bis 1993 ging sie zweimal in der Woche zur Schönheitspflege zu Nardi's an der Ecke Lexington Avenue und 57th Street. Sie wurde dort mit einer Gesichtspackung behandelt, deren Zusammensetzung ihr von Queen Elizabeth II. von England mitgeteilt worden war. Die Packung enthält Lanolin und zahlreiche Vitamine. Jackie ließ sich auch das Haar färben. Jeder, der sie in der Stadt sieht, hat längst bemerkt, daß ihr Haar, eigentlich dunkelbraun, mittlerweile etwas heller ist und blonde Strähnen aufweist.

Sie hat immer Sport getrieben. Ehe die Krebserkrankung diagnostiziert wurde, besuchte sie mehrmals in der Woche den Vertical Club in der 60th Street zusammen mit anderen Prominenten, die sie gewöhnlich kaum beachteten. Im Winter lief sie Ski, im Sommer Wasserski, wenn sie sich in ihrem palastartigen Haus in Gay Head auf Martha's Vineyard aufhielt.

Außerdem spielte sie hervorragend Tennis. Sie ist zudem eine erfahrene Reiterin und fährt jeden Herbst nach New Jersey, um am Reitturnier im Essex Hunt Club unweit von Peapack teilzunehmen. Zwei ihrer Pferde stehen in der Nähe von Upperville im Fuchsjagdbezirk, wo sie an den Wochenendrennen der Piedmont Hunt teilnahm.

Als Folge all dieser sportlichen Aktivitäten hat sie den Körper einer Tänzerin behalten, mit straffen Muskeln unter der glatten Haut ihrer Oberschenkel und Unterarme. Ihr Gewicht schwankt zwischen sechzig und fünfundsechzig Kilo, nahezu perfekt für ihre Größe von einsfünfundsechzig, und sie kann immer noch einen Bikini tragen.

Tagsüber trägt Jackie nur wenig Make-up, vielleicht einen Hauch rostroten Lippgloss, aber keinen Lidschatten oder Augenbrauenstift, erzählte der Autor Shaun Considine. Beim Jogging wärmt sie sich nicht durch Stretching oder Kniebeugen oder Sprints auf der Stelle auf, berichtete Considine, sondern startet sofort zu ihrem Lauf. Und, fügt er staunend hinzu, selbst bei warmem Wetter schwitzt sie niemals. Und wenn sie erkältet ist, sieht man sie nie mit feuchter Nase.

Trotz eines aktiven gesellschaftlichen, familiären und geschäftlichen Lebens ist Jackie weitaus öfter allein, als man vielleicht annimmt. An mehreren Abenden in der Woche beschäftigt sie sich mit Manuskripten, die lektoriert werden müssen, oder sie liest ein Buch, das ihr angeboten wurde. Wenn ihr gefällt, was sie liest, dann ruft sie gelegentlich sogar den Autor an und teilt ihm ihre Meinung mit.

Jackie ist auch ein Kinofan und sieht stets in der Zeitung nach, was im Kino in der Nähe gespielt wird. Wenn der Film sie interessiert und sie ihn noch nicht kennt, geht sie hin – allein. Da ihr bewußt ist, daß sie erhebliches Aufsehen erregen würde, wenn sie sich vor der Kasse in der Reihe der Wartenden anstellen würde, schickt sie ihre Kammerzofe vor, um eine Eintrittskarte zu kaufen, erscheint vor dem Kino, huscht im letzten Moment hinein und verläßt es kurz vor Ende des Films. Bis es seine Tore schloß, besuchte sie häufig das Trans-Lux-Filmtheater in der Madison Avenue, nur eine Straße weit von ihrer Wohnung entfernt. Am Donnerstagnachmittag oder spätestens am Freitagmorgen fliegt sie mit einem Charterflugzeug bei warmem Wetter nach Gay Head und im Winter nach Aspen oder in die Karibik, immer in Begleitung von Maurice Tempelsman.

Betrachten wir diesen Mann einmal etwas genauer. Er ist der dritte wichtige Mann im Leben der Jacqueline Onassis.

14. Kapitel

Ihr geheimnisvoller, wichtiger »Neuer«

Er ist ein zurückgezogen lebender Diamantenhändler, dessen Reichtum auf Hunderte von Millionen Dollar geschätzt wird und über den die meisten Menschen, darunter auch Geschäftspartner, nur sehr wenig wissen. Er war Jackies enger Freund seit Ende der siebziger Jahre und ist ihr »wichtiger Neuer« seit Ende der achtziger Jahre.

Maurice Tempelsman wohnt ebenfalls in ihrer Wohnung in Manhattan und ist ständig an ihrer Seite. Er begleitet sie zu Dinnerpartys, wichtigen gesellschaftlichen Anlässen und Theaterpremieren, sogar zu Familienfesten wie Hochzeiten und Graduierungsfeierlichkeiten.

In New York erhält er seine persönliche Post in Jackies Wohnung in der Fifth Avenue. Die Illustrierte *Star* lieferte dafür mit einem cleveren Einfall den Beweis. Ein Redakteur der Klatschzeitschrift gab einem Reporter den Auftrag, dem Portier des Hauses in der Fifth Avenue einen Brief auszuhändigen, der an Tempelsman adressiert war.

Der Portier nahm den Brief entgegen, sagte aber, Tempelsman habe soeben das Haus verlassen. Er werde ihm den Brief bei seiner Rückkehr geben. Ob es möglich sei, daß Tempelsman unbemerkt wieder zurückgekommen war, fragte der Reporter. Der Portier war sich nicht sicher, daher rief er in Jackies Wohnung an. Niemand antwortete.

Nach dem Tod von Onassis hatte es andere Männer in Jackies Leben gegeben. In dem Jahr nach Ende der Trauerzeit traf sie sich mit insgesamt fünfzehn Männern, darunter auch George S. McGovern, ein ehemaliger Senator aus South Dakota und

Präsidentschaftskandidat, sowie Henry Platt, dem Direktor von Tiffany & Co., und Frank Sinatra.
Mit siebenundvierzig Jahren hatte ihr Gewicht sich kaum verändert, weil sie genausoviel Sport trieb wie zuvor und immer noch maßvoll aß. In dieser Phase ihres Lebens bekam sie, wie Nancy Tuckerman es ausdrückte, einen »kleinen Schnitt hier, einen kleinen Schnitt dort« durch das Messer eines Schönheitschirurgen, der die Falten unter ihren Augen entfernte.
Wie schon nach dem Tod Kennedys waren die meisten ihrer Partner sogenannte sichere Männer, die sie zu offiziellen Anlässen begleiteten. William Walton zum Beispiel war niemals ein ernsthafter Liebespartner, obgleich sie sich sehr oft mit ihm verabredete. Walton, ein ehemaliger Journalist, der Künstler geworden war, hatte im Staat New York JFKs Wahlkampf für die Präsidentschaft koordiniert. Senator Charles Mathias jr., ein Republikaner aus Maryland, war ein »sicherer« Partner; desgleichen die Verlagsmanager, Designer und Museumsleute, die sie begleiteten. Sie wurde an der Seite von Michael Cacoyannis gesehen, der beim Film *Alexis Sorbas,* mit Anthony Quinn in der Hauptrolle, Regie geführt hatte. Viele Gerüchte machten Cacoyannis zu ihrem aktuellen Liebhaber. Tatsächlich war er ein Freund, den sie seit ihrer Hochzeit mit Onassis kannte, und mehr nicht.
Pete Hamill, der athletische und gutaussehende New Yorker Journalist, war mehr als nur ein Bekannter, aber weniger als ein ernsthafter Kandidat. Hamill, der lange Zeit mit der Schauspielerin Shirley MacLaine befreundet gewesen war, beendete seine Beziehung mit ihr und traf sich häufig mit Jackie. Eine Zeitlang war diese Beziehung durchaus ernst. Jackie schien von dem intelligenten Hamill, der fünf Jahre jünger war als sie, bezaubert zu sein. Ihr gefielen seine medientypische Ironie und sein charmantes Wesen, und ihr imponierten die Feldzüge, die er in der Presse gegen soziale Ungerechtigkeit führte.

Man wollte sogar wissen, daß sie zu heiraten beabsichtigten, aber es war unwahrscheinlich, daß die elegante Jackie den in Brooklyn geborenen Hamill heiraten oder länger an ihrer Seite dulden würde. Nach acht Monaten trennten sie sich.
Ein paar Bekanntschaften waren alles andere als oberflächlich. 1976 fiel ihr Blick auf Felix Rohatyn, den Finanzier und international bekannten Partner des Bankunternehmens Lazard Frères. Damals war Rohatyn noch mit einer New Yorker Fotografin namens Helene Gaillet liiert, die, wie man wenig elegant, aber zutreffend sagt, von ihm »fallengelassen« wurde. Helene beschimpfte Jackie aufs heftigste.
»Sie wechselt die Männer genauso schnell wie die Kleider«, sagte sie. »Ich dachte, sie sei meine Freundin. Ich war sogar bei ihr auf Skorpios zu Gast. Aber die Männer werden von ihr einfach überrumpelt.« Helene erzählte, Jackie versuche wegen ihrer eigenen Unsicherheit Männer auf sich aufmerksam zu machen, und damit hatte sie wahrscheinlich recht. »Sie versteckt ihre eigene Unsicherheit, indem sie Kleider und alles andere einfach kauft«, fügte Helen hinzu.
Dann erschien Maurice Tempelsman.

Tempelsman tritt derart unauffällig auf, daß – obgleich er als Amerikas größter Diamantenhändler und einer der wichtigsten Geschäftsleute der Welt gilt – sein Name nicht im aktuellen *Who's Who in America* erscheint, wo man einen fünfzehn Zeilen langen Eintrag über Jackie finden kann.
Kein Film- oder Fernsehbesetzungsbüro würde ihn jemals für die romantische Rolle auswählen, die er jetzt in Jackies reiferen Jahren spielt.
Er ist etwa drei Zentimeter größer als Jackie, ein Jahr jünger als sie – er feiert 1994 seinen vierundsechzigsten Geburtstag –, wiegt neunzig Kilo, hat eine zunehmende Glatze und ein rundliches Gesicht und kämpft ständig mit geringem Erfolg gegen seine Leibesfülle. Trägt er eine Badehose, so quillt sein

beträchtlicher Bauch wie ein Schwimmreifen über den Hosenbund. Er hat versucht, durch Diät und Sport seine Leibesfülle zu verringern, zumal er 1985 einen leichten Herzinfarkt erlitt. Nachdem ihm das nicht gelungen ist, kaschiert er seinen Bauch, indem er dunkle, gewöhnlich zweireihige Anzüge trägt. Mit seinem rundlichen Gesicht und einem breiten Mund mit schmalen Lippen, die sich oft zu einem freundlichen Lächeln verziehen, sieht er eher aus wie der liebe gute Onkel als wie der Mann, der die umworbenste Frau der Welt eroberte.
Jackie ist sehr um Maurice besorgt. Sie hat ihn nach seinem Herzinfarkt jeden Tag im Lenox Hill Hospital auf der East Side von Manhattan besucht, ängstlich an seinem Bett gesessen und Krankenschwestern und Ärzten unzählige Fragen nach seinem Zustand gestellt. Er blieb zwei Wochen im Krankenhaus, dann zog er um in Jackies Wohnung, um sich endgültig zu erholen. Seitdem läuft er zu Fuß von der Wohnung in der Fifth Avenue in sein Büro in der 44th Street. Oft spaziert er durch den Central Park.
Einer von Tempelsmans Kollegen im Diamantenhandel, der zahlreiche Geschäfte mit ihm macht, erzählte mir: »Im Theater sitzen sie Hand in Hand, in Restaurants stecken sie die Köpfe zusammen und flüstern miteinander, und zwischen den Gängen geben sie sich schon mal einen Kuß.«
Tempelsman ist durchdrungen von Kultur. Sein Wissen über Kunst und Archäologie, Musik und Tanz, Film und Literatur ist umfassend; er ist Feinschmecker und Weinkenner. Er hat jedes zivilisierte Land der Erde bereist und auch zahlreiche Entwicklungsländer. Er ist ein charmanter und witziger Gesprächspartner, sowohl zu Hause – wie auch sie selbst – als auch auf den Spielplätzen und in den Salons der Reichen und Prominenten.
Da seine Firma, Leon Tempelsman & Son, Inc., keinen öffentlichen Handel treibt, ist er nicht verpflichtet, irgend jemandem seine Geschäftsbücher offenzulegen. »Nur Tempelsman selbst

weiß, was er wert ist«, sagte Holman Jenkins jr., ein Wirtschaftsjournalist bei *Insight,* einem wöchentlich erscheinenden Nachrichtenmagazin, dem 1991 eines der seltenen Interviews gewährt wurde. Er ist reich genug, sagte Jenkins, um Leuten mehrere hunderttausend Dollar im Jahr zu bezahlen, damit sie in, wie er es nennt, »Bereitschafts-Missionen« in heißen afrikanischen Städten herumsitzen und darauf warten, daß sich irgendein günstiges Geschäft ergibt.

Er ist der kontrollierende Anteilseigner der größten Diamantenschleiferei der Welt, Lazare Kaplan International, und er besaß die American Coldset Corporation, Herstellerin von Bohrköpfen für den Bergbau, die er 1982 verkaufte. Laut Jenkins sind Diamantenhändler überzeugt, aber nicht sicher, daß er interne Kontakte zu den De Beers Consolidated Mines unterhält, die die Diamantenindustrie in Südafrika kontrollieren.

Tempelsmans gesamtes Vermögen wie auch seine persönlichen Interessen sind in Afrika verwurzelt. Er sucht nach neuen Diamantenvorkommen; baut eine Diamantenschneiderei und -schleiferei in der Republik Botswana, nördlich von Südafrika, auf und trifft Handelsabkommen mit der Regierung von Angola im Nordwesten, um die dort geförderten Diamanten zu vermarkten. Er hat außerdem Joint Ventures mit Standard Oil in Indiana, Mitsui in Japan, Union Carbide in den USA und mit der Atomenergiekommission in Frankreich abgeschlossen.

»Stets bereit zum Philosophieren«, erzählte Jenkins, »vergleicht er die postkolonialen Schwierigkeiten Afrikas mit denen der Israelis, die vierzig Jahre in der Wildnis verbrachten, um sich selbst von ihrer kolonialen Denkweise zu befreien. Tempelsman hat sein ganzes Leben lang versucht, zu beweisen, daß man mit Afrika Geschäfte machen kann. Er hat nicht vor, jetzt damit aufzuhören.«

»Tempelsman läßt sich in seinem Büro rundum abschirmen«,

berichtet ein Mann, der mit ihm geschäftlich zu tun hat. »Er ist sehr verschwiegen in einem Gewerbe, dessen Vertreter jedes Aufsehen vermeiden. Dennoch ist er gut befreundet mit hochrangigen Persönlichkeiten in diesem Land und in Übersee. Er steht mit Ministern und Staatsoberhäuptern auf freundschaftlichem Fuß und wird häufig bei Anlässen gesehen, die von höchstrangigen Persönlichkeiten besucht werden.«

Er hat, praktisch unbemerkt von der Öffentlichkeit, in mehreren vom Präsidenten eingesetzten Kommissionen gearbeitet, darunter in der Kommission des Präsidenten für die Wahrung der Menschenrechte, im Beratungsausschuß für die Jugendförderung und im Beirat des Präsidenten im Zentrum für Internationale Studien an der Universität von New York.

Die wichtigsten Drahtzieher im Weltgeschehen erkennen ihn als ihresgleichen an. Als etwa fünfzig Männer und Frauen im St. Regis Hotel in New York zusammenkamen, um eine Investitionsstrategie in Zaire zu entwickeln, lud man ihn ein, neben Wirtschaftsriesen wie der Chase Manhattan Bank, Irving Trust, Lazard Frères, General Motors, American Express, Texaco und Mobil ebenfalls teilzunehmen. Tempelsman, der befürchtete, daß die damit verbundene Publicity seiner Unauffälligkeit schaden könnte, die er zu erhalten sucht, folgte der Einladung nicht persönlich, sondern entsandte zwei Stellvertreter.

Im Gegensatz zu Onassis, der seine eigene Bedeutung aufwerten wollte, indem er Jackie auf den Präsentierteller hob und der Welt zeigte, daß er die berühmte Frau errungen hatte, ist Tempelsman stets darauf bedacht, den überall lauernden Kameras in der Öffentlichkeit zu entgehen. Als Jackie an der Graduierungsfeier eines ihrer Kinder oder an Carolines Hochzeit teilnahm, war Maurice ebenfalls zugegen, achtete jedoch darauf, daß er ein oder zwei Reihen hinter ihr und einige Plätze entfernt saß, damit die Fotografen sie nicht zusammen auf einem Foto festhalten konnten.

Im Sommer ankert Tempelsman mit seiner Luxusyacht vor Jackies Villa in Gay Head auf Martha's Vineyard, und sie begeben sich per Schiff zu den am Meer gelegenen Restaurants und verlassen diese auf gleichem Weg wieder.
Im August 1993 entzog er sich den Medien, als Präsident Clinton und seine Familie, die auf Martha's Vineyard ihren Urlaub verbrachten, von Jackie zu einer Kreuzfahrt eingeladen wurden. Jackie war die Gastgeberin, Tempelsman der Gastgeber. Er begrüßte den Präsidenten, Mrs. Clinton und ihre Tochter Chelsea, als sie an Bord seiner Yacht, der *Relemar,* kamen, die in Menemsha Harbor lag, danach verschwand er nach unten.* Ein Foto von der Segelpartie am 25. August auf der Titelseite der *New York Times* zeigte alle Gäste – die Clintons, Ted Kennedy und seine neue Frau Victoria, Jackie, Caroline und ihren Mann Ed Schlossberg und den Washingtoner Anwalt Vernon E. Jordan. Der Gastgeber hielt sich unter Deck auf, bis das Schiff zu einer fünfstündigen Kreuzfahrt auf den Atlantik hinausfuhr und sich außer Sichtweite der Fotografen befand.

Die Romanze begann allmählich. Sie waren Ende der siebziger und Anfang der achtziger Jahre häufig zusammen, trafen sich manchmal dreimal in der Woche und telefonierten ausgiebig. Sie besuchten Ballett- und Theateraufführungen, gingen in Museen, und 1980, während des Wahlkampfs für die Nominierung des Präsidentschaftskandidaten, begleitete er sie zu mehreren Benefizveranstaltungen zugunsten der Wahlkampfkasse ihres Schwagers, Senator Edward M. Kennedy von Massachusetts, der dem amtierenden Präsidenten Jimmy Carter die Nominierung der Demokraten streitig machen wollte.
1984 gab Tempelsman seine erste und einzige Stellungnahme

* Der Name des Schiffs setzt sich aus den ersten Silben der Namen seiner drei erwachsenen Kinder zusammen: Rena, Leon und Marcee.

zu seiner Beziehung zu Jackie ab. Er ermächtigte einen Sprecher, mir mitzuteilen: »Sie speisen gemeinsam in den besten Restaurants wie dem Quo vadis, La Côte Basque und Lutèce. Sie sind gute Freunde und gerne und häufig zusammen. Und sie haben gemeinsame Urlaubsreisen unternommen.«

Aus anderen Quellen erfuhr ich, daß das Paar einige Male mit Tempelsmans Yacht an der Ostküste entlanggesegelt war. Einmal unternahmen sie eine gemütliche Kreuzfahrt von Savannah, Georgia, nach Hilton Head Island vor South Carolina.

»Maurice Tempelsman ist nicht plötzlich oder erst vor kurzem in Mrs. Onassis' Leben geplatzt«, versicherte mir einer seiner Freunde. Er kannte die Familie bereits seit John Kennedys Präsidentschaft. Tempelsman war einer der elfhundert geladenen Gäste, die am 8. Juni 1968 in dem Zug, der die sterbliche Hülle Robert F. Kennedys mitführte, an der achtstündigen Fahrt von New York nach Washington teilnehmen durften. Selbst damals, obgleich eine führende Persönlichkeit in der Diamantenindustrie, war Tempelsman so wenig bekannt, daß er nicht einmal von Jean Stein und George Plimpton zu einem Interview für ihr Buch *American Journey* ausgewählt wurde, das aus Erinnerungen der prominenten Gäste im Zug und von Zuschauern an der Eisenbahnstrecke an JFK bestand.

»Sie waren die ganze Zeit über befreundet«, sagt der Kollege, »auch während ihrer Ehe mit Onassis. Als dieser 1975 starb, intensivierte sich die Beziehung. Sie vertiefte sich und wurde fester, da sie einander immer öfter sahen und füreinander zunehmend wichtig wurden.«

Sie waren tatsächlich sehr oft zusammen. Als Prinz Radziwill, der geschiedene Mann ihrer Schwester Lee, 1979 starb, begleitete Tempelsman Jackie zur Beerdigung nach London. Er wich nicht von ihrer Seite.

Tempelsmans Freund fährt fort: »Ist dies jene schwärmerische, stürmische Liebe, die die Menschen überwältigt und völlig aus der Fassung geraten läßt? Natürlich können nur sie das wissen, aber wenn ich mich zu einer Vermutung hinreißen lassen würde, müßte ich sagen, daß sie das sicherlich nicht ist. Ich glaube hingegen, daß es eine leidenschaftliche und aufrichtige Liebe zwischen zwei reifen Menschen ist.«

Die »leidenschaftliche und aufrichtige Liebe« wird durch einen wesentlichen Punkt kompliziert: Maurice Tempelsman ist ein verheirateter Mann, und es hat niemals irgendwelche Anzeichen gegeben, daß er sich scheiden lassen will.

1949, im Alter von zwanzig Jahren, heiratete er ein siebzehnjähriges Mädchen namens Lily, eine orthodoxe Jüdin. Jahrelang haben sie in einer vierzehn Zimmer umfassenden Maisonettewohnung im Normandie, an der Ecke 86th Street und Riverside Drive in Manhattan, gewohnt und ihre drei Kinder aufgezogen. Leon arbeitet jetzt bei seinem Vater. Alle drei Kinder sind verheiratet und haben eigene Familien.

Die Ehe ging etwa 1975 in die Brüche, nachdem Maurice Jackie kennengelernt hatte. Seitdem führen Lily und Maurice ein getrenntes Leben und sehen einander nur selten. »Wie war das möglich?« fragte ich einen von Tempelsmans Kollegen. »Schließlich wohnten sie in der gleichen Wohnung.« Er antwortete trocken: »Na und? Es ist schließlich kein Studio.«

Im Juli 1981, als erste Meldungen von Jackies Beziehung zu Tempelsman auftauchten, unterhielt ich mich mit Lily. Nach meiner Kenntnis war dies das erste und einzige Mal, daß sie mit einem Journalisten gesprochen hat.

Sie redete mit einer wohlklingenden Stimme, in der nur ein Hauch eines ausländischen Akzents festzustellen war. Auch Lily war in Belgien geboren worden, obgleich sie Maurice in Amerika kennengelernt hat, wo sie auch getraut wurden.

Zu keinem Zeitpunkt während unseres Gesprächs wurde Jackies Name erwähnt, obgleich wir beide natürlich wußten, daß sie der Anlaß für unser Gespräch war.

»Sicherlich haben Sie ebenfalls die Gerüchte über Mr. Tempelsman gehört«, begann ich.

»Ja«, sagte Mrs. Tempelsman vorsichtig.
»Ist in Ihrer Ehe alles in Ordnung?«
Eine kurze Pause. »Das Privatleben«, antwortete Mrs. Tempelsman zögernd, »sollte nicht an die Öffentlichkeit gezerrt werden.«
»Aber wenn eine Persönlichkeit von internationaler Prominenz darin verwickelt ist, dann gibt es wohl, unglücklicherweise, ein berechtigtes öffentliches Interesse.«
Ihre Stimme klang nun härter. »Dann sollten Sie sich lieber Ihre Fragen selbst beantworten.«
»Ist das Verhältnis zwischen Ihnen und Mr. Tempelsman in Ordnung?« beharrte ich auf meiner Frage. »Oder stimmt etwas nicht zwischen Ihnen?«
Sie antwortete: »Sie wollen wissen, ob wir verheiratet sind. Das ist eine sachliche Information. Ich informiere Sie über die Tatsache, daß wir verheiratet sind und zusammenleben.«
»Was empfinden Sie bei all den Geschichten, die über Ihren Mann und die andere Frau veröffentlicht werden? Ärgern Sie sich darüber? Fühlen Sie sich dadurch gestört?«
Mrs. Tempelsman weigerte sich, sich weiter dazu zu äußern, und das Interview war beendet.
Zwei Jahre später zog Tempelsman aus der Wohnung aus und nahm sich eine Hotelsuite.
Während Lily Tempelsman verständlicherweise auf die Frau zornig ist, die ihr den Mann weggenommen hatte, pflegen sie und Maurice einen freundlichen Umgang. Selbst nachdem er sie verlassen hatte, gingen sie gemeinsam in der nächsten Nachbarschaft zum Essen, und an besonders schönen Tagen brachte er sie nach Hause.
Ironischerweise arbeitet Lily Tempelsman halbtags als Eheberaterin beim Jewish Board of Guardians.

Maurice Tempelsmans Geschichte ist im wesentlichen die gleiche Geschichte vom armen Jungen, der schwerreich wurde, wie die von Aristoteles Onassis. Genauso wie bei Onassis wurde seine Familie von einer Invasionsarmee aus dem Land vertrieben. Als die Nazis 1940 in die Niederlande einfielen, flohen er und seine Familie aus ihrem Domizil in Belgien in die Vereinigten Staaten.

Maurice war damals elf Jahre alt. Sein Vater Leon eröffnete einen kleinen Diamanthandel in New York City, während der Junge die Schulen in der Stadt besuchte und mit der U-Bahn zur Universität nach New York fuhr. Nach zwei Jahren brach er sein Studium ab und übernahm das Geschäft seines Vaters, das er bis zu seiner heutigen Größe aufbaute.

Die Büros von Leon Tempelsman & Son sind enttäuschend durchschnittlich. Jede mittelgroße Anwaltsfirma hat opulentere Räumlichkeiten. Sie nehmen den gesamten zwanzigsten Stock im Haus 529 an der Ecke Fifth Avenue und 44th Street ein, dessen Eingang sich zwischen der Fifth Avenue und der Madison Avenue befindet. Aus dem Fahrstuhl kommend, betritt man einen schmalen Korridor mit beigefarbenen Bodenfliesen und vier Gemälden von Schiffen an den beigefarbenen Wänden. Glastüren führen zu einem Wartezimmer mit einer beigefarbenen Couch und zwei blauen Polstersesseln. Gewöhnlich ist das Wartezimmer leer, es gehen und kommen nicht viele Leute. Ein weiteres Gemälde von einem Schiff hängt über der Couch, zwei kleinere rechts neben dem Eingang. Eine Empfangsdame sitzt hinter einer Glaswand und schickt, wie in vielen Büros, Besucher, die Termine haben, in andere Büros.

Jackie erscheint hier gelegentlich, allerdings nicht sehr oft, und wenn, dann am frühen Nachmittag.

In den vergangenen Jahren hat Tempelsman sich vom Handel mit Industriediamanten auf das Geschäft mit Diamanten in Schmuckqualität verlegt. »Man kann bei Tempelsman keinen Ein- oder Zwei-Karat-Ring für die Verlobte kaufen«, sagte ein Kollege, »aber wenn man einen Stein sucht, der hunderttausend Dollar und mehr kosten darf, dann macht die Firma gerne mit einem Geschäfte.«

1986 wagte Tempelsman einen Schritt, der die Industrie überraschte. Er und sein Sohn Leon starteten für viereinhalb Millionen Dollar eine Anzeigenkampagne, in der sie zum erstenmal Markendiamanten anboten. Leon sagte: »Der Erwerb eines Diamanten ist der bedeutendste Kauf, den man tätigen kann, und für viele Kunden ist es ein blinder Kauf. Daher bieten wir einen Produktnamen, ähnlich einer bestimmten Konservenmarke oder einer Automarke wie Rolls-Royce.«

Als Tempelsman und sein Sohn sich mit einer Kontrollbeteiligung bei der im öffentlichen Handel tätigen Lazare Kaplan International, Inc. eingekauft hatten, kurbelte Maurice die Geschäfte so richtig an, indem er die Anzeigen mit dem Slogan versah: »Der Lazare-Diamant – Standard für Brillanz.« Außerdem ließ er jeden Stein mit einem speziellen Lazare-Zeichen und einer Seriennummer versehen.

Dazu ein Sprecher von Lazare Kaplan: »Die Kampagne, die immer noch im Gange ist, erwies sich als erfolgreich. Sie ist einer der Eckpfeiler unserer Firmenstrategie.«

Das 1993 von Dun & Bradstreet vorgelegte *Million Dollar Directory of America's Leading Public and Private Companies* bemißt den Umsatz von Lazare Kaplan mit hundertdreiunddreißig Millionen Dollar, eine vierfache Steigerung gegenüber 1992. Die Firma, heißt es bei Dun & Bradstreet, beschäftigt hundertsiebenundneunzig Mitarbeiter und wird als Tochterunternehmen von Leon Tempelsman & Son geführt. Im *1992 Business Directory of U.S. Private and Public Companies* von Ward belaufen die Umsätze der Firma sich noch auf fünfunddreißig Millionen Dollar.

Ähnlich wie Onassis bietet Tempelsman nicht nur Stabilität, sondern auch Sicherheit, Klugheit und vor allem Güte. »Maurice«, sagt ein Kollege, »ist kühl und zurückhaltend, wenn man ihn nicht kennt, aber zu seinen Freunden ist er außerge-

wöhnlich freundlich. Dies ist überaus selten in der Geschäftswelt, ein liebenswürdiger und gütiger Mensch.«
Maurice verfügt über spontanen, stillen Witz und ist, so sagt ein Freund, »ein richtiger Charmeur, ungemein anziehend und ein unterhaltsamer Gefährte.«
In den ersten Jahren ihrer Romanze besuchte Tempelsman Jackie häufig an Sommerwochenenden in Hyannis Port, wo sie noch immer das Kennedy-Haus auf dem Anwesen bewohnte. Sie verbrachten eine Menge Zeit in dem verschachtelten weißen Haus und auf Jackies offenem Achtzehn-Fuß-Speedboot, der *Seacraft,* die dort ständig am Pier liegt. Tempelsman, in Badehose, saß am Ruder des schlanken kleinen Boots und lenkte es durch die blaugrauen Fluten des Nantucket Sound, während Jackie auf Wasserskiern hinterherjagte. Im allgemeinen blieb sie unerkannt, denn alles, was die Leute von dem vorbeiflitzenden Boot sehen konnten, war eine schlanke Gestalt in einem Bikini mit einer Bademütze auf dem Kopf und, wenn das Wetter kühler war, einem Sweatshirt.
Tempelsman wurde praktisch von niemandem erkannt. Er war nicht mehr als ein Mann mittleren Alters in Badehose, nicht unbedingt reich, am Ruder eines Speedbootes auf dem Sund.

Jackie bevorzugt einen starken, dominierenden Mann. Sie hielt große Stücke auf Joe Kennedy, denn er bewies Stärke in seinen Geschäften und bezüglich der Familie. Zuerst wehrte Jackie sich gegen Joes autokratisches Regiment und gegen seine Versuche, auch sie zu reglementieren. Sie erzählte einmal einem Freund: »Der Botschafter führt sich auf wie ein General, und der Rest der Familie, die angeheirateten Mitglieder eingeschlossen, sind die Soldaten. Dazwischen gibt es keinen Dienstrang.« Aber im Laufe der Zeit bekamen sie Respekt voreinander, Jackie vor seiner Kraft, Joe vor ihrer Lebhaftigkeit, und sie wurden die besten Freunde.

John Kennedy hatte nicht die beherrschende Persönlichkeit seines Vaters, aber er war ein dominierender Ehemann, der ihre Aktivitäten bis zu einem gewissen Punkt tolerierte, der ihr jedoch auch vorschrieb, was sie zu tun habe – und sie tat es. Onassis war ein Beschützer gewesen und ein Mann, der zarte, innige Gefühle zeigte und gleichzeitig Energie und Kraft ausstrahlte.
Nun hat sie in Maurice Tempelsman einen »sanften« dominierenden Mann gefunden. Tempelsman drückt seine Autorität gegenüber Jackie auf eine stille Art aus. Zu Hause ist er der Hausmann, verhält sich so, wie ein Ehemann es tun würde, und das gefällt Jackie. Wenn sie eine Dinnerparty veranstalten, hilft er ihr bei den Vorbereitungen und diskutiert mit ihr über die Tischordnung. Häufig ist er mit ihren Vorstellungen nicht einverstanden, und Jackie widerspricht ihm nicht.
Manchmal geht er auch in die Küche, um der Köchin die Zubereitung einer bestimmten Sauce zu erklären.
Anfang der achtziger Jahre waren einige seiner Kollegen überzeugt, daß sie Heiratsabsichten hatten. »Es ist schwer zu sagen, wann es soweit ist«, erzählte mir ein Diamantenhändler, »aber es würde mich nicht überraschen, wenn es schon bald geschähe. Was die Frauen betrifft, die erklären: ›Ich werde mich niemals von meinem Mann scheiden lassen‹ – nun ja, diesen Satz haben wir schon oft gehört, nicht wahr?«
Aber nun geben dieselben Kollegen zu, daß sie sich geirrt haben. »Weshalb braucht sie einen anderen Mann?« fragte einer. »Sie ist eine ungemein reiche Frau, und während sie einerseits die Gesellschaft von Maurice genießt, hat sie, was sie will – seine tägliche Nähe, seine Zuneigung und seine beträchtliche Hilfe in finanziellen Angelegenheiten, in denen er nahezu ein Genie ist.« Eine Journalistin, die seit Jahrzehnten über Jackie schreibt und um Anonymität gebeten hat, fügte hinzu: »Ganz sicher wird sie keine neue Familie gründen. Es gibt nicht einen einzigen einleuchtenden Grund für sie, erneut zu heiraten.«

Überdies, falls Tempelsman und seine Frau sich jemals scheiden lassen, würde eine Ehe mit Jackie religiöse Probleme aufwerfen, die in Jackies Leben ohnehin bereits existieren.
Nachdem sie Onassis geheiratet hatte, veröffentlichte der Vatikan eine Erklärung, nach der sie als im Zustand der Todsünde lebend angesehen werde, die nur durch eine Beichte und tätige Reue gesühnt werden könne. Es ist nicht bekannt, ob Jackie wegen dieser Sünde Buße getan hat, aber laut Stephen Birmingham erhielt sie weiterhin die Sakramente der Kirche.
Da die katholische Kirche eine Scheidung nicht anerkennt, könnte Jackie mit Maurice Tempelsman nicht kirchlich getraut werden. Wenn sie standesamtlich heiraten würden, könnte Jackie, da Tempelsman als immer noch mit Lily verheiratet gelten würde, die Sakramente nicht empfangen, sie würde jedoch nicht exkommuniziert.
Indem er ausdrücklich hervorhob, daß er sich auf keine bestimmten Personen beziehe, sondern sich nur allgemein zu dem Problem äußere, erklärte ein Priester aus der Erzdiözese New York, daß ein Kirchentribunal einberufen werden könne, um die Ehe einer geschiedenen Person zu bewerten und nachzuprüfen, ob Umstände vorliegen, unter denen die Ehe für »null und nichtig« erklärt werden könnte. Wenn eine Ehe auf diese Weise annulliert wird, wird sie als nie geschlossen angesehen, und eine neue Ehe wird anerkannt. Falls Tempelsman kirchlich heiraten wollte, meinen Experten, daß er aufgrund seines Alters nicht zuerst zum katholischen Glauben übertreten müsse. »So etwas wird gewöhnlich nur von jungen Männern und Frauen verlangt«, sagte ein Priester.

15. Kapitel

Die berufstätige Frau

Während Robert Kennedys Tod Jackie einerseits dazu bewegte, Aristoteles Onassis zu heiraten, war sein Leben das auslösende Moment für die Veränderungen in ihrem Denken und ihren Zielen, als sie sich ihrem fünfzigsten Geburtstag näherte.

Jackie wußte Bescheid über Bobby Kennedys erstaunliche Metamorphose von einem, wie er selbst eingestand, Ignoranten, was gesellschaftliche Probleme betrifft, zu dem Kennedy, der sich am leidenschaftlichsten und entschlossensten für die Menschlichkeit einsetzte und für sie kämpfte. Sie kannte auch seine unermüdlichen Kampagnen gegen die Benachteiligung von Kindern, alten Menschen und anderen Gruppen, die vom gesellschaftlichen und wirtschaftlichen Fortschritt vergessen worden waren.

Historiker betrachten seine radikale Veränderung als die erstaunlichste ideologische Wandlung einer wichtigen Persönlichkeit in diesem Jahrhundert. »Sie wußte alles über Bobby«, sagte Kenny O'Donnell, »denn sie hatte großen Respekt vor diesem Burschen. Oft redete sie von ihm, als sei er ein großer Weiser.« Jackie sagte einmal von Bobby: »Er ist der einzige, für den ich meine Hand ins Feuer legen würde.«

Sie wußte, das Bobby im Mississippi-Delta ein krankes Kind im Arm gehalten und wegen seines Schicksals geweint hatte und daß er Stunden damit verbrachte, Kindern, die in Armut lebten, Mut zuzusprechen. Damals hatte sie vielleicht noch nicht das volle Verständnis für seine Empfindungen, aber sie begann, ihn für den Mut seiner Standpunkte zu bewundern.

1964, selbst in tiefer Trauer über den Verlust seines Bruders, begriff Bobby, was Jackie tun mußte. In ihren langen und häufig stattfindenden Gesprächen – es waren jene Gespräche, die Ethel störten und Anlaß zu Gerüchten von eindeutigen Absichten Jackies lieferten – gab er ihr Ratschläge für ihre Zukunft. Aus Interviews mit engen Vertrauten ging hervor, daß Bobby Jackie klargemacht hatte, daß sie in ihrem Leben an einem Scheideweg angelangt sei.

Zusammengefaßt sagte er damals zu ihr, daß draußen die große Welt auf sie warte. Sie könne sie im Augenblick zwar noch nicht richtig würdigen, jedoch gäbe es unzählige Dinge, die sie interessieren könnten. Um Caroline und Johns willen dürfe sie nicht ständig in der Vergangenheit leben, sondern müsse in die Zukunft schauen. »Ich kann nicht genau wörtlich wiedergeben, was er sagte«, berichtete O'Donnell, »aber das ist grundsätzlich das, was er ihr klarzumachen versuchte.«

Jackie hörte aufmerksam zu, befolgte zu dieser Zeit aber seinen Rat noch nicht. Unfähig, in ihrem damaligen Gemütszustand an neue Ziele zu denken, flüchtete sie sich ein Jahr später in eine Welt der Vergnügungssucht und Zerstreuung. Dann, nach der Ermordung Bobbys, versteckte sie sich auf Skorpios.

1975, erneut verwitwet, erinnerte sie sich an die Gespräche mit Bobby, an seine bemerkenswerte Wandlung, und konnte nun, mit etwas klarerem Kopf, ihre Zukunft planen.

Im Herbst 1975 lag der Tod Onassis ein halbes Jahr zurück, und die gerichtlichen Auseinandersetzungen um sein Erbe waren in vollem Gange. Sie war erst fünfundvierzig Jahre alt und hatte noch einige Jahrzehnte eines produktiven Lebens vor sich. Was sollte sie damit anfangen?

Die Entscheidung war schwierig. Sie hatte bereits Ziele erreicht, wie sie nur wenigen Frauen möglich sind. Ihre Kinder waren bereits größer – Caroline würde bald achtzehn werden, John war fünfzehn – und hatten ihre ständige Aufsicht nicht

mehr nötig. Die Modewelt und das gesellschaftliche Leben begannen sie zunehmend zu langweilen.
Sie erhielt zahlreiche Angebote.
Sie solle gegen den derzeit amtierenden Republikaner James Buckley antreten und sich für den Senat von New York bewerben, schlug Dorothy Schiff, die Herausgeberin der *New York Post,* vor. Mrs. Schiff brachte dazu während eines Mittagessens in den Büros der Zeitung überzeugend Argumente vor, aber Jackie lehnte ab. Bürgermeister Edward I. Koch bot ihr den Zweiundsechzigtausend-Dollar-Job einer Kulturdezernentin der Stadt an, aber auch das sagte ihr nicht zu. Modehäuser wollten sie als Pressesprecherin engagieren oder stellten ihr in Aussicht, eine eigene Kollektion entwickeln zu können. Viele meinten auch, sie solle als Botschafterin nach Frankreich gehen, wo sie allgemein verehrt wurde und vieles für das Image Amerikas tun könne. Andere meinten, sie habe genug geleistet und könne sich getrost auf ihren Erfolgen ausruhen; schließlich hatten ihre Tapferkeit und würdevolle Haltung nach dem Attentat dazu beigetragen, daß die Nation sich schnell von diesem Trauma nach dem Mord erholen konnte. Aber Jackie wollte auch dies nicht.
Dann äußerte Letitia (Tish) Baldridge, ihre hochgewachsene blonde, ausgezeichnete Gesellschaftssekretärin während der Jahre im Weißen Haus, mit der sie befreundet geblieben war, eine Idee, die ihrem Leben eine grundlegende Wendung geben sollte. Tish hatte in New York eine Public-Relations-Firma gegründet, die mit zunehmendem Erfolg arbeitete.
Eines Nachmittags in ihrer Wohnung sprach Jackie unter anderem auch das Problem an, das sie am meisten beschäftigte. Was sollte sie mit ihrem Leben anfangen? Tish empfahl ihr, sie solle in einem Buchverlag arbeiten.
Jackies Interesse war sofort geweckt, als Tish ihr erklärte, weshalb: Jackie liebe Bücher, sie habe schon immer viel gelesen, sie sei eine absolute Expertin in allen künstlerischen Berei-

chen vom Theater bis hin zur Malerei, beherrsche mehrere Fremdsprachen fließend und – was vielleicht am bedeutsamsten sei – unterhalte enge Beziehungen zu vielen Persönlichkeiten, die sie dazu bewegen könnte, Bücher zu schreiben.

Jackie begeisterte sich für die Idee. Tish setzte sich daraufhin mit Thomas Guinzburg in Verbindung, dem Gründer der *Paris Review* und damals Direktor eines kleinen, hervorragenden, aber finanziell recht schwachen Verlags, Viking Press. Er bot ihr einen Job an. Und sie nahm an.

Es war eine gute Gemeinschaft. Jackie brauchte ein neues Ventil für ihre schöpferischen Talente, und Guinzburg brauchte eine Attraktion für seinen vor sich hindümpelnden Verlag.

Als die neue Personalie offiziell bekanntgegeben wurde, war man sich in der kleinen, aber feinen Verlagsszene einig, daß Guinzburg im Hinblick auf seine Publicity eine glänzende Entscheidung getroffen hatte. Jackie machte sich keine Illusionen. Sie war sich völlig darüber im klaren, daß sie wegen ihrer »Kontakte« zu bekannten Persönlichkeiten eingestellt worden war. Guinzburg sagte es ganz unverblümt: »Im Verlagsgeschäft ist es heutzutage nicht so wichtig, was man kann, sondern wen man kennt.«

Sie löste einen Riesenwirbel aus, als sie ihren Job bei Viking im 16. Stock im Haus 625 Madison Avenue antrat. Scharen von Reportern und Paparazzi drängten sich im Foyer unweit der Fahrstühle, als sie hereinkam. Helen Markel, eine Illustriertenjournalistin, sagte: »Es war wie bei einer Hollywoodpremiere.« Das Personal, vorwiegend junge Frauen, gab sich gelassen und betont gleichgültig, aber, so stellte Tom Guinzburg fest, sie trugen Kleidung zur Arbeit, die sie normalerweise erst nach Feierabend anziehen.

Becky Singleton, die erst vier Jahre vorher ihr Studium an der Georgia State University abgeschlossen hatte, war sprachlos, als sie erfuhr, sie sei in Zukunft Jackies Redaktionssekretärin. »Donnerwetter!« war alles, was sie dazu hervorbrachte. An jenem ersten Tag stellte Becky zu ihrem Schrecken fest, daß ihre Strumpfhose eine Laufmasche hatte. Üblicherweise benutzt man ein wenig farblosen Nagellack, um ein Weiterlaufen der Masche zu verhindern. »Ich war so aufgeregt«, erzählte Becky, »daß ich mir fast die ganze Hüfte lackiert habe. Am Abend klebte ich beinahe auf meinem Stuhl fest.«

Jackie wurde im Laufe der Zeit eine hervorragende Lektorin. »Aber am Anfang war sie genauso unerfahren wie jeder junge Absolvent einer Journalistenschule, nur war sie über zwanzig Jahre älter«, sagte ein ehemaliger Kollege. »Sie war intelligent, lernte schnell, krebste aber ziemlich herum, bis sie endlich ein Händchen für die Arbeit entwickelte, die man von ihr erwartete.«

Sie verdiente zweihundert Dollar in der Woche und bekam ein spärlich möbliertes, langes schmales Büro mit Schreibtisch, Sessel, Schreibmaschine, einem Fenster und einigen Viking-Büchern in einem kleinen Regal zugewiesen. Sie erschien vormittags gegen zehn zur Arbeit, wie es im Verlagsgewerbe allgemein üblich ist, besprach mit Becky die Aufgaben des Tages, unterhielt sich vielleicht mit einem Autor und nahm an Redaktionssitzungen teil. Ihre Tür stand ständig offen, und Kollegen gingen bei ihr ein und aus und unterhielten sich mit ihr über aktuelle Verlagsangelegenheiten. Genauso schaute auch sie bei anderen Angestellten herein.

Sie schrieb kurze Memos an Becky und tippte sie selbst. Becky wiederum vernichtete sie sorgfältig, um zu verhindern, daß sie als persönliche Souvenirs auf irgendwelchen Auktionen auftauchten. Becky sagte dazu: »Nicht ein Fetzchen Papier blieb in den Papierkörben liegen.«

Aber Jackies Erfahrungen bei Viking waren ziemlich unbefriedigend. Nach so vielen Jahren als Königin konnte sie sich nicht daran gewöhnen, Untertanin zu sein. Ebensowenig konnten die Kollegen und Kolleginnen sich an eine Königin gewöhnen. Wenn sie bei Redaktionssitzungen Vorschläge äußerte, wurden sie höflich, aber kühl aufgenommen. Nur wenige wurden diskutiert oder gar befürwortet. Eine Lektorin sagte: »Es gab für Jackie keine Möglichkeit, sich in die Firma zu integrieren. Von Anfang an stand man ihr sehr reserviert gegenüber, und ihre Anwesenheit wurde zu einem ständigen Stein des Anstoßes für alle Profis in der Firma. Jackie spürte das sehr deutlich, und es muß ihr weh getan haben.«

Sie hielt nur zwei Jahre lang durch. Im Sommer 1977 informierte sie Guinzburg davon, daß der Verlag die Veröffentlichung eines Romans des englischen Autors Jeffrey Archer, eines ehemaligen Member of Parliament, plane. Der Roman mit dem Titel *Shall We Tell the President?* spielte fünf Jahre in der Zukunft, 1983, und handelte von einem Komplott zur Ermordung des Präsidenten der Vereinigten Staaten, Edward Kennedy, Jackies ehemaligem Schwager.

Das Buch wurde von einigen Kritikern verrissen. Einer, Johns Leonard von der *New York Times,* schrieb eine besonders bösartige Rezension, die direkt auf Jackie zielte: »Es gibt nur ein Wort für ein solches Buch«, sagte er. »Das Wort lautet Schrott. Jeder, der an seiner Veröffentlichung mitgewirkt hat, sollte sich schämen.« Der *Boston Globe* zitierte Tom Guinzburg mit den Worten: »Sie reagierte weder betroffen noch verärgert, als ich sie davon in Kenntnis setzte, daß wir das Buch mehrere Monate vorher in England erworben hatten.«

Jackie erschrak über die eindeutige Anspielung, daß sie an der Veröffentlichung mitgewirkt haben sollte. Mitte Oktober 1977 schickte sie einen handgeschriebenen Kündigungsbrief an Tom Guinzburg, gefolgt von einer Erklärung an die Medien:

»Als ich im vergangenen Frühjahr von dem Archer-Buch erfuhr, habe ich versucht, mein Leben als Viking-Angestellte einerseits und als Angehörige der Kennedy-Familie andererseits zu trennen. Aber als in diesem Herbst angedeutet wurde, daß ich an dem Kauf der Buchrechte beteiligt war und von dem ganzen Projekt unberührt sei, wurde mir klar, daß ich kündigen müsse.«

Wie soll man diese Kündigung werten? Als Beweis dafür, daß sie eine Kennedy war und immer auf seiten der Familie stehen würde, wenn sie wieder mal ins Rampenlicht gezerrt würde? Eigentlich zweifelhaft angesichts ihrer allmählichen Entfremdung vom größten Teil der Familie, die bereits eingesetzt hatte und sich im Laufe des Jahres beschleunigen sollte. Oder griff sie nur nach dieser günstigen Gelegenheit, um sich aus einer Situation zu befreien, die unangenehm war und sich ständig verschlechterte?

Die Kündigung erfolgte impulsiv und zeigte, daß Jackie nichts aus einer früheren unschönen Erfahrung mit einem anderen ebenfalls ungelesenen Buch gelernt hatte. Ich denke an William Manchesters hervorragende Darstellung des Kennedy-Attentats *Death of a President*. 1964 hatte sie Manchester gebeten, den autorisierten Bericht über die Ereignisse in Dallas zu schreiben. Sie und Robert Kennedy waren beeindruckt gewesen von einem kürzeren Buch, das er vorher geschrieben hatte, *Portrait of a President*.

Manchester arbeitete zwölf bis fünfzehn Stunden täglich in einem Büro im Gebäude des Nationalarchivs in Washington, um sein Manuskript fertigzustellen. Jackie selbst hatte ihm zwischen April und August 1964 fünf ausführliche Interviews gegeben. Zudem hatte Bobby den Vertrag zwischen den Kennedys und dem Autor vorbereitet. Trotzdem verlangte Jackie, daß das Buch nicht veröffentlicht werden dürfe, weil die Serienrechte für 665 000 Dollar an die Illustrierte *Look* verkauft worden waren. »Ich dachte, das Buch solle einen schwarzen Einband erhalten und in Bibliotheken gestellt werden«, sagte sie. Sie wandte sich an Bobby, der widerstrebend Harper & Row, den Verlag, zu bewegen versuchte, von dem Geschäft mit *Look* zurückzutreten. Er wandte sich außerdem per Telegramm an Evan Thomas, der das Buch für Harper lektorierte, und teilte ihm mit, das Buch solle weder als Fortsetzungsserie noch als Buch veröffentlicht werden – und zwar trotz eines Telegramms, das er am 28. Juli 1966 an Manchester geschickt hatte mit dem Inhalt: »Angehörige der Kennedy-Familie werden einer Veröffentlichung keinerlei Hindernisse in den Weg legen.«

Jackie Beharrlichkeit, begleitet von einem Tobsuchtsanfall erheblichen Ausmaßes, brachten ihn dazu, seine Meinung zu ändern. Jackie zog mit der Angelegenheit vor Gericht und erreichte eine Vereinbarung, nach der einige persönliche Details (die ohnehin an die Presse durchgesickert waren) gestrichen werden sollten. Manchester, der nach seinen erheblichen Anstrengungen physisch wie psychisch erschöpft war, meinte in einem bitteren Kommentar gegenüber *Look:* »Es war, als wären für diesen Fall der Erste und der Vierzehnte Artikel aus der Verfassung gestrichen worden.«

Jackie wurde damals und zehn Jahre später heftig kritisiert. Die bekannte Kolumnistin Liz Smith nannte Jackies Reaktion auf das Archer-Buch »kurzsichtig« und fügte hinzu: »Jackie wußte von *vornherein* (Betonung durch Liz), daß Viking dieses Buch veröffentlichen würde. Sie hätte es sofort lesen und sich dann entscheiden können, sich dagegen zu wehren ... Selbst wenn Jackie geglaubt hatte, wegen dieses Buchs nicht bei Viking bleiben zu können, hätte sie einige Monate zuvor unter irgendeinem anderen Vorwand kündigen können.«

Wenn ein Lektor seinen Job kündigt, vor allem auf der untersten Stufe der Verlagshierachie, dann ist es nicht so einfach, einen neuen Job zu finden, weil die Konkurrenz in der kleinen Verlagsszene sehr hart ist und gute Jobs heftig umkämpft sind.

Aber Jackie hatte keine Probleme. Im Frühjahr 1978 nahm sie einen Job bei Doubleday & Company als Akquisitionslektorin an. Ihre Aufgabe bestand darin, Manuskripte und Bücher auf ihre mögliche Verwertbarkeit zu prüfen. Den Chef zu kennen, vor allem wenn es jemand ist, der eine Lektorin auf Arbeitssuche zu irgendwelchen privaten Terminen begleitet, hilft erheblich. Jackie war mit dem Geschäftsführer bei Doubleday, John Sargent – einer ihrer »sicheren« Begleiter – ausgegangen, und man war sich in Verlagskreisen darüber einig, daß Sargent, der offensichtlich eine günstige Gelegenheit auf Anhieb erkannte, seine Leute angewiesen hatte, sie einzustellen. Das wurde natürlich niemals in dieser Form publik gemacht, aber, wie Stephen Birmingham andeutet, »gewöhnlich passieren die unwahrscheinlichsten Dinge, wenn Jackie involviert ist«.

Jackies zweiter Vorstoß in die Verlagswelt war erheblich erfolgreicher als ihre Tätigkeit bei Viking. Ihre Kollegen und Kolleginnen waren freundlicher, und sie gab sich sehr viel mehr Mühe, sich an die Verhältnisse an ihrem Arbeitsplatz anzupassen. Sie erschien früher zur Arbeit als bei Viking und achtete darauf, daß sie ihre Fotokopien selbst herstellte, ihre Telefonverbindungen eigenhändig wählte und daß sie sich ihren Nachmittagskaffee in der Cafeteria des Verlags im 38. Stock selbst holte und gelegentlich dort ihre Mittagspause verbrachte. Sie trug schlichte Tweedröcke in gedeckten Farben zu einfachen Seidenblusen und Schuhe mit flachen Absätzen.

Es funktionierte. Nach nur wenigen Wochen bei Doubleday waren ihre Kolleginnen, vor allem die jüngeren Assistentinnen, erstaunt über die gerüchteweise verbreiteten Schilderungen von Jackies »Arroganz« und »Überheblichkeit«. Sie bemerkten in ihrem alltäglichen Umgang mit ihr davon nichts.

Als ich mich 1977 mit Firmenangehörigen unterhielt, hörte ich unter anderem Kommentare wie »Sie ist prima, ganz prima …«, »Ein angenehmer Mensch …«, »Sie lächelt viel, grüßt einen und hat Zeit zu einem Schwätzchen …«, »Eine wunderbare Frau. Was anderes kann man nicht über sie sagen«. Gleichzeitig jedoch und trotz ihrer Bemühungen, natürlich und freundlich zu sein, waren vor allem Frauen in ihrer Nähe

Lachend (30 Jahre)
(John F. Kennedy Library)

Mysteriös (31 Jahre)
(John F. Kennedy Library)

Glanzvoll (57 Jahre)
(Boston Herald)

Glücklich (57 Jahre)
(Boston Herald)

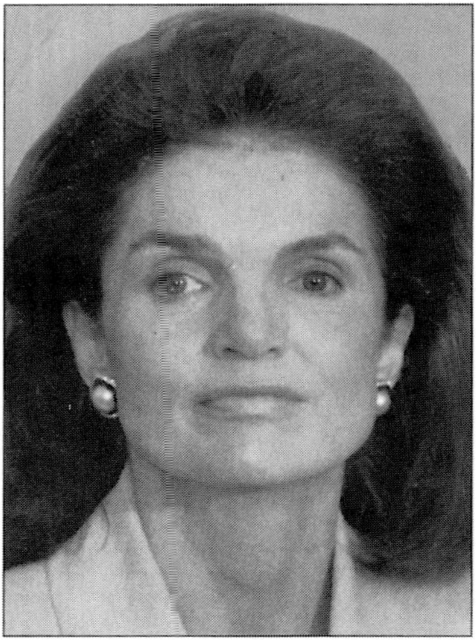

Anfang Sechzig – innere Ruhe, gelassene Heiterkeit. Und obwohl sie oft mit den Tragödien der Vergangenheit konfrontiert wird, verharrt sie nicht bei ihnen, sondern grüßt die Zukunft mit einem Lächeln. (Boston Herald)

Schwester Helen Theresa Winters betet den Rosenkranz vor dem Haus von Jacqueline Kennedy Onassis in der Fifth Avenue in New York, zwei Tage nach ihrem Tod am 19. Mai 1994. Die Dominikanerschwester sagte, sie »sei gekommen, um Jackie auf Wiedersehen zu sagen und ihr für alles Gute zu danken, das sie getan hat«. (AP-Foto)

Der Geiger Rubin Levine, 77, spielt Klagelieder am frühen Sonntag morgen auf einem verlassenen Gehsteig vor dem Wohnhaus, in dem Jacqueline Kennedy Onassis am Donnerstag abend starb. Levine erklärte, ein Bewunderer von Mrs. Onassis habe ihm fünfzig Dollar für ein halbstündiges Konzert gezahlt, mit der Bedingung, es solle um Mitternacht beginnen.
(AP-Foto von Rosario Esposito)

Ethel Kennedy, rechts, Witwe von Robert F. Kennedy, und zwei ihrer Töchter, Rory, hinten, und Kathleen, links, treffen in Jacqueline Kennedy Onassis' Wohnung kurz vor ihrem Tod ein. Mrs. Onassis war am Tag vorher in ihre Wohnung zurückgekehrt, nachdem Ärzte des New York Hospital-Cornell Medical Center entschieden hatten, daß weitere Maßnahmen gegen ihr inoperables Non-Hodgkin-Lymphom keinerlei Aussicht auf Erfolg hätten.
(AP-Foto von Luc Novovitch)

Eunice Kennedy Shriver und ihr Mann Sargent Shriver verlassen die Wohnung von Mrs. Onassis am Donnerstag, dem 19. Mai.
(AP-Foto von Kathy Willens)

Edwin Schlossberg, Carolines Ehemann, bringt seine Kinder, Tatiana, 4, links, und Rose Schlossberg, 6, damit sie von ihrer Großmutter nach ihrem Tod Abschied nehmen.
(AP-Foto von Luc Novovitch)

Maurice Templesman, Mitte, langjähriger Gefährte von Mrs. Onassis, verläßt ihre Wohnung am Sonntag morgen, dem 22. Mai.
(AP-Foto von Elise Amendola)

Lee Radziwill erscheint zur Totenwache bei ihrer Schwester.
(AP-Foto von Joe Tabacca)

Senator Edward Kennedy und seine Frau Victoria Reggie betreten die Wohnung von Mrs. Onassis, um an der Totenwache der Familie und enger persönlicher Freunde teilzunehmen. (AP-Foto von Malcolm Clarke)

Arnold Schwarzenegger, Mitte, und seine Frau, Maria Shriver, nach der Totenwache bei Mrs. Onassis. (AP-Foto von Luc Novovitch)

Caroline Kennedy Schlossberg und ihr Mann Edwin verlassen die Wohnung ihrer Mutter nach der Totenwache am Sonntag, dem 22. Mai 1994. (AP-Foto von Luc Novovitch)

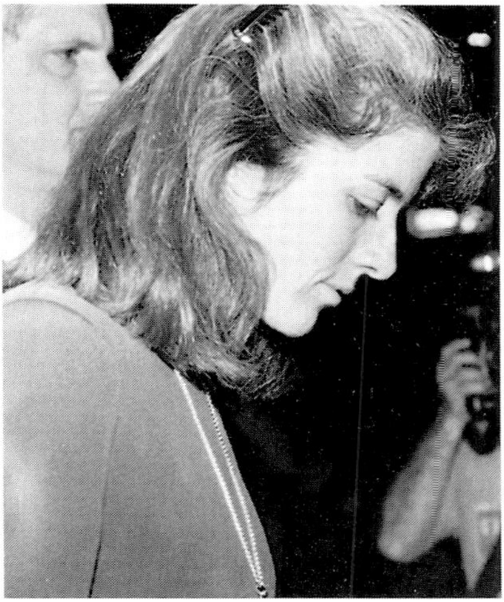

Nach der Totenmesse am Montag, dem 23. Mai 1994, in der römisch-katholischen Kirche St. Ignatius Loyola in New York wird der Sarg mit den sterblichen Überresten von Jacqueline Kennedy Onassis hinausgetragen. Ihm folgen, von links, ihr Sohn John F. Kennedy jr., Tochter Caroline Kennedy Schlossberg, Schwiegersohn Edwin Schlossberg und ihr langjähriger Gefährte Maurice Templesman.
(AP-Foto von Luc Novovitch)

John Kennedy jr., seine Schwester Caroline Kennedy Schlossberg und deren Ehemann während der Begräbnisfeierlichkeiten für ihre Mutter Jacqueline Kennedy Onassis am 23. Mai auf dem Nationalfriedhof in Arlington. Der Präsident, Mrs. Clinton und R. Sargent Shriver stehen hinter den Kennedys.
(AP-Foto von Greg Gibson)

Zu einem letzten Abschiednehmen kniet John Kennedy jr. während des Begräbnisses auf dem Nationalfriedhof in Arlington vor dem Sarg seiner Mutter.
(AP-Foto von Greg Gibson)

gehemmt. Sie versuchten zwar, sie nicht zu direkt anzustarren, doch eine Lektoratsassistentin gestand: »Es fällt einem schwer, keinen Blick zu riskieren. Schließlich ist sie ja die berühmte *Jackie.*«

Sie strengte sich an, eine Teamspielerin zu sein. Als die Firma im Central Park ein Picknick veranstaltete, erschien sie ebenfalls, bekleidet mit langer Hose und Pullover, und trank genauso wie alle anderen Bier aus der Dose. Als Betty Prashker zu einer Weihnachtsparty in ihre Wohnung in Central Park West einlud, kam sie hin, mischte sich unter die anderen Gäste und sang mit ihnen Weihnachtslieder.

Genauso wie bei Viking erfährt sie bei Doubleday keinerlei Sonderbehandlung und fordert sie auch nicht. Seit 1978 hatte sie drei Büros – das erste in 666 Fifth Avenue, das zweite im Verlagsgebäude aus Klinker und Glas an der Ecke Park Avenue und 46th Street, das dritte und letzte an der Ecke Broadway und 44th Street. Das Gebäude steht gegenüber dem Marriott Marquis Hotel am Times Square und befindet sich neben dem Lyceum Theatre, in dem Tony Randalls National Actors Theatre untergebracht ist. Ein Stück weiter die Straße hinunter steht das Hotel Macklowe.

Keines der Büros war auch nur im mindesten imposant. Ihr erstes maß knapp vier Meter im Quadrat, hatte weiße Wände, und die Tür aus Holz und Glas trug nicht einmal einen Namen. Das zweite unterschied sich kaum vom ersten, und das derzeitige, im achtzehnten Stock, ist eher klein und spärlich möbliert mit einem praktischen Schreibtisch, zwei Besucherstühlen davor und mit einigen Bücherregalen an den Wänden. Eine Couch gibt es nicht. Ihr Assistent, ein junger Mann, sitzt draußen in einer kleinen Zelle mit einem direkten Telefonanschluß.

Jahre zuvor, als ihre Lektoratskarriere begann, stellte sie bei Programmkonferenzen Projekte vor, die ihr am Herzen lagen, deren Erfolg bei der Leserschaft jedoch eher fraglich war – es waren Bücher über weitgehend unbekannte Künstlerpersönlichkeiten in der Malerei, im Tanz und auf der Bühne, von denen sie fasziniert war. Hinzu kamen Bücher über Kultur- und Kunstgeschichte, die wahrscheinlich von jedem größeren Buchladen sofort wieder zurückgeschickt würden, wenn sie überhaupt jemals den Weg dorthin fänden.

Seitdem hat sie ihre Lektion gelernt: Firmen müssen Geld verdienen. Das Verlagsgeschäft hatte sich stark gewandelt. Es wurde nicht mehr von verträumten Literaten betrieben, sondern von kühl rechnenden Managern. Ihre Bekehrung zum Kommerzialismus erfolgte nach einigen Erlebnissen bei Programmkonferenzen, bei denen die meisten ihrer Vorschläge abgelehnt wurden, einige sehr höflich, andere mit beißendem Spott. »Jackie«, sagte ein Lektor einmal zu ihr, »von diesem Buch verkaufen wir vielleicht sieben Exemplare, aber nur, wenn Sie selbst sechs erwerben.«

Sehr bald lernte Jackie zu unterscheiden zwischen den Büchern, die sie liebte, und den Büchern, die auch das Interesse der Leser finden. Nur ein Jahr nach ihrem Eintritt bei Doubleday kaufte sie ihren ersten Roman, *Call the Darkness Light* von Nanca L. Zaroulis, der nach seinem Erscheinen im August 1979 ein Bestseller wurde.

Das Thema des Buchs liefert den deutlichen Hinweis, daß Jackies Bewußtsein im Hinblick auf die Gleichberechtigung der Frau geweckt worden war. Der Roman, an dem Zaroulis, eine Autorin aus Boston, fünf Jahre lang gearbeitet hatte, beschäftigte sich mit der Not und Mühsal der Fabrikarbeiterinnen in den großen Webereien von Lowell, Massachusetts, während der vierziger Jahre, als Iren, Franko-Kanadier und andere Einwanderer dorthin geholt wurden. Während sie lange Stunden in düsteren Fabriken schufteten, die im Sommer erstickend heiß und im Winter eisig kalt waren, geschah es das erste Mal, daß Frauen die Gelegenheit hatten, Geld zu verdienen, ohne ihre Ehre zu verlieren.

Das Thema war Jackie sehr wichtig, und sie setzte sich mit Nachdruck für das Buch ein. Sie fand Zustimmung und war schließlich, nachdem es vom Management genehmigt worden war, im wesentlichen für seinen Erfolg verantwortlich. Unter anderem gingen die Taschenbuchrechte für eine halbe Million Dollar an American Library, die Serienrechte wurden für eine hohe Summe vom *Family Circle Magazine* erworben, und es kam zu einigen Verkäufen von Auslandsrechten, darunter auch für einen sechsstelligen Betrag nach England.

Trotzdem kappte Jackie nicht ihre Verbindungen zu der Welt der Haute Couture, der Stars und der Kunst. Während sie das Erscheinen des Zaroulis-Romans vorbereitete, beschäftigte sie sich mit einem Buch über Blumenbilder des Fotografen Eugène Atget mit dem Titel *Atget's Gardens* sowie mit acht weiteren ähnlichen Projekten.

Neben ihren dreieinhalb Tagen Arbeit pro Woche im Büro befaßt sie sich viele weitere Stunden lang zu Hause mit ihren Manuskripten. Eine Assistentin von Doubleday sagte: »Ganz sicher ist sie kein Acht-Stunden-Typ. Sie macht viel Urlaub, und wann es ihr gerade gefällt. Sie ist fast den gesamten September unterwegs, und sie erlaubt sich im Sommer zahlreiche lange Wochenenden, die nicht selten bis in den Wochenanfang hineinreichen. Sie fährt auch im Winter häufig zum Skilaufen. Eigentlich habe ich sie niemals einen ganzen Tag lang an ihrem Arbeitsplatz gesehen, wie es von uns allen erwartet wird.«

Jackie wurde zur leitenden Lektorin ernannt und bekommt ein Gehalt von fünfzigtausend Dollar im Jahr. Sie lektoriert durchschnittlich zehn bis zwölf Bücher im Jahr, also etwa genausoviel wie jeder andere Lektor in ihrer Position bei einem größeren Verlag. Viele ihrer früheren Projekte bei Doubleday waren große Bildbände, zum Beispiel ein Buch über russische Kultur und russische Märchen, die beide nicht sehr erfolgreich waren. Doch schon bald stieg sie um auf »Buch-Bücher«, vorwiegend Romane und Sachbücher, allerdings nicht ausschließlich im künstlerischen oder Unterhaltungsbereich.

Ein Buch auf die Bestsellerlisten zu hieven ist für einen Lektor gleichbedeutend mit einem Lottogewinn. Jackie hat dies mehrmals geschafft.

1988 wurde Michael Jacksons *Moonwalk* veröffentlicht. Der Titel ist der Name eines Tanzschritts, der von Cab Calloway erfunden und von Jackson populär gemacht wurde. Das Buch stand innerhalb von drei Wochen an der Spitze aller Bestsellerlisten. Sie hatte es sorgfältig vorbereitet. In einem ersten Telefongespräch mit Jackson hatte sie ihm vorgeschlagen, sich in Los Angeles mit ihm zu treffen und mit ihm über die Möglichkeit einer Autobiographie zu reden. Erstaunt und geschmeichelt, daß ihn Jackie Onassis persönlich anrief, war Jackson sofort einverstanden.

Ihr Gespräch mit Jackson verlief hervorragend. Sie hatte ihn in einer entscheidenden Phase angesprochen. Er wollte endlich in aller Ausführlichkeit seine wahre Persönlichkeit offenbaren, da er den Eindruck hatte, von der Welt völlig mißverstanden zu werden. Nur wenige Wochen zuvor hatte er verlauten lassen: »Die meisten Menschen kennen mich nicht. Deshalb schreiben sie Dinge über mich, die meistens (sic) nicht wahr sind. Ich weine sehr oft, weil es mir weh tut. Tiere töten nicht aus Bosheit, sondern weil sie leben wollen. Genauso ist es mit jenen Kritikern. Sie wollen unser Blut, nicht unsere Schmerzen. Und ich blute schon seit sehr langer Zeit.«

Sie konnten sich auf Anhieb gut leiden. Jackie glich überhaupt nicht den aufdringlichen Showbusineßleuten, vor denen Jackson sich fürchtete. Ihr ruhiges Auftreten und ihr außerordentlich guter Geschmack gefielen ihm sehr. Es dauerte nicht lange, und ein Vertrag wurde aufgesetzt, der ihm eine Vorauszahlung von einer knappen halben Million Dollar garantierte.

Bei Doubleday hat sie ein – ungeschriebenes, aber nichtsdestoweniger entscheidendes – Vetorecht bei Büchern, die sich mit der Kennedy-Familie beschäftigen. Im Jahre 1988 wurde James Spadas Biographie von Peter Lawford, Johns Schwager, der mit Patricia Kennedy verheiratet gewesen war, von Doubleday abgelehnt, angeblich aus Rücksicht auf Jackies Gefühle. In Spadas Buch wurde unwidersprochen berichtet, daß Lawford als Bote zwischen John und Marilyn Monroe fungiert habe. Aber im verwinkelten Verlagsgeschäft wurde das Buch sofort von Bantam Books übernommen, einer amerikanischen Tochter des deutschen Mediengiganten Bertelsmann, der auch Doubleday besaß.

Zu ihren anderen Bestsellern gehörten auch *Dancing On My Grave* im Jahre 1986 von der glänzenden und umstrittenen Ballerina Gelsey Kirkland, eine Autobiographie, in der die Tänzerin ihre Drogensucht, Magersucht und ihre Selbstmordabsichten eingestand; *Joseph Campbell and the Power of Myth* von Bill Moyers, dem Fernsehkommentator und ehemaligen Helfer Bobbys im Kampf gegen seinen politischen Erzfeind Lyndon B. Johnson; und die 1992 erschienene Biographie *The Last Tsar: The Life and Death of Nicholas II.* von Edward Radzinsky. Während sie eifersüchtig über ihre eigene Privatsphäre wachte, hatte Jackie offensichtlich keine Hemmungen, andere Prominente zu bitten, regelrechte »Intim«-Biographien zu schreiben. Sie bedrängte Gelsey Kirkland, jede Kleinigkeit ihrer Vergangenheit zu offenbaren. Sie bearbeitete Mia Farrow, ihre Sicht des häßlichen Streits mit Woody Allen darzustellen, in dessen Verlauf sie den Schauspieler, Filmemacher und Autor beschuldigte, seine achtjährige Adoptivtochter Dylan mißbraucht zu haben.*

* Im Jahr 1993 gab der Oberstaatsanwalt des Staates Connecticut, Frank Naco, nach einer dreizehn Monate dauernden Untersuchung bekannt, er wolle auf eine Anklage wegen Kindesmißbrauchs verzichten, obgleich es eine »begründete Annahme« zu der Vermutung gebe, daß Allen das Kind tatsächlich mißbraucht habe. Naco versuchte offenbar, beiden Seiten gerecht zu werden. Allen reagierte voller Zorn und ließ verlauten, die Untersuchung sei ein »Schmierentheater« gewesen.

1993 wurde gemeldet, daß Jackie Camilla Parker-Bowles, mit der Prinz Charles von England lange ein Liebesverhältnis hatte, zwei Millionen Dollar angeboten habe, »die ganze Wahrheit« zu erzählen. Vorausgegangen war die Veröffentlichung eines heimlich abgehörten Telefongesprächs, in dessen Verlauf der Prinz von Wales Camilla erklärte, er würde später am liebsten »als Tampon wiedergeboren werden und für immer in ihrem Schlüpfer wohnen«. Jackie hatte alles versucht, Parker-Bowles zu bewegen, ein Buch über ihre Beziehung zu Charles zu schreiben. Falls Camilla das Angebot annimmt – und einige Beobachter erklären, daß die Wahrscheinlichkeit recht hoch ist –, was soll man dann von einer Jackie halten, die sofort auf die Barrikaden steigt, wenn ihre eigene Privatsphäre bedroht ist?

Im Frühling 1993, als sie sich zu einem ihrer seltenen Interviews mit Johns Baker, dem Chefredakteur von *Publishers Weekly* bereit erklärte, legte sie eine ganze Liste von Forderungen vor, deren Einhaltung strengstens zu beachten seien.

Baker erzählte mir, er habe sich genau an ihre Vorschriften gehalten und sogar Zitate weggelassen. »Sie hat nur eine einzige Änderung vorgenommen«, sagte er, »nämlich eine grammatikalische Korrektur.«

Wie sah sie aus? »Viel besser, als man erwarten würde«, sagte er. »Trotz ihrer fünfundsechzig Jahre wirkt sie eher wie Mitte Fünfzig, wenn nicht sogar noch jünger.«

Johns Baker bezeichnet sie als »gründlichen Profi«. Sie lektoriert Manuskripte nicht Zeile für Zeile und bringt auch keine sprachlichen Korrekturen an. Vielmehr, erklärte Baker, ist Jackie eine »konzeptionelle Lektorin, die Änderungen in der Gesamtstruktur eines Buchs anregt. Zum Beispiel erklärt sie einem Autor, er müsse sich zu einem bestimmten Abschnitt seines Werks noch ausführlicher äußern oder daß er an einer Stelle zu weitschweifig sei und der Text gestrafft werden müsse.«

Baker fügte hinzu, »sie achtet auch recht genau auf Details wie auf das Papier, auf dem gedruckt wird, auf die Schrifttype und vor allem auf Illustrationen«.

In seinem Artikel zitierte Baker Jackie wie folgt:

»Ich interessiere mich vor allem für Bücher, die aus dem allgemeinen Rahmen fallen. Bücher über alte Kulturen, über Frühgeschichte. Ich interessiere mich für die Kunst allgemein, vor allem für den schöpferischen Prozeß an sich. Es fasziniert mich, Künstlern zuzuhören, wenn sie über ihr Handwerk sprechen. Für mich ist das Buch das schönste, das mich mitnimmt auf eine Reise zu etwas, das ich vorher nicht kannte. Ich möchte, daß meine Bücher so schön wie möglich aussehen. Vielleicht ist das bei mir nur eine Reaktion auf die Zeit, in der Doubleday-Bücher ziemlich schlimm aussahen.«

Ob sie sich vorstellen könne, ein eigenes Imprint zu haben, das heißt, Bücher unter ihrem eigenen Namen zu verlegen? »Nein«, sagte sie. »Was mir am Verlagsgeschäft so gut gefällt, ist, daß man nicht den Lektor hervorhebt – man wirbt für das Buch und den Autor.« Zur allgemeinen Lage des Verlagswesens könne sie »keine tiefschürfenden Gedanken äußern«, sagte sie. Aber sie fügte hinzu. »Ich bin optimistisch, daß die Menschen immer gute Bücher kaufen werden.«

Jackies eigene Seelenqualen, aufgrund deren sie zweimal in der Woche einen Psychiater aufsucht und sich außerdem intensiv mit Yoga beschäftigt, haben ihr indirekt auch zu ihrem letzten großen Erfolg verholfen – nämlich Bill Moyers zu überreden, seine wöchentlich produzierte Fernsehserie zu einem Buch zu verarbeiten. Moyers, ein geweihter Priester der Baptistenkirche, befaßte sich ausführlich mit dem Einfluß der Psyche auf den Körper – wie Gedanken und Emotionen die körperliche Gesundheit fördern oder ihr schaden können. Jackie sagte alle Verabredungen ab, um sich die Serie anzusehen, und zeichnete die einzelnen Folgen auf Video auf, wenn sie selbst keine Zeit hatte.

Der Auslöser für seine Serie, erzählte Moyers, sei Norman Cousins* gewesen, der bekannte Autor und Redakteur, der eine lebensgefährliche Krankheit durch Lachen in den Griff bekam – er sah sich alte Filme von den Marx Brothers, Charlie Chaplin und Jerry Lewis sowie andere Slapstickstreifen im Krankenhaus an – und geheilt wurde. Moyers erklärte, seine eigenen Untersuchungen zu der Verbindung zwischen Seele und Körper führten zu der Fernsehserie. Nachdem man ihm eine Überlebenschance von eins zu fünfhundert eingeräumt hatte, lebte Cousins noch fünfundzwanzig Jahre.

Was Jackie am meisten interessierte, war ein Interview, das Moyers mit Jon Kabat-Zinn vom Medical Center der Universität von Massachusetts führte. Dabei sprach er über die Technik der Meditation, mit deren Hilfe Patienten streßbedingte Störungen und chronische Schmerzen lindern konnten. »Es könnte sein«, sagte Kabat-Zinn, »daß die intensive psychische Entspannung, die durch die Meditation erlangt wird, die Seele beruhigt und die Kranken Strategien entwickeln und Energien aktivieren läßt, unter Streß zu vernünftigen Problemlösungen zu gelangen, die ihnen ein neues Körperempfinden und eine neue Lebenseinstellung vermitteln.«

Sie rief Moyers an und erklärte ihm, daß seine Gespräche mit führenden Experten auf diesem noch unzureichend erforschten Gebiet der Wechselwirkung zwischen Geist und Körper zu einem Buch zusammengefaßt werden könnten, mit dem man vielleicht unzähligen Menschen helfen könnte. Moyers war skeptisch. Die Gespräche, so meinte er, seien nichts anderes als eher allgemeine Äußerungen zu diesem Thema. Er könne sich nicht vorstellen, daß man daraus ein Buch zusammenstellen kann.

* 1964 wurde bei Cousins eine schwere Collagen-Störung diagnostiziert. Collagen, ein Eiweißstoff, ist für die Stabilität des Körpergewebes verantwortlich. In seinem Buch *Anatomy of an Illness* schrieb Cousins dazu: »In gewissem Sinn begann mein Körper sich aufzulösen.«

Jackie erwiderte, das sei ein Irrtum. Sie selbst habe seine Untersuchungen voller Interesse verfolgt, und anderen, so sei sie überzeugt, sei es sicherlich ebenso ergangen. Das Buch *Healing and the Mind* wurde Mitte 1993 veröffentlicht und hielt sich monatelang in den Bestsellerlisten. Bis zum Ende des Jahres waren mehr als eine halbe Million Exemplare verkauft worden.

In dieser Phase ihres Lebens ist Jackie Kennedy Onassis das perfekte Beispiel der modernen Frau, die sich gegen die allgemein vorherrschende Ansicht der Gesellschaft wehrt, daß ältere Frauen geistig abbauen. Jackie hat diesen Unsinn niemals geglaubt. Sie könnte durchaus als Rollenmodell für Betty Friedan gedient haben, deren jüngstes Werk, *The Fountain of Age*, veröffentlicht im Herbst 1993, sich mit dem neugestalteten Leben von Frauen beschäftigt, die nicht mehr jung sind. »Es ist ein neues Stadium im Leben«, schreibt Mrs. Friedan, »und wenn man so tut, als gehörte es nur zur Jugend, dann versäumt man es. Es entgehen einem die Überraschungen, die Möglichkeiten und die Entwicklung, die wir jetzt erst kennenzulernen beginnen ... denn es gibt keine Wegweiser und keine Anzeichen dafür.«

Indem sie einen der seltenen Einblicke in ihr Privatleben und ihre persönliche Gedankenwelt gewährte, hat Jackie einmal erklärt, weshalb sie den Wunsch gehabt hatte zu arbeiten und das Gefühl, arbeiten zu müssen.

Dazu gekommen ist es folgendermaßen:

Sie hatte sich mit Gloria Steinem angefreundet, der bekannten Feministin und einer der Herausgeberinnen der Frauenzeitschrift *Ms.* Steinem erzählte Jackie, daß das Magazin eine Sonderausgabe zu dem Thema »Weshalb Frauen berufstätig sind« plane. Viel stärker als je zuvor drängten sich Frauen in Berufssparten und Positionen, die ihnen bisher niemand zugetraut und von denen niemand geglaubt habe, daß Frau-

en dort erfolgreich sein würden. Das Thema sei besonders aktuell.
Mrs. Steinem erklärte Jackie, daß ein Artikel von ihr, in dem sie erkläre, weshalb sie, eine Frau, die nicht zu arbeiten brauche, sich entschlossen habe, eine bezahlte und produktive Tätigkeit anzunehmen, für Millionen von Frauen, seien sie nun berufstätig oder nicht, inspirierend sein müsse.
Das Gespräch mit Mrs. Steinem erinnerte Jackie an ein Gespräch. Wie sie Tish Baldridge Ende der siebziger Jahre erklärt hatte, machte sie sich Gedanken über ihre Zukunft. Ihr war völlig klar, daß sie niemals eine »normale« Frau sein würde; sie war eine »Legende«, wie Journalisten sie gerne nannten, und stand unverrückbar auf einem Podest, von dem herabzusteigen die Öffentlichkeit ihr niemals gestatten würde. Aber sie hatte eine bedeutende Entdeckung gemacht: Das Leben als Göttin gewährte ihr keinen Zugang zu der realen Welt wie anderen Frauen der neuen Generation.
In ihrer Einstellung lag eine gewisse Ambivalenz.
Jackie würde sich weiterhin um öffentliche Beachtung als »berühmteste Frau« (wie Mrs. Steinem sie nannte) bemühen. Gleichzeitig suchte sie aber auch persönliche Erfüllung. »Außer Robert Kennedy«, sagte Mrs. Steinem, »hat niemand je geäußert, daß sie einfach ihr eigenes Leben führen könnte. Mit feministischem Scharfblick ist festzustellen, daß weder ich noch irgend jemand anderer, den ich [zu Jackie] befragt habe, ihr die Ehre zuteil werden ließ, sie als eigenständiges menschliches Wesen zu betrachten, das sie war oder das sie hätte sein können, ganz gleichgültig, ob sie die Frau des Präsidenten gewesen war oder nicht.«
Zu Hause hielt Jackie ihre Gedanken handschriftlich fest, ließ sie in ihrem Büro abtippen und schickte das Manuskript Gloria Steinem. Der tausendvierhundert Worte lange Artikel wurde in der März-Ausgabe 1979 veröffentlicht.
Jackie schrieb: »Von vielen Frauen meiner Generation wurde

immer wieder gesagt, sie dürften nicht arbeiten, wenn sie Familie haben. Da standen sie dann, hervorragend ausgebildet, aber was sollten sie tun, wenn die Kinder erwachsen waren – den ganzen Tag aus dem Fenster schauen oder Däumchen drehen? Sollten sie ihre Intelligenz, ihr Wissen und Können verkümmern lassen? Natürlich sollen Frauen berufstätig sein, wenn sie es wünschen. Man sollte Dinge tun, die einem Spaß machen. Es gibt doch eine entsprechende Definition des Begriffs ›Glück‹: ›seine Fähigkeit dazu einsetzen, um den Lebenshorizont zu erweitern‹. Das gilt für Frauen genauso wie für Männer. Nicht alle erreichen das, aber wir können versuchen, diesem Ideal nachzueifern.«

Mag der berufstätige Mensch seine Arbeit nicht immer lieben, mag er seinen Job allenfalls tolerieren und sich oft über ihn beklagen, so hat er dennoch meistens eine hohe Arbeitsmoral. Jackie erzählte dazu eine kleine Geschichte: Eines Tages sagte der Taxifahrer, der sie gerade zu ihrem Büro fuhr, ungläubig: »Lady, Sie arbeiten und hätten es eigentlich gar nicht nötig, nicht wahr?« Als sie bejahte, wandte er sich um und erwiderte breit grinsend: »Ich finde, das ist ganz toll!«

16. Kapitel

Jackie und die Kennedys

In ihren reiferen Jahren hat Jackie sich so gut wie vollständig von den Kennedys gelöst. Ehrfurcht vor dem Andenken an John ist ihre einzige emotionale Bindung an den Clan, dem sie sich in keiner Weise länger verpflichtet fühlt.

Früher einmal hatte sie sich für ihre politischen Ambitionen einspannen lassen, aber diese Zeit ist vorüber. Sie interessiert sich wenig dafür, was sie tun oder in der Politik anstreben. Eine Freundin meinte: »Ich kann mir Jacqueline genausowenig bei einem Wahlkampfeinsatz für einen Kennedy vorstellen wie in einem Astronautenanzug.«

Sie besitzt noch immer ein Haus auf dem Kennedy-Anwesen, aber, sagte ihr Neffe Anthony Shriver, der Sohn von Eunice und Sargent Shriver, als Jackie nicht zu seiner Hochzeit im Juli 1993 erschien: »Sie kommt überhaupt nicht mehr nach Cape Cod.« Anthony Shriver, siebenundzwanzig, heiratete Aline Mojica, achtundzwanzig, im Big House, dem alten Haus von Rose und Joe auf dem Anwesen.

Jackie nimmt niemals an den Festessen an Thanksgiving und Weihnachten teil, die zu den stets liebevoll gepflegten Familientraditionen auf dem Anwesen gehören. Dutzende von Kennedys aus dem ganzen Land und aus Europa kommen, um daran teilzunehmen. Joan Kennedy war bei beiden Anlässen vor ihrer Scheidung von Ted zugegen und sogar später noch, nachdem Ted 1992 Victoria Reggie geheiratet hatte. Caroline und John waren fast immer dabei. Familienangehörige haben mal Bemerkungen über Jackies Fehlen gemacht, aber jetzt äußert man sich nicht mehr dazu. Niemand erwartet sie.

Sie kam auch nicht zur Feier anläßlich des hundertsten Geburtstags von Rose Kennedy, dem 16. Juli 1990, die eine Woche vor ihrem eigentlichen Geburtstag veranstaltet wurde. Es war die größte Familienparty seit der Präsidentenwahl von John Kennedy. Kennedys und Freunde der Kennedys strömten von überallher zusammen.

Die Gäste, dreihundertsiebzig an der Zahl, saßen an kleinen Tischen unter einem großen Zeltdach, das auf der Wiese vor dem Big House über dem Nantucket Sound aufgespannt wurde. Viele weinten während eines Films, der Szenen aus ihrem Leben zeigte und von Ted kommentiert wurde. Während der Party überreichte die Joseph P. Kennedy Foundation, die Forschungen im Bereich der geistigen Behinderung unterstützt, Preise für hervorragende Führerschaft, Betreuungsarbeit und Forschung. Die Sängerin Maureen McGovern trug ein Potpourri aus Roses irischen Lieblingsmelodien vor, darunter auch »The Rose of Tralee« und, natürlich, »Happy Birthday«.

Alle vier noch lebenden Kinder Roses waren zugegen, ebenso die meisten der achtundzwanzig Enkel und zweiundzwanzig Urenkel. Caroline war erschienen, aber John hatte eine plausible Entschuldigung – er bereitete sich in New York auf seine Prüfung vor der Anwaltskammer vor. Rose, die an einen Rollstuhl gefesselt war, hatte eine wundervolle Zeit. »Ich bin wie alter Wein«, sagte sie, »sie holen mich nicht oft heraus, aber ich bin bestens erhalten.«

Nur Jackie war nicht erschienen, obgleich sie nicht weit entfernt war. Sie hielt sich auf Martha's Vineyard auf und half Carly Simon bei der Promotion ihres neuen Buches.

Ihre Abwesenheit von der Hundertjahrfeier der Clanmutter war ein Affront für die Familie, der niemals vergeben und vergessen wird.

Trotz ihrer Sympathie für Ted Kennedy setzte sie am 10. Oktober 1993 ein weiteres deutliches Zeichen, daß sie sich von dem Clan trennte: Sie fehlte demonstrativ bei der Hochzeit von Teddy jr.

Scharen von Journalisten und Fotografen versammelten sich auf Block Island, einem Fleckchen Land zwölf Meilen südlich von Rhode Island und mit der Fähre innerhalb von einer Stunde von Point Judith aus erreichbar. Teddy, zweiunddreißig, heiratete Dr. Katherine Gershman, vierunddreißig, eine Psychiaterin aus New Haven. Sie unterrichtet außerdem als Lehrbeauftragte Psychiatrie an der Yale Medical School. Teddy studiert an der School of Law der University of Connecticut. Er hat einen Mastergrad in Forstwirtschaft und Ökologie an der Yale University erworben, wo er seine Braut kennengelernt hat.

John jr. war in Begleitung Darryl Hannahs zugegen; Bobby jr. war dort; ebenso Rep. Joe Kennedy und seine Verlobte Beth Kelly; desgleichen Dr. William Kennedy Smith, Jeans Sohn, der im Dezember 1991 in dem sensationellen Vergewaltigungsfall in Palm Beach freigesprochen wurde.

Aber Jackie erschien nicht. »Sie hatte andere Verpflichtungen«, lautete die offizielle Begründung durch Melody Miller, die stellvertretende Pressesprecherin des Senators.

Sie nahm auch nicht an der Hochzeit von Joe jr. und Beth Kelly zwei Wochen später, am 24. Oktober, in Boston teil. Es war eine kleine Feier, zu der nur Familienmitglieder und einige gute Freunde eingeladen waren, unter ihnen auch Father Jean-Bertrand Aristide, der des Landes verwiesene Präsident von Haiti. Nur Jackie war nicht zu sehen.

Sie besucht mehrmals im Jahr Johns und auch Bobbys Grab auf dem Nationalfriedhof in Arlington, aber niemals in Begleitung anderer Mitglieder der Kennedy-Familie. Entweder geht sie allein hin, meistens in der Abenddämmerung, oder Caroline und John sind bei ihr.

Luella Hennesey Donovan, das langjährige Kindermädchen der Kennedys, sagte: »Jackie ist eine wunderbare Frau, die der

Familie sehr viel gegeben hat, aber ich hatte immer den Eindruck, daß sie eine Außenseiterin ist.«

Jackie schüttelte sich jedesmal innerlich, wenn sie auf Cape Cod oder in der Kennedy-Villa in Palm Beach erwartet wurde. Nach ihrem Geschmack herrschte dort immer zuviel Hektik, gab es zuviel Sport, zuviel körperliche Aktivität und zuwenig Pflege der Kultur.

Sie und Rose störten einander. Rose meinte, daß Jackie, als First Lady, sich zu fürstlich, zu zurückhaltend benehme, und Jackie warf ihrer Schwiegermutter vor, daß sie sich zu sehr in ihr Privatleben einmischte. Rose versorgte sie und jeden anderen mit zahlreichen unerwünschten Ratschlägen. Schriftliche Botschaften und Telefonanrufe beschäftigten sich mit allem, von der äußeren Erscheinung des Betreffenden bis hin zur Art und Weise der Kindererziehung. Bobby erhielt einmal die Aufforderung, sich die Haare schneiden zu lassen, und er gehorchte. Als Ted Kennedy einmal bemerkte, »eines Tages schießt man mir sicher noch den Arsch weg«, traf bei ihm ein Brief ein, in dem ihm mit Nachdruck erklärt wurde, er solle »dieses Wort« nicht mehr benutzen. Sie schickte ihre Kommentare zur Einhaltung katholischer Regeln und Vorschriften einfach jedem. Einmal forderte sie Eunice auf, ihre Tochter Maria anzuhalten, sich am Strand etwas mehr zu bedecken. In ihrem zweiteiligen Badeanzug sei zuviel von ihren Brüsten zu sehen, begründete Rose ihre Ermahnung.

Jackie, von Anfang an eine unabhängige Frau, war mit dieser Art von Einmischung in ihr Leben niemals einverstanden. Vor ihrer Sekretärin Mary Barelli Gallagher imitierte sie oft Roses flachen Bostoner Akzent. Rose, die ein feines Gespür hatte, blieben Jackies Ressentiments ihr gegenüber nicht verborgen, daher kam sie nur noch selten ins Weiße Haus, wenn Jackie dort war.

Jackie haßte Football, die große Leidenschaft der Familie. Als

sie zu ihrem ersten Spiel überredet – hingeschleppt ist wohl das passendere Wort – wurde, fragte sie: »Wenn man den Ball bekommt, in welche Richtung muß man dann rennen?« Die Männer warfen sich daraufhin vielsagende Blicke zu.
Meistens schaute sie nur zu, wenn ihr keine plausible Entschuldigung einfiel, um nicht dabeizusein. Von Zuschauen konnte eigentlich auch keine Rede sein, denn sie machte es sich immer in einem Liegestuhl bequem und las während des Spiels.* Sie distanzierte sich endgültig, als sie sich einmal zum Mitspielen überreden ließ und sich bei dem Versuch, den Ball zu fangen, einen Fuß brach. Danach trat sie weder als Teilnehmerin noch als Zuschauerin in Erscheinung.
Jackie gab sich Mühe, sich einzufügen, stellte aber schon nach wenigen Monaten fest, daß ihr das nicht gelingen würde.
Gewöhnt an eine gedämpfte Atmosphäre mit ruhigen Gesprächen während des Abendessens, erschrak sie über das Durcheinander bei den Kennedy-Mahlzeiten und fühlte sich abgestoßen. Es erinnerte sie an Filme und Geschichten über den Hof Heinrichs VIII. von England, wo Unmengen von Speisen auf den Tisch kamen, jeder sich nach Herzenslust bediente und ein wildes Gedränge herrschte. Der Lärm lauter Stimmen, der sich, wenn über unterschiedliche politische Auffassungen gestritten wurde, zu lautem Gebrüll steigern konnte, war eine Beleidigung für ihre empfindsamen Sinne.
Sie verstand nie die Kennedy-Frauen, die nicht aus ihrer gepflegten und gesitteten Welt stammten, und diese ihrerseits akzeptierten Jackie nicht. Sie waren allenfalls Muschelsuppe, während sie Hummer in einer raffinierten Sauce war.

* Einmal fing der Präsident den Ball besonders spektakulär. Er rannte zu ihr hinüber und strahlte. »Hey, Jackie, hast du das gesehen?« fragte er. Sie hatte nicht und lobte ihn daher auch nicht. Bobby, dem nicht gefiel, daß sein Bruder von seiner Ehefrau nicht für seine hervorragende Leistung gelobt wurde, flüsterte ihr zu: »Es wäre sehr schön, wenn du etwas Nettes sagen könntest. Es würde ihm sehr viel bedeuten.« Jackie legte daraufhin ihr Buch beiseite und beklatschte besonders laut jeden erfolgreichen Spielzug.

Sie kreischten, Jackie äußerte sich gedämpft und in gewählter Sprache. Und als ihre Ehe mit John gerade drei Monate alt war, war sie für alle – bis auf Teds Frau Joan – nur »die Debütantin«. Sie imitierten ihre leise Flüsterstimme und brachen darüber in brüllendes Gelächter aus. Sie spotteten über ihre Unbeholfenheit auf dem Sportplatz und über ihren »Marie Antoinette«-Geschmack bei der Einrichtung ihres Heimes.

Ethel, Bobbys Frau und spätere Witwe, war die Anführerin der Anti-Jackie-Fraktion unter den Kennedy-Frauen. Jackie empfand auf Anhieb eine tiefe Abneigung gegen sie, die sich im Laufe der Jahre noch intensivierte. Ethel ihrerseits hat Jackie immer gehaßt. Als sie erfuhr, daß Jackie wünschte, daß ihr Name »Jack-leen« ausgesprochen werden solle, bemerkte Ethel spitz: »Etwa wie in Queen?« Als Jackie von dieser Bemerkung erfuhr, folgte die Erwiderung, daß Ethel eine »Landpomeranze« und »ein kleines katholisches Schulmädchen« sei. Jackie verzog abfällig die Miene über den Stilmischmasch bei der Inneneinrichtung von Ethels Heim in Hickory Hill. Sie sagte, Ethel sei der Typ Frau, »der über ein Louis-quinze-Sofa einen Schonbezug stülpen und das Ganze dann ›Luie Cans‹ nennen würde«. Nachdem sie zugesehen hatte, wie Ethel und Eunice während eines Footballspiels mit den anderen Familienmitgliedern über die Wiese rannten und kullerten, sagte sie voller Abscheu: »Sie benehmen sich wie eine Herde Menschenaffen«, und kehrte in ihr Haus zurück.

Laut einer Geschichte segelte die Familie, die sich in Hyannis Port aufhielt, an einem Sommerwochenende auf dem Nantucket Sound. Alle trugen alte Kleider und Windjacken, nur Jackie und ihre Schwester Lee waren in modischer Segelkleidung wie direkt aus der Zeitschrift *Vogue* erschienen. Zu Mittag wurden an die Frauen und Männer des Kennedy-Clans Sandwiches aus einem Korb und Bierdosen aus einer Kühltasche verteilt. Auf einen Wink Ethels erschien ein Steward in weißer Jacke und servierte Jackie und Lee von einem Tablett kaltes Krabbenfleisch und Weißwein.*

Jackies Abneigung gegen Ethel nahm erst recht zu, als sie die Protestbewegung der Kennedys gegen ihre Ehe mit Onassis anführte. Als Jackie mehrere Monate nach der Hochzeit auf Skorpios nach Amerika zurückkehrte, traf sie sich mit Ethel zum Mittagessen im La Caravelle, einem eleganten Restaurant in Manhattan. Gäste an Nebentischen hörten, wie Ethel bissig fragte: »Nun, hast du von deinem griechischen Super-Tycoon endlich genug?«

Jackie war außer sich. »Ich habe es nicht nötig, hier zu sitzen und mit anzuhören, wie du über einen der nettesten Männer der Welt redest!«

Darauf erwiderte Ethel: »Du hast die ganze Familie verletzt, wenn ich nur an die Publicity über deine Geldausgaben denke … Es ist eine Schande. Warum läßt du ihn nicht einfach sitzen?«

Jackie winkte dem Kellner und bat um die Rechnung. »Ich lasse *dich* jetzt sitzen«, sagte sie zu Ethel und tat es auch.

* Während der Wahrheitsgehalt dieser Geschichte niemals bestätigt wurde, trägt sie doch Ethels Handschrift. Sie verbrachte Stunden, manchmal sogar Tage damit, irgendwelche Streiche zu inszenieren. Ihr berühmtester – der sich als schlimmer Unfug erwies – fand im Jahre 1957 statt, als sie den Zeitungen eine Meldung zukommen ließ, daß der Arbeiterführer Dave Beck und sein Sohn Dave jr. und deren Ehefrauen an einer Party im Haus ihrer Eltern in Greenwich zu Ehren von Bobby und Ethel teilnehmen würden. Zeitungsleute kamen in Scharen, denn zu jener Zeit machte Bobby, als Vorsitzender des Labor Rackets Committee des Senats, gerade Schlagzeilen, da er gegen den älteren Beck, Präsident der International Brotherhood of Teamsters, Ermittlungen wegen angeblicher Hinterziehung von Gewerkschaftsgeldern anstellte.
In der Associated Press erschien ein dem älteren Beck zugeschriebenes Zitat: »Auch wenn wir politisch unterschiedlicher Ansicht sind, sind wir privat die besten Freunde.« Ethel setzte ihrem Schabernack die Krone auf, indem sie eines der anwesenden Paare als Mr. und Mrs. Beck vorstellte. Ethels Streich flog auf, als das AP-Büro in Seattle in Erfahrung brachte, daß Beck sr. sich dort in seinem Haus aufhielt. Ethel wurde von E. R. McCullough, dem Chefredakteur des *Stanford Advocate*, in einem Leitartikel scharf kritisiert. Unter anderem hieß es dort: »Falls Ihnen, lieber Leser, etwas zum Problem der Erwachsenenkriminalität einfällt, dann lassen Sie es mich bitte wissen.«

Sie trafen einander danach nur noch selten. Als Jackie nach der Beerdigung von Onassis auf Skorpios nach New York zurückkam, rief Ethel an, um ihr ihr Beileid auszusprechen. »Bestellen Sie ihr, ich sei krank«, wies Jackie ihre Haushälterin an. Aber weniger als eine Stunde später wurde sie gesehen, wie sie im Central Park spazierenging.

Jackie hatte Joan früher nahegestanden, weil sie erkannte, daß auch sie Probleme hatte, sich in die Rolle als Frau eines Politikers und Mitglieds des Kennedy-Clans hineinzufinden. Sie unterhielten sich sehr oft über Joans Schwierigkeiten, aber Jackie konnte nicht viel für sie tun, als Joan immer mehr dem Alkohol verfiel. Nach Joans Scheidung meldete Jackie sich bei ihr und bot ihr Hilfe an, aber sie verloren sich nach und nach aus den Augen und haben mittlerweile so gut wie keinen Kontakt mehr miteinander.

Der einzige Kennedy, von dem Jackie stets eine hohe Meinung hatte – und immer noch hat –, ist Ted, den sie gelegentlich trifft und mit dem sie häufig telefoniert.

Kenny O'Donnell erzählte mir: »Ich denke, Jackie bewundert, wie der Mann sein Leben gestaltet, indem er tut, was ihm gefällt, wann es ihm gefällt, und sich nicht um die Folgen schert. Sie mag seine gute Laune, seine Güte und, vor allem, wie er den Liberalismus Johns und Bobbys verteidigt. Und nicht zuletzt mag sie den Mann aufgrund seiner Sorge um sie und ihr Wohlergehen, und zwar sowohl in finanzieller wie auch in anderer Hinsicht.«

In früheren Jahren achtete Jackie verstärkt auf die dritte Generation der Kennedys, vor allem auf die Kinder von Ethel und Bobby. »Sie fand das Benehmen von Ethels Brut einfach unerträglich«, erzählte Richard Burke, Ted Kennedys ehemaliger Chefberater. Sie wußte, daß David Kennedy »total in die Drogenszene eingetaucht war und daß Bobby jr. Teil des destruktiven Zirkels um Christopher Lawford und Lem Billings war«, sagte Burke. (Bobby jr. ist mittlerweile ein angesehener Umweltanwalt, Lehrer und Aktivist, und auch die anderen sind nach und nach erwachsen geworden.)

Während ihrer Jugend achtete Jackie sorgfältig darauf, Caroline und John von ihren Vettern fernzuhalten. »Dieser Schutz«, sagte der Autor Harrison Rainie, »trug dazu bei, daß ihr Leben sich festigte.«

Jackie erscheint nur noch zu einigen wenigen Hochzeiten der jüngeren Vettern und Cousinen. Sie und ihre Kinder waren zugegen, als Victoria Lawford, die Tochter von Patricia und Peter Lawford, im Juni 1987 den Washingtoner Anwalt Robert Beebe Pender auf Pats Anwesen in Southampton heiratete. Im Jahr zuvor wohnte sie der Hochzeit von Maria Shriver und Filmstar Arnold Schwarzenegger in Hyannis Port bei.

Als Zeichen für ihre Entfremdung von der Familie mag gelten, daß niemand – vor allem die jüngeren Cousinen und Vettern und deren Familien – das Haus ohne ihre ausdrückliche Erlaubnis betreten darf, das sie noch auf dem Anwesen besitzt. Es steht nur hundert Meter vom Haupthaus entfernt und wurde ihr testamentarisch von John vermacht. Sie beschäftigt eine junge Frau als »Hauswächterin«. Deren Hauptaufgabe besteht darin, Kennedys am Eindringen zu hindern. Da sie ihre Einstellung respektieren, bleiben die Verwandten dem Haus fern.

Caroline ist ihren Angehörigen gegenüber genauso zurückhaltend wie ihre Mutter. Engen Kontakt pflegt sie nur zu Maria Shriver und Courtney, der Tochter Ethels. Sie und ihr Mann, Ed Schlossberg, gehören nicht zu den »Kennedy Kids«, die in die neuesten »In«-Restaurants oder die angesagtesten Discos strömen. Als Kerry, eine andere Tochter Ethels, 1988 ihren Studienabschluß an der Boston University feierte, begaben sich vierzig der sechzig Gäste ins Capiteau Restaurant in Manhattan und zogen anschließend in Nell's Disco um. Caroline und Ed nahmen an der Party teil, entschieden sich jedoch später für ein ruhiges Abendessen zu Hause.

Einmal im Jahr rafft Jackie sich zu einer Geste des Entgegenkommens gegenüber dem Clan auf, aber jeder in der Familie weiß, daß diese Geste nur halbherzig ist. Sie lädt alle zu einem Wochenende nach Gay Head ein. Die älteren Familienmitglieder sind vor einigen Jahren der Einladung noch gefolgt, aber mittlerweile kommen immer weniger. Ted und Joan waren vor ihrer Scheidung regelmäßig Gäste, aber nun hat Joan ihre Besuche eingestellt, und Ted läßt sich auch nur noch selten blicken. Ethel ist niemals dort zu sehen, ebensowenig Eunice, Jean oder Patrick.

Die jungen Kennedys und deren Kinder sind die einzigen, auf deren Erscheinen man sich verlassen kann. »Nun, es ist ein idyllischer Ort, das Essen ist gut, und wir haben eine Menge Spaß«, erzählte mir einer der jungen Kennedys. Ihnen macht es offensichtlich nichts aus, daß Tante Jackie, während sie ihnen ihr Anwesen und seine Annehmlichkeiten zur freien Verfügung überläßt, sich selbst nicht blicken läßt.

17. Kapitel

Eine finanziell unabhängige Frau

In Kapitel vier haben wir Jackies prachtvolle Wohnung in New York besucht. Sehen wir uns nun das Heim an, das sie von ihren vier Häusern am meisten liebt, nämlich ihr Feriendomizil auf Martha's Vineyard, einer dreieckig geformten Insel, wenige Seemeilen vor Cape Cod. Sie ist nur einundzwanzig Meilen lang und mißt an ihrer breitesten Stelle zehn Meilen.

Als Jackie zehn Jahre alt war, schrieb sie folgenden Vierzeiler:

When I go down by the sandy shore
I can think of nothing I want more
Than to live by the booming blue sea
As the seagulls flutter round about me.

Dreiundvierzig Jahre später, mit 53, hat sie sich diesen Traum erfüllt. Während einer Fahrt über die Insel fand sie genau, was sie suchte, an ihrer südwestlichen Spitze, in Gay Head, einem der sechs Orte auf der Insel. Es ist ein 365 Morgen großes Stück Land, flach und eben wie der Rest der Insel und bewachsen mit dichtem Unterholz und knorrigen Eichen. Rotwild streifte über das Gelände, überall wuchsen Blaubeerbüsche. Als sie durch den Wald schlenderte, gelangte sie zu einem Strand, wo der Vineyard Sound in den Atlantischen Ozean überging. Die Szene war »das tosende blaue Meer« ihres Kindheitstraums, und sogar Seemöwen kreisten über der Brandung.

Sie kaufte das Gelände im Jahr 1978 für angeblich 1,15 Millionen Dollar von der Hornblower-Familie, den Mitinhabern der Börsenmaklerfirma Hornblower & Weeks-Hemphill Hayes.

Als die Inselbewohner von ihrer Absicht erfuhren, sich dort ein Ferienhaus zu bauen, machte sich unter ihnen, und zwar den Alteingesessenen wie auch den zahlreichen Prominenten, die dort Häuser besaßen, Nervosität breit. Sie befürchteten, daß das Haus zu einem Außenposten des Kennedy-Anwesens in Hyannis Port würde. Besucher kämen und gingen, überall würden Wächter aufgestellt, Touristenhorden gäben sich ein Stelldichein, und die Medien würden feste Beobachtungsposten einrichten und auf sensationelle Fotos lauern.
Zwei Jahre lang erlebten die Inselbewohner, wie Holz und anderes Baumaterial auf das Gelände geschafft wurde. Albert Fischer III, der Hausverwalter, verweigerte jeden Kommentar zu Jackies Bauplänen, und andere Angehörige des Bautrupps schwiegen sich ebenfalls aus. Schließlich, 1980, wurde das Geheimnis gelüftet. Die allgemeinen Befürchtungen erwiesen sich als unbegründet, als herauskam, daß Jackie kein Camelot-Schloß plante, sondern ein knapp 300 Quadratmeter großes schlichtes Landhaus, das sich in die Architektur der anderen Häuser auf der Insel einfügte, und ein kleineres, knapp 100 Quadratmeter großes Gästehaus daneben.
Die Inneneinrichtung war jedoch – ganz nach Jackies Art – äußerst erlesen. Jackie bestand nur auf den edelsten Materialien. Als die Fußbodenbretter aus Silbereiche, Wert etwa 14 000 Dollar, geliefert wurden, waren sie zum Schutz vor Beschädigungen in Jutesäcke verpackt. Eine Tonne Teakholz aus Burma für die Sonnenterrassen, ebenfalls verpackt, wurde herbeitransportiert. Sie wünschte, und bekam, Fenster, wie sie früher im kolonialen Amerika gefertigt wurden, und zwar mit Holzstiften anstelle von Schrauben und Nägeln. Sie verlangte, und bekam, beheizbare Handtuchhalter für die sechs Bäder, und Toiletten mit Warmwasserspülung. In den meisten Küchen findet man Kochherde mit vier Flammen; Jackies Herd verfügt über sechzehn Kochstellen.
Sie vertraute ihre Möbel und sonstigen Besitztümer keiner

herkömmlichen Umzugsfirma an. Statt dessen nahm sie die Hilfe einer alten Freundin, Mrs. Paul (Bunny) Mellon vom Mellon-Finanzclan, in Anspruch und ließ mit deren Privatjet Betten, Antiquitäten, Gemälde, Sofas, Sessel, Tische und alles andere transportieren, mit denen Jackie neunzehn Zimmer einrichten wollte. Bunny, die alles für Jackie tun würde, ließ sich bereitwillig einspannen. (Als Jackie ihre Wohnung in Manhattan bezog, schenkte Bunny ihr ein Bett im Wert von 17 000 Dollar, das Jackie ihr jedoch zurückschickte. Bunny war so betroffen, daß sie in Tränen ausbrach.)

Völlige Abgeschiedenheit ist gewährleistet. Von der Einfahrt führt eine lange gewundene Straße zu den Häusern, die völlig versteckt zwischen Bäumen und dichtem Buschwerk stehen. Wenn die Medien erscheinen, campieren Reporter, Fernsehteams und Fotografen außerhalb des Anwesens und können von dort aus nichts erkennen. Meistens ziehen sie ab, ohne Jackie oder jemand anderen gesehen zu haben.

Der Preis dieses Verstecks, ohne die Einrichtung, wurde auf drei Millionen Dollar geschätzt – im Jahr 1980 wohlgemerkt. »Ironischerweise«, so schrieb die Illustrierte *People* im darauffolgenden Jahr, »verschafft Jackies Wahl ihrer neuen Bleibe ihr mehr Ungestörtheit, als man sich für Geld kaufen kann. Einige Inselbewohner schätzen die Abgeschiedenheit von Gay Head noch mehr als sie – sie pflanzen in seinen dunklen Wäldern Marihuana an.«

In Edgartown, der größten der sechs Ortschaften auf der Insel, erzählte mir Richard Reston*, der Herausgeber der ehrwürdigen *Vineyard Gazette*, einer der ältesten Gemeindezeitungen des Landes: »Anfangs gab es einige Unstimmigkeiten und Reibereien, aber insgesamt betrachtet hat Jackies Anwesenheit hier kaum Störungen verursacht. Sie ist eine angenehme

* Richard Reston ist der Sohn von James Reston, dem ehemaligen Herausgeber und Kolumnisten der *New York Times*, der die Zeitung im Jahr 1968 von Henry Bettle Hough erwarb.

und stille Nachbarin, und die Inselbewohner haben sie im großen und ganzen akzeptiert.«

Mrs. Onassis lebt nicht zurückgezogen. Sie zeigt sich recht häufig auf der Insel, sei es im Theater, in diversen Restaurants oder bei einem Spaziergang oder beim Einkaufen in den verschiedenen Ortschaften. Manchmal wird sie von Maurice Tempelsman begleitet, manchmal ist sie allein. »Die meisten Leute lassen die Prominenten in Ruhe – es gibt hier schließlich eine Menge davon«, sagte Dick Reston, »die Einwohner haben sich an ihren Anblick gewöhnt.« Walter Cronkite, Billy Joel, Beverly Sills, Carly Simon, Katherine Graham, Jules P. Pfeiffer, Mike Wallace, Art Buchwald, Spike Lee, Robert McNamara und Vernon Jordan sind nur einige, die man häufig an einem Nachbartisch im Restaurant oder in den Gängen des A&P-Supermarkts antreffen kann.

Die erste »Unstimmigkeit« war harmlos, aber eine spätere war durchaus ernster Natur.

Als Pläne für das Haus publik wurden, meldeten Nachbarn nachdrückliche Beschwerden an: Das Haus sollte einen über zehn Meter hohen Kamin erhalten, um das große Schlafzimmer zu heizen, also um einiges höher, als nach den herrschenden Bauvorschriften erlaubt war. Architekt Hugh N. Jacobsen, der die Häuser entworfen hatte und sie stilistisch ein wenig hatte variieren wollen, sagte: »Meine Kundin wünscht einen offenen Kamin im ersten Stock, weil sie dort zu schlafen pflegt.«

Jacobsen argumentierte weiterhin, daß die umstehenden Bäume den Kamin vor den Augen der Öffentlichkeit abschirmen würden. Der örtliche Bauausschuß lenkte ein, desgleichen auch die Nachbarn, und Jackie hatte ihren Kamin. Aber bei einer anderen Verletzung der Bauvorschriften mußte sie sich geschlagen geben. Die siloähnlichen Flügel des Gästehauses waren einen Meter zu hoch, und hier blieb der Ausschuß hart. Sie wurden entsprechend gekürzt.

Aber es gab weitere paradoxe Situationen.
Bobby, der Kennedy, den Jackie am meisten bewundert hat und dessen Rat und Vorbild sie folgte, als sie ihr Leben neu gestaltete, war ein Freund der Indianer. Während seines Wahlkampfs um das Präsidentenamt verbrachte Robert Kennedy beträchtliche Zeit bei Indianern in ihren Reservaten. Fred Dutton, ein leitender Wahlkampfberater, riet ihm, damit aufzuhören, wertvolle Zeit zu vergeuden. Er wies darauf hin, daß nur sehr wenige Indianer zur Wahl gingen, obgleich sie alle wahlberechtigt seien. »Vergessen Sie die Rothäute«, sagte Dutton und fügte hinzu, nachdem er gewählt sei, könne er für sie soviel tun, wie er wolle, aber im Augenblick brauche er Stimmen. Bobby, dessen Stimme von seinen vielen Reden heiser war, schrieb ihm eine Notiz. »Die Leute, die meinen Wahlkampf organisieren, haben für die Indianer nicht soviel übrig wie ich. Ihr seid ein Haufen Bastarde.«
Steve Bell, der Rundfunk- und Fernsehnachrichtensprecher, sagte: »Wenn es um Indianer ging, vergaß er alle Politik und folgte nur seinem Gefühl.«
Jackie hingegen entfachte eine heftige gerichtliche Auseinandersetzung mit einer Gruppe Indianer um einen winzigen Streifen Uferlandes, das vollkommen von ihrem heißgeliebten Anwesen umschlossen ist. Zwischen 1980 und 1990 zog sie vor verschiedene Gerichte, um den Wampanoags den Zugang zu einem etwa 90 Meter langen und 70 Meter breiten Streifen Uferland zu untersagen, den der Stamm als heilig betrachtete. In diesen Jahren ließ sie Wächter am Strand patrouillieren, die den Stammesmitgliedern verboten, das Gelände zu betreten, um dort rituelle Feiern zu veranstalten, die ihre Wurzeln im Sagenschatz der Wampanoags hatten.
Danach waren ein Stammeshäuptling der Wampanoags namens Moshup und dessen Frau, Old Squant, vor mehr als zweihundert Jahren vor den Weißen in die Sanddünen geflohen, um ihrer Ermordung zu entgehen. Stammesmitglieder

glauben, daß Moshup und seine Frau schließlich auf diesem Gelände beerdigt worden waren.
Die Wampanoags haben eine wechselvolle Geschichte. Als die Pilgerväter 1621, ein Jahr nach Gründung ihrer ersten festen Siedlung in New England, das erste Thanksgiving feierten, wurden der Indianerhäuptling Massasoit und einige seiner Krieger zu dem Fest eingeladen.
Massasoit war ein Angehöriger des Wampanoagstammes, der zu dieser Zeit eine Region im südöstlichen Massachusetts vom heutigen Boston bis zur Narragansett Bay bewohnte, zu der auch der Küstenstreifen bei Plymouth gehörte, wo die Pilgerväter gelandet waren.
Kurz nach ihrer Landung schlossen die Pilgerväter mit den Wampanoags einen Vertrag. Die Indianer verhielten sich den Siedlern gegenüber friedlich, lehrten sie ihre Jagd- und Angeltechniken und unterwiesen sie im Ackerbau, während die Pilgerväter den Indianern Schutz gewährten. Der Pakt hielt vierundfünfzig Jahre lang. Danach brachen Feindseligkeiten zwischen den Indianern und den Weißen aus. Historiker vertreten die Auffassung, daß die Siedler nicht überlebt hätten, wenn der Stamm ihnen feindlich gegenübergestanden und ihnen sein Wissen nicht weitergegeben hätte.
Ironischerweise bewirkte das großzügige Verhalten der Wampanoags, daß sie am Ende als Stamm fast vollständig ausgelöscht wurden.
Fast vier Jahrhunderte später gab es in der Region nur noch knapp 500 Indianer. Davon lebten rund 250 auf dem Festland und die restlichen auf Martha's Vineyard. Nur neunzig Stammesangehörige gibt es in Gay Head. Ihre ursprüngliche Sprache ist bis auf ein paar wenige Wörter völlig verschwunden.
»Unsere Sprache ist nur noch in den Liedern erhalten, die wir zu bestimmten Anlässen singen«, sagte Cameron Cuch, mittlerweile achtzehn Jahre alt und ein Nachkomme des Stammes.
Durch ihren Anwalt, Alexander D. Folger, ließ Jackie vortra-

gen, daß sie nach einem Leben voller Gewalt und ständiger Gefahr das Recht auf einen Ort habe, wo sie Frieden, Ruhe und keinerlei Risiko für ihr Leben finden könne. Wenn sie so vielen Menschen erlaube, sich auf ihrem Anwesen zu bewegen, würde die Zurückgezogenheit bedroht, die sie suche. Der Vanderhoop-Clan der Wampanoags von Gay Head, der den Landstreifen als geheiligten Grund des Stammes für sich beanspruchte, beklagte sich bitter mit dem Argument, daß im Laufe der amerikanischen Geschichte die Indianer, die sich ihre Eigentumsrechte nicht erstreiten konnten, nach und nach alles verloren hätten, was ihnen einst gehört hat.

1989 erklärte Mrs. Thelma Weissberg, eine Urenkelin der Vanderhoop-Familie, gegenüber Jackie: »Weshalb sollten wir eine Frau wie sie behelligen, der sowieso das ganze Land gehört?« Am Ende kam es zu einer Einigung. Im März 1990 überließ Jackie den Wampanoags einen Landstreifen, der etwas größer war als der umstrittene und etwa 80 Meter Strandgelände einschloß. Er lag ungefähr 300 Meter westlich des ursprünglichen Geländes. Sie übernahm außerdem die Gerichtskosten in Höhe von 120 000 Dollar als Ausgleich für das anfangs geforderte Land, und die Wampanoags verzichteten auf sämtliche Ansprüche. Obgleich auch das neue Gelände vom Onassis-Anwesen eingeschlossen wird, haben die Stammesmitglieder freien Zugang.

1985 wurde Jackie in der Liste der reichsten Frauen Amerikas an fünfzigster Stelle geführt, allerdings war sie die einzige auf der Liste, die von der Illustrierten *Good Housekeeping* aufgestellt wurde, die einen Job hatte, dem sie regelmäßig nachging. (Die Liste wurde angeführt von Margaret Hunt Hill und ihrer Schwester Caroline Hunt Schoelkopf, den Töchtern von H. L. Hunt, dem Ölmilliardär, der 1974 verstarb. Außerdem standen auf der Liste Estee Lauder, deren Kosmetikfirma auf über 700 Millionen Dollar geschätzt wurde, Yoko Ono, die

Witwe John Lennons mit 150 Millionen Dollar, und Mary Kay Ash, deren Kosmetikkonzern auf 100 Millionen Dollar geschätzt wurde.)

Jackies Vermögen betrug zu dieser Zeit etwa 25 Millionen Dollar, deren größter Teil aus der Vereinbarung mit den Onassis-Erben stammt. Doch dabei ist es seitdem nicht geblieben.

Neueste Schätzungen sprechen von 150 bis 200 Millionen Dollar. Hinzu kommen:

- Ihr auf mehrere Millionen Dollar geschätztes Anwesen in Gay Head.
- Ihre Wohnung in Manhattan, deren Wert etwa 4 Millionen Dollar beträgt.
- Ihr Haus auf dem Kennedy-Anwesen in Hyannis Port.
- Ein Landsitz in Bernardsville, New Jersey, den sie 1974 für 20 000 Dollar kaufte und dessen Wert 1991 auf 88 600 Dollar gestiegen war. 1992 verkaufte Jackie das zehn Morgen große Grundstück, das von Hügeln und Pferdeweiden umgeben ist, für den symbolischen Preis von 100 Dollar an John und Caroline. Laut der *Bridgewater Courier-News* in New Jersey erfolgte der Verkauf aus steuerlichen und verwendungsrechtlichen Gründen.
- Ein mit 50 000 Dollar jährlich dotierter Job.
- Kunstgegenstände, Schmuck, Antiquitäten, Automobile und andere persönliche Besitztümer, deren Wert nicht genau zu schätzen ist.

Eine größere Summe steht zur Verfügung für Investitionen in steuermindernde Anlagen wie Aktien und Obligationen und für Bankdepots. Laut eines Finanzberaters, zu dessen Kunden zahlreiche Personen mit umfangreichen Vermögen zählen, investieren die Reichen im allgemeinen einen großen Teil ihrer Gelder in steuerfreie Kommunalobligationen, die im Jahr 1993 jährlich eine Rendite von fünf bis fünfeinhalb Prozent für die höher bewerteten Papiere erbrachten, und weitaus mehr, wenn die Investitionen Anfang der achtziger Jahre getätigt wurden, als die Zinsen bedeutend höher waren. Berechnungen erübrigen sich, weil sie alles andere als genau wären. Fazit ist, daß Jackie über erhebliche Geldmengen verfügte.

Zwei Männer waren im wesentlichen verantwortlich für den Zuwachs an Jackies persönlichem Vermögen. Der eine war André Meyer, Bankier und Kunstsammler, der sie bei ihren Aktienkäufen im Jahr 1975 beriet. Dazu Edward Klein in der Illustrierten *Vanity Fair:* »Er machte aus Jackies bereits beachtlichem Vermögen … ein noch beachtlicheres.«

Der zweite war Maurice Tempelsman, der sie bei Investitionen auf den Edelmetallmärkten berät. Angeblich erzielte Jakkie hohe Profite, indem sie Goldterminverträge auf dem Rohstoffmarkt verkaufte, als die Preise in schwindelnde Höhen gestiegen waren. Auf diesem Markt kauft der Investor Verträge für den Kauf eines bestimmten Rohstoffs zu einem bestimmten Preis. Wenn der Preis steigt, verkauft der Investor seine Kaufoption und erzielt auf diese Weise einen Gewinn. Jackie kaufte Goldoptionen, als der Preis 100 Dollar pro Unze betrug, und verkaufte sie wieder, als, bedingt durch die Inflation, der Preis Anfang der achtziger Jahre bis auf 800 Dollar anstieg.

War die Rückkehr ans »blaue Meer« ihrer Kindheitsträume Jackies liebster Schritt, um Frieden und Ruhe zu finden, und befriedigt ihre Arbeit als Lektorin am besten ihre kreativen Bedürfnisse, so ist die Funktion als Großmutter die intensivste emotionale Erfahrung ihrer späteren Jahre.

Als Caroline mit ihrem ersten Kind schwanger war, erklärte Jackies enge Freundin Doris Cerutti, Inhaberin der Cerutti Children Enterprises, eines eleganten Bekleidungsladens in der 807 Madison Avenue in Manhattan, daß diese bevorstehende Veränderung in ihrem Leben »wirklich unglaublich« sein würde. Jackie und Doris Cerutti kannten sich bereits, als Caroline und John noch sehr klein waren. Jackie hatte sie in dem Laden eingekleidet, nachdem sie 1964 von Washington nach New York gezogen war.

»Ich sagte ihr, sie wäre sicherlich selbst überrascht über ihre Gefühle für das Baby«, sagte Doris. Und sie äußerte weiter, daß Jackie sich bereits auf die neue Rolle freue. »Es ist keine Frage, daß sie jede Minute ihres Großmutterdaseins lieben und daß sie in das Baby vernarrt sein wird.«

Schwiegersohn Ed Schlossberg erzählte mir: »Sie könnte keine bessere Großmutter sein.«

Und als ich Doris Cerutti kurz nach Roses Geburt besuchte, verriet sie mir: »Jackie ist einfach phantastisch. Sie paßt für Caroline und Ed auf das Baby auf, entweder in ihrer oder in deren Wohnung, sie füttert es, geht mit ihm spazieren und überschüttet es geradezu mit Zärtlichkeit.«

Jackie wechselte auch die Windeln des Babys, wenn nötig, vergaß aber einige ihrer mütterlichen Fertigkeiten während der ersten Monate, enthüllte Doris. Eines Tages, als Rose etwa drei Monate alt war, gab sie dem Kind die Flasche und legte es sich nachher auf die Schulter, damit es sein »Bäuerchen« machte. Sie hatte aber vergessen, eine Windel über die Schulter zu breiten. Rose machte ihr Bäuerchen, das allerdings von einer Ladung Milch begleitet wurde, was Jackie zwang, sich schnellstens ein frisches T-Shirt anzuziehen.

Einmal, im August 1989, besuchten Caroline und Rose, damals gerade sieben Wochen alt, Jackie in Gay Head. Jackies Mutter, damals 83 und in der letzten Phase der Alzheimerschen Krankheit, hielt sich ebenfalls dort auf. Jackie zeigte Rose ihrer Mutter zum erstenmal und legte ihr das Kind in den Schoß. »Das ist deine Urenkelin, die kleine Rose«, sagte sie.

Janet sah das Kind an und zeigte durch keine Reaktion, daß

sie verstanden hatte, was ihr erklärt worden war. Eine Hausangestellte, die diese Szene miterlebte, erzählte später: »Sie wußte wohl, daß da ein Baby war, aber sie konnte nicht begreifen, weshalb es auf ihrem Schoß lag oder wem es gehörte.« Caroline und Jackie, die die Szene beobachteten, waren den Tränen nahe. Als das Baby wieder weggenommen wurde, hellte Janets Gesicht sich plötzlich auf. Sie wandte sich an Caroline und sagte: »Du bist sehr hübsch, Liebes. Du bist Caroline, nicht wahr? Und das ist dein Baby. Die Kleine ist wunderschön.«

Caroline lächelte. »Natürlich ist sie schön. Sie sieht genauso aus wie du.«

Die Kinder haben ein Kindermädchen, aber sehr oft, wenn das Wetter schön ist, geht Jackie die halbe Meile bis zur Wohnung der Schlossbergs und holt die Kinder ab. Während Ed in seinem Büro in der Avenue of the Americas arbeitet und Caroline in der Stadt Besorgungen macht, spaziert Jackie mit den beiden Kindern zwei Straßen weiter in den Central Park.

Mit einem Sportwagen, in dem die dunkeläugige Tanya, vier Jahre alt, friedlich sitzt, und mit Rose, die fröhlich neben ihr herläuft, erregt sie nicht mehr Aufmerksamkeit als jede andere Großmutter. Niemand dreht sich nach ihnen um, wenn Jackie in dunkler Hose, langärmeliger weißer Bluse und einer Herrenkrawatte mit Zickzackmuster um den Hals den Park betritt. Dazu trägt sie meistens eine Sonnenbrille und ein seidenes Kopftuch.

Am Kinderkarussell kauft sie Karten für jeden – neunzig Cents pro Kind und Fahrt – läßt sich auf 20 Dollar herausgeben und zählt das Wechselgeld nach, ehe sie das Karussell besteigt. Rose setzt sich auf ein Holzpferd. Jackie, mit Tanya auf dem Schoß, nimmt auf einer Bank nebenan Platz, während die Musik beginnt und das Karussell sich dreht. Bei der zweiten Runde sitzt sie mit Tanya auf einem Pferd.

Anschließend spazieren sie zur Bronzestatue von Hans Christian Andersen, dem berühmten dänischen Schriftsteller und Märchenerzähler, und klettern auf ihr herum, während Jackie ihnen besorgt zuschaut. Aber es passiert nichts Schlimmes. Die Kinder beenden ihre Kletterpartie, und der Spaziergang wird fortgesetzt.

Rose und Tanya laufen voraus, aber Jackie stößt einen lauten Indianerschrei aus, und sie kommen zurück. Ted Leyson, ein freischaffender Fotograf, der die Gruppe beobachtete, erzählte: »Sie (Jackie) war plötzlich wieder ein kleines Kind. Als sie den Indianerschrei ausstieß, war ihr deutlich anzumerken, wie sehr sie es genoß.«

Danach gibt es manchmal noch ein Eis. Rose und Tanya bekommen ein Hörnchen, das die Kleinere schon nach kurzer Zeit über ihr Gesicht und ihr Kleidchen verteilt.

Jackie entscheidet sich für etwas Kalorienarmes am Stiel. Dann, nach etwa drei Stunden, geht es zurück nach Hause.

18. Kapitel

Die Kämpferin

In Alter der Reife hat Jackie eine ungewöhnliche Fähigkeit zur Veränderung und Weiterentwicklung bewiesen. Sie engagiert sich in einer Weise für öffentliche Anliegen, wie wenige Menschen, wahrscheinlich noch nicht einmal Jackie selbst, es vorausgesehen haben.

Wenn wir ihr bisheriges Leben betrachten, erkennen wir, daß ihre Beteiligung an derartigen Kreuzzügen nicht von ungefähr kommt. Es gab kein plötzliches Erwachen, keinen Schalter, der betätigt wurde und mit einemmal neue Eigenschaften zutage treten ließ. Ihr frühzeitiges Interesse für die Politik und das, was sich damit erreichen läßt, ihre Anteilnahme am Schicksal der in Armut lebenden Bergarbeiter in West Virginia, ihre geheime Reise nach Kambodscha, um den Weg zu Gesprächen zwischen Prinz Sihanouk und den Vereinigten Staaten zu ebnen (wie in Kapitel sechs dargestellt) – all das waren Anzeichen für ein sich entwickelndes soziales Bewußtsein.

Ihre heutigen Werte stellen eine Ausdehnung und Erweiterung ihrer Ziele dar, wie sie sie bereits vor drei Jahrzehnten verfolgte, doch nun strebt sie sie mit viel mehr Kampfbereitschaft an.

Als sie damals den Amtssitz renovierte, tat sie es mit stillem Eifer; heute jedoch steigt sie auf die Barrikaden, wenn sie schlimme Verstöße gegen das Stadtbild wittert. Dann telefoniert sie, überredet andere, sich ihr anzuschließen. Sie schreibt stapelweise Briefe. Und sie tritt gegen die reichsten und mächtigsten Gegner an, die sich gegen sie verbünden.

In früheren Jahren stand sie den Frauen in Washington, Paris und New York, deren Leben aus Partys und anderen gesellschaftlichen Anlässen bestand, weitaus toleranter gegenüber. Sie selbst war ja auch eine begeisterte Partybesucherin, vor allem nach dem Tod von Onassis im Jahr 1975.
Die ältere Jackie blickt abfällig auf die Frauen, die ihre Abende und Tage unnütz vertändeln. Während einer Verlagsparty anläßlich eines Buchs, das sie bei Doubleday herausgebracht hatte, betrachtete sie die elegant gekleidete Schar der weiblichen Gäste und sagte halb zu sich selbst und halb zu Charlotte Curtis von der *New York Times:* »Die tun doch überhaupt nichts, oder?«
Sie selbst tut etwas. Sogar sehr viel.
»Ich kämpfe leidenschaftlich für die Architektur«, sagte sie. »Wir sind die einzige Nation, die ihre alten Bauwerke abreißt. Viel zu spät gelangen wir zu der Erkenntnis, wie nötig wir sie haben.«
Aus diesem Grund schloß sie sich einer Demonstration an zur Rettung eines wertvollen Bauwerks und reiste sogar nach Albany, um sich vor einem Ausschuß des Senats und des Kongresses dazu zu äußern.
Und sie kämpfte – und half mit beim Sieg – gegen eine mächtige Investmentbank und einen ebenso mächtigen Bauunternehmer in einer Schlacht, die überraschende Parallelen zu dem »Krieg« – sein eigenes Wort – aufwies, den Präsident Kennedy 1962 gegen die Großindustrie führte.
Die Lektion dieses Kampfes war bei Jacqueline auf fruchtbaren Boden gefallen.
Genau ein Vierteljahrhundert zuvor hatte John Kennedy einen Feldzug gestartet, an dessen Ende eine Reihe Industrielle lädiert und geschlagen auf der Strecke geblieben waren. Am 10. April 1962 informierte Roger Blough, Vorsitzender der United States Steel Corporation (damals ehrfurchtsvoll Big Steel genannt), den Präsidenten im Oval Office davon, daß seine

Firma den Preis für die Tonne Stahl um 6 Dollar heraufsetzen werde.
Kennedy war außer sich vor Zorn. Erst vier Tage zuvor war es zwischen den United Steel Workers of America und der Industrie zu einer inoffiziellen Einigung gekommen, daß die Löhne nur gering erhöht würden, daß es aber nicht zu einer Preiserhöhung komme. Kurz nach der Ankündigung Bloughs folgten vier weitere Firmen dem Beispiel von Big Steel.
»Mein Vater hat mir immer gesagt, daß alle Geschäftsleute Hurensöhne seien, aber ich habe es bis heute einfach nicht glauben wollen«, schäumte der Präsident. Die Preiserhöhung würde eine inflationäre Spirale in Gang setzen, die Kosten für Häuser, Werkzeug und Maschinen würden steigen, die Einkommen der Menschen würden in ihrer Kaufkraft sinken, und die nationale Verteidigung wäre schlagartig um 1 Milliarde Dollar teurer.
John, mit Bobbys Unterstützung, ging zum Gegenangriff über. Der Präsident beschuldigte die Stahlindustrie in einer vom Fernsehen übertragenen Pressekonferenz. Bobby, als Justizminister, gab bekannt, daß das Ministerium umgehend eine Grand Jury einsetzen werde, um zu untersuchen, ob die Stahlproduzenten eine Preisabsprache getroffen und somit gegen herrschende Gesetze verstoßen hätten. Dutzende von Telefongesprächen wurden mit wichtigen Industrieleuten geführt. Gerüchteweise wurde die versteckte Drohung geäußert, die Regierung suche Wege und Möglichkeiten, Big Steel zu zerschlagen.
Nach drei Tagen gaben die Stahlproduzenten klein bei. Die Preise wurden auf die alte Höhe zurückgenommen.
Jackie begann ihren eigenen Kampf gegen mächtige Interessenten im Sommer 1987, als eine der heftigsten Immobilienstreitigkeiten der Stadt begann.
Die Bankfirma Salomon Brothers, zusammen mit Mortimer B. Zuckermans Boston Properties, einer Bauentwicklungsfirma,

gab die Absicht bekannt, einen 194 000 Quadratmeter großen Büro-, Geschäfts- und Apartmentbau auf dem 3,4 Morgen großen Gelände des New York Coliseum am Columbus Circle zu errichten. Das Projekt umfaßte zwei Türme, einer achtundsechzig, der andere achtundfünfzig Stockwerke hoch. Die bestehende Stadtstruktur der südwestlichen Region des Central Park würde dadurch zerstört.

Die City Planning Commission und das Board of Estimate, damals das gesetzgebende Organ der Stadt, bewilligten das Projekt. Bürgermeister Edward I. Koch verkündete, es sei eine hervorragende Idee und brächte sicherlich erhebliche Steuergelder in die chronisch leeren Kassen der Stadt.

Trotz der bereits erteilten Genehmigung und trotz Bürgermeister Kochs Standpunkt führte Jackie die Opposition des Coliseum-Projekts an, dessen Pläne für die Zwillingstürme nicht nur zur Folge hätten, daß ein meilenlanger Schatten sich auf den unteren Teil des Central Park legen würde, sondern daß sich auch aufgrund des zunehmenden Autoverkehrs die Luftverschmutzung in Manhattan verschlimmern würde.

Indem sie die Pläne studierte, wurde Jackie klar, welche erheblichen Nachteile sich für die Stadtbewohner ergeben würden. Kurz nach Mittag würde »der Schatten«, wie das Projekt schließlich getauft wurde, die Spielplätze, Spazierwege und Ruhebänke im unteren Teil des Central Park in Dunkelheit versinken lassen, als fände täglich eine totale Sonnenfinsternis statt. Eine empfindliche Kälte würde sich zwischen den Bäumen und Rasenflächen ausbreiten.

Im Laufe des weiteren Nachmittags würde es auf dem Teich, auf dem viele Kinder und auch zahlreiche Erwachsene ihre ferngesteuerten Modellboote kreisen ließen, auf der Wollman-Kunsteisbahn und wenig später auch auf der Fifth Avenue nachtdunkel. »Allein die Vorstellung von einem solchen massigen Gebäude am Rand des Central Park verschlägt den

Menschen den Atem«, schrieb John Taylor in der Illustrierten *New York*.

Zu diesen Leuten gehörte auch Jackie Onassis. »Ich habe sie noch nie so wütend gesehen«, vertraute mir eine Freundin an. »Sie raste vor Zorn. Erinnern Sie sich noch an den Film, in dem der Held dauernd brüllt, er sei unheimlich wütend und nicht mehr bereit, alles zu ertragen?* Das war Jackie!«

Jackie wandte sich an ihre einflußreichen Nachbarn und Freunde und bat um Unterstützung für ihren Feldzug gegen den »Schatten«. Sie sicherte sich die Mithilfe des ehemaligen Außenministers Henry Kissinger, des Fernsehkommentators Walter Cronkite, der Feministenführerin Betty Friedan, der Autoren Brendan Gill und E. L. Doctorow, der Schauspielerinnen Celeste Holm und Candice Bergen und deren Ehemannes Louis Malle; hinzu kamen der ehemalige Bürgermeister von New York John Lindsay sowie der berühmte Architekt I. M. Pei.

In dem Kampf, den sie führten, ging es um Prinzipien, die über einen Baugenehmigungsstreit hinausgingen. Es war ein emotionaler Krieg um Anliegen, die weit über diesen Streit hinausreichten. Es war ein Symbol für den Krieg zwischen Gut und Böse – zwischen dem Recht der Bürger auf der einen Seite und der Habgier und Rücksichtslosigkeit der Bauindustrie auf der anderen. Kent Barwick, der Präsident der Municipal Art Society, sagte: »Dieses Gebäude … ist zu einem Sinnbild für die Unmäßigkeit New Yorks geworden. Wenn diese Schlacht vorbei ist, werden Sie erleben, wie die Öffentlichkeit wieder ihre Stimme zu allem erheben wird, was in dieser Stadt geschieht.«

Die Bauplaner reagierten wütend. Jackie sowie 800 andere einflußreiche Gegner des Projekts erhielten einen scharfen, acht Seiten langen Brief von Edward H. Linde, dem Partner Mort Zuckermans in der Firma Boston Properties.

* Der Film war »Network«. Der »Held« war Peter Finch.

Der Brief warf den Kritikern in spöttischem Ton vor, diesen »Rechtsstreit des Jahres« aus Geltungssucht zu betreiben, und beschuldigte sie, die Tatsachen über den geplanten Komplex völlig verzerrt darzustellen. Linde schrieb unter anderem: »Die Argumente der Kritiker treffen nicht zu, sie sind irreführend, und sie stützen sich auf die Emotionen ansprechende Vorstellungen und nicht auf Fakten.« Das ganze Gerichtsverfahren, erklärte er, sei gleichermaßen »unbegründet und unfair«, denn der »Schatten«, den das Gebäude werfe, sei weder so lang andauernd noch so ausgedehnt, wie die Projektgegner glauben machen wollten.

Trotz des öffentlichen Aufsehens um das Projekt weigerte sich John Gutfreund, damals Chef von Salomon, Inc., einen Rückzieher zu machen. Seine Firma wäre nicht nur Haupteigentümer des Komplexes, sondern sie würde auch mehr Raum in Anspruch nehmen als jeder andere Mieter. Gutfreund sagte, dieses Projekt werde die Bedeutung der Stadt als finanzieller Mittelpunkt der ganzen Welt festigen. »Wir sind eine alte New Yorker Firma«, sagte Gutfreund, »und wir freuen uns schon auf unser neues Heim auf dem Gelände des Coliseum.«

»Nicht so schnell«, widersprach Jackie.

Während einer Pressekonferenz am 29. Juli 1989 in den Büros der Municipal Art Society in der 457 Madison Avenue, zu deren Vorstand sie gehört, machte Jackie ihrem Zorn Luft.

»Es ist eine monströse Idee«, sagte sie. »Es ist an der Zeit, dem Bauwahnsinn in New York City Einhalt zu gebieten, indem am Columbus Circle eine Grenze gezogen wird und die Größe dieses monströsen Gebäudes, das dort errichtet werden soll, reduziert wird.« (Der höhere der beiden Türme würde über dreihundert Meter hoch.)

»Wir machen Halt am Columbus Circle. Wir haben die Verantwortung, unsere Sorge kundzutun, wenn wir glauben, daß die Zukunft der Stadt in Gefahr ist.«

1987 gelangte der Streit vor Gericht. Die Society klagte vor dem State Supreme Court gegen die Durchführung des Projekts und obsiegte. Die Bauplaner reichten neue Pläne ein, in denen der höhere der beiden Türme um gut 50 Meter gekürzt worden war.

Das reicht nicht, sagten die Gegner, die jetzt eine Klage beim Distriktgericht einreichten mit der Begründung, der Komplex verstoße gegen den Federal Clean Air Act.

Jackie und ihre Mitkämpfer obsiegten auch hier, aber die Bauplaner legten Einspruch ein, und die Entscheidung wurde widerrufen. Mittlerweile jedoch hatte Salomon sich aus dem Projekt zurückgezogen, und Mort Zuckerman nahm eine zögernde Haltung ein, teils wegen des im Abschwung befindlichen Immobilienmarktes, teils, weil er befürchtete, seine Gegner könnten bis vor den Supreme Court der Vereinigten Staaten ziehen.

Bis zum Spätsommer 1993 war nichts weiter geschehen. Falls irgendwann in der Zukunft auf dem Gelände etwas gebaut werden sollte, wird es ganz sicher gründlich von dem ursprünglichen Konzept abweichen.

Die Mächte des Guten hatten gesiegt. Jackie wurde für ihren Einsatz durch die Municipal Art Society öffentlich gelobt.

Es war ein grandioser Sieg, aber nicht ihr erster Kreuzzug. Ihr Interesse für die Stadtplanung wurde geweckt, als das prachtvolle Gebäude des Grand Central Terminal in der 42nd Street in Manhattan bedroht war.

Der Grand-Central-Fall begann 1968, als die New York City Landmarks Preservation Commission dem großen Bahnhofsgebäude und dem Grundstück, auf dem er sich befindet, Denkmalschutz zuerkannte. Damit durften auf dem Gelände keine Baumaßnahmen durchgeführt werden, und das äußere Erscheinungsbild des Gebäudes durfte ohne ausdrückliche Genehmigung der Kommission nicht verändert werden.

Fünf Monate später gab Penn Central, Eigentümerin des

Bahnhofs, Pläne bekannt, die Luftrechte über dem Bahnhof an einen Bauplaner zu verpachten, der über Grand Central ein 53 Stockwerke hohes Bürogebäude errichten wolle.
Als der Bauherr in den Jahren 1968 und 1969 Pläne für den Büroturm vorlegte, lehnte die Kommission beide als unannehmbar ab. Die Eisenbahngesellschaft und der Bauherr zogen vor Gericht und argumentierten, die Stadt, vertreten durch die Kommission, verlange die öffentliche Nutzung ihres Eigentums ohne eine Entschädigung zu zahlen. Damit verstoße sie gegen das in der Verfassung garantierte Gleichheitsprinzip.
Der Oberste Gerichtshof des Staates erklärte die Ablehnung der Baupläne für verfassungswidrig, doch der Berufungsausschuß entschied mit drei zu zwei Stimmen, daß die Entscheidung der Kommission nicht verfassungswidrig sei und die Rechte des Eigentümers und des Bauplaners nicht beschneide. Das höchste New Yorker Gericht, der State Court of Appeals, bestätigte die Entscheidung einstimmig.
Die Eisenbahngesellschaft legte vor dem Supreme Court Berufung ein. Es ging um die Frage, ob die New York City Landmarks Commission das Recht habe, den Bahnhof zum Denkmal zu erklären und somit den Bau des Büroturms zu verbieten.
Jackie, die am 21. April 1977 ihren fünfzigsten Geburtstag feierte, protestierte gegen den Bau des Büroturms über dem Bahnhofsgebäude. Büroangestellte, die zur Mittagszeit aus den umliegenden Bürogebäuden zum Essen strömten, erlebten staunend mit, wie Jackie vor dem Bahnhof auf ein behelfsmäßig zusammengezimmertes Podium kletterte und sie um Unterstützung bat. »Sie müssen mir helfen«, rief sie. »Dieser Bau ist Teil unseres Erbes. Wir dürfen es nicht vernichten.« Flankiert wurde Jackie auf dem Podium von anderen Führern der Bürgerinitiative gegen den Bau des Büroturms.
Jackie widmete ihre gesamte Freizeit diesem Anliegen. Und

sie siegte. Am 27. Juni 1978 entschied der Supreme Court der Vereinigten Staaten, daß nichts in dem Luftraum über dem Bahnhofsgebäude gebaut werden dürfe, weil dadurch seine Bedeutung als Baudenkmal entscheidend gemindert würde.

1980 gab die St. Bartholomew's Episcopal Church an der Ecke Lexington Avenue und 50th Street bekannt, daß sie einen Vorschlag Howard Ronsons, eines englischen Bauplaners, befürworte, der vorsah, das Pfarrhaus und Gemeindezentrum neben der Kirche abzureißen und durch einen 59 Stockwerke hohen Büroturm zu ersetzen.

Jackie zog erneut in den Kampf. Sie teilte sich den Vorsitz eines Komitees zur Rettung von St. Bartholomew's mit dem Autor Rendan Gill.

Sie legte sich mit dem Pfarrer Thomas Bowers an, der den Turm wünschte, weil er ihm einen dringend benötigten Geldzufluß garantierte. An der Kirche, so sagte er, müßten Reparaturen für insgesamt 7,5 Millionen Dollar durchgeführt werden. Da Spendenaufrufe wenig Erfolg gezeitigt hätten, sei die Kirche trotz ihrer wohlhabenden Gemeinde in spätestens zehn Jahren nur noch eine Ruine. Außerdem, so erklärte er weiter, würden die Gelder die Kirche in die Lage versetzen, derzeit aufgeschobene Maßnahmen zur Unterstützung der Armen und Bedürftigen durchzuführen.

Jackie und ihr Komitee argumentierten, daß das Projekt direkt gegen die Denkmalschutzvorschriften von New York City verstoße. Befürworter des Projekts sorgten dafür, daß wohlwollende Mitglieder gesetzgebender Körperschaften des Staates eine Regelung erließen, nach der Kirchenbauten von den Schutzvorschriften ausgenommen seien.

Wie bei der Schlacht um den Columbus Circle entwickelte sich auch hier ein Streit um Bauvorschriften. Es war der Kampf zwischen der Bewahrung historischer Werte und dem schnöden Mammon. Thomas Bowers schätzte Jackie als derart mächtige Gegnerin ein, daß er sie zum Tee in sein Pfarrhaus einlud und versuchte, sie zum Einlenken zu überreden. Es war ein von Herzlichkeit geprägtes Treffen, aber Jackie beharrte auf ihrem Standpunkt. Der Turm dürfe nicht errichtet werden. Die Kirche reduzierte seine Höhe auf siebenundvierzig Stockwerke. Die Antwort lautete noch immer nein.

Am 8. Februar 1984 bestieg Jackie zusammen mit hundert führenden Persönlichkeiten, Repräsentanten von Bürgerinitiativen, Architekten, Stadtplanern, Denkmalsschützern und Vertretern verschiedener Religionsgemeinschaften einen Sonderzug namens »Landmark Express II« nach Albany. Es war ihr erster Besuch in der Hauptstadt des Staates, und er wurde zu einem einzigen Triumph. »Die magische Jackie Onassis schlug das Capitol in ihren Bann, verzauberte Gouverneur Mario Cuomo ... überzeugte die Gesetzgeber von ihrem Anliegen, die Baudenkmäler von New York City zu schützen«, schrieb die *New York Post*.

Jackie fuhr wie ein Wirbelwind durch die heiligen Hallen der Staatsregierung, als sie von einer Konferenz zur anderen eilte und gegen die »St. Bart's Bill« kämpfte, welche der Kirche erlauben würde, das geplante Projekt zu verwirklichen.

Während eines Auftritts vor einem gemeinsamen Ausschuß des Senats und des Repräsentantenhauses erklärte sie mit leidenschaftlicher Stimme: »Die Zukunft von New York City sieht düster aus, wenn Denkmalsschutzvorschriften nicht mehr für religiöse Bauwerke gelten sollten. Ich glaube, wenn man den Menschen das wegnimmt, was sie geistig oder historisch nährt, dann stirbt etwas in ihnen.« Nach ihrem Auftritt verließ sie den Saal unter lautem Beifall, um ihr Anliegen den Rechtsexperten vorzutragen.

Die Ausnahmeregelung wurde verworfen, aber St. Bart's setzte den Kampf vor den Gerichten fort, und der Fall schleppte sich sieben weitere Jahren hin. Schließlich, im März 1991, kapitulierte die Kirche, nachdem der Supreme Court es abge-

lehnt hatte, die Verfassungsklage gegen die Denkmalsschutzvorschrift zuzulassen.
Ebenso wie der Grand Central Terminal stehen die Kirche und ihr Pfarrhaus noch immer frei.
Jackie hatte in ihren drei wichtigsten Kreuzzügen einen Sieg davongetragen.

19. Kapitel

Ihr Tod

Am späten Mittwoch nachmittag, dem 18. Mai, erhielt Ted Kennedy in Washington einen Telefonanruf von seinem Neffen John Kennedy jr. Er hörte einige Sekunden lang zu, dann gab er seinem Stab ein paar knappe Befehle. An seinem Schreibtisch stehend telefonierte er mit dem New York Hospital-Cornell Medical Center, redete kaum eine halbe Minute, dann raste er zum Flughafen, um mit der nächsten Maschine nach New York zu fliegen. Ein Taxi brachte ihn zu Jackies Wohnung in der 1040 Fifth Avenue in Manhattan.

Mehr als zweihundert Reporter und Fernsehkorrespondenten drängten sich bei leichtem Regen unter Schirmen und verschmutzten den Bürgersteig mit Zigarettenstummeln, Kaffeebechern und Bonbonpapier.

Als der Senator eintraf, stürzte die Presse sich auf ihn und richtete Mikrofone, Tonbandgeräte und Kameras auf ihn. Ein besorgtes Lächeln erschien in seinem Gesicht, das gleiche knappe, freudlose Lächeln, daß immer dann erscheint, wenn er sich gegenüber Nachrichtenleuten zu Familienangelegenheiten äußert. Während er sich mit der Hand durchs regennasse Haar fuhr, erklärte er, er habe von Washington aus mit Jackie gesprochen, könne aber nichts Neues erzählen. »Wir haben uns kurz unterhalten«, sagte er. »Sie wollte sich nur ausruhen.«

Zwei Tage vorher hatte Jackie das Krankenhaus aufgesucht. Sie hatte sich leicht desorientiert gefühlt, war unsicher auf den Beinen und äußerst schwach. Außerdem litt sie unter Schüttelfrostanfällen.

Die ganze Zeit hatte Jackies Sprecherin, Nancy Tuckerman,

Bulletins herausgegeben, die leicht ermutigend klangen, allerdings keinerlei Hinweis auf ihren wahren Zustand enthielten. Infolgedessen vermittelten die Zeitungs- und Fernsehmeldungen den allgemeinen Eindruck, daß Mrs. Onassis zweifellos schwerkrank sei, daß sie aber eine gute, wenn nicht gar hervorragende Chance habe, zu den 40 Prozent Opfern des Non-Hodgkin-Lymphoms zu gehören, die diese Krankheit fünf Jahre oder länger überleben.

»Ich habe nicht versucht schönzufärben«, sagte Mrs. Tuckerman später. »Ich habe nur weitergegeben, was ich für angemessen hielt. Wir haben versucht, sie und die Kinder zu schützen, denn sie konnten ihre Besuche [im Krankenhaus und in ihrer Wohnung] nicht ungehindert absolvieren.«

Daher verwirrte der schnelle Gang der Ereignisse während der nächsten zwei Tage die Welt, ja, er schockte sie geradezu. Der Lymphom-Typ, an dem Jackie litt, erwies sich als extrem aggressiv, und ihre Ärzte stellten fest, daß er nicht auf die Chemotherapie reagiert hatte, die sie erhielt. Steroide, die außerdem den krebsbekämpfenden Substanzen beigefügt worden waren, schlugen nicht an. Als sie am Montag ins Krankenhaus kam, hatte die Krankheit sich bereits bis in ihre Leber und ihr Gehirn ausgebreitet.

Das Stich Radiation Therapy Center, das in einem Anbau des Krankenhausgebäudes untergebracht ist, verfügte mit einem sogenannten Linearbeschleuniger über ein Bestrahlungsgerät, mit dem in tieferen Körperschichten lokalisierte Tumoren behandelt werden können, ohne angrenzendes Gewebe zu schädigen. Dieses Gerät wurde zur Bestrahlung von Jackies Hirntumoren eingesetzt. Die Bestrahlung, kombiniert mit einer medikamentösen Therapie, schwächte ihr Immunsystem, und sie erkrankte an einer Lungenentzündung, die die Ärzte mit hochdosierten Antibiotika behandelten.

Mittlerweile hatte der Krebs zahlreiche Metastasen gebildet. Eine Computertomographie ergab, daß die Metastasen bis in ihre Leber vorgedrungen waren. Angesichts dieser Entwicklung mußten die Ärzte Jacqueline offenbaren, daß die medizinische Wissenschaft versagt hatte und daß sie nichts mehr für sie tun könnten.

Jacqueline nahm das Urteil genauso ruhig und gefaßt hin wie alle anderen Schicksalsschläge in ihrem Leben.

»Ich möchte nach Hause zurückkehren«, erklärte sie den Ärzten. »Ich will zu Hause im Kreis meiner Familie sterben.«

Jackie kannte das Ausmaß ihrer Krankheit wahrscheinlich schon im Februar, als sie, wie die *New York Times* meldete, eine Erklärung unterschrieb, in der sie verfügte, daß keinerlei aggressive medizinische Behandlung durchgeführt werden solle, wenn die Ärzte zu dem Ergebnis kämen, daß ihr Zustand hoffnungslos sei. Daher erhielt sie auch keine Antibiotika mehr, als sie das Krankenhaus verließ.

Ihre Familie fand sich nach und nach ein.

Ihre Schwester Lee Radziwill Ross kam aus Kalifornien, verließ die Wohnung in Tränen aufgelöst nach fünfunddreißig Minuten und kehrte eine halbe Stunde später zurück. Andere Verwandte erschienen: ihre Neffen Michael Kennedy, William Kennedy Smith, der vom Vorwurf der Vergewaltigung in Palm Beach freigesprochen worden war, Chris Lawford, der Sohn von Jackies Schwester Pat, die Nichte Maria Shriver und deren Mutter Eunice. Sogar Ethel Kennedy, eine langjährige Feindin, erschien mit zwei ihrer Töchter und erklärte gegenüber Reportern: »Sie braucht die Gebete aller.«

Kurz nach 11 Uhr vormittags traf Monsignore George Bardes von der St.-Thomas-More-Kirche in der East 89th Street in Manhattan in Jackies Wohnung ein. Er nahm ihr die Beichte ab, reichte ihr die Heilige Kommunion und erteilte ihr die Krankenölung. Jahre vorher, am 11. Dezember 1988, hatte Jakkie bei strahlendem jugendlichem Aussehen in St. Thomas More der Taufe ihres ersten Enkelkindes, Rose, beigewohnt.

Monsignore Bardes, Jackies Pfarrgeistlicher, war gegen 8 Uhr benachrichtigt worden. Er war ein gütiger, freundlicher Mann, der sich nach fast fünfzig Jahren priesterlicher Tätigkeit zur Ruhe gesetzt hatte. Im Laufe der Jahre hatte er sich mit Jackie angefreundet. Er schüttelte traurig den Kopf, als er ihre Wohnung verließ. »Ich hatte niemals gedacht, daß so etwas geschieht«, sagte er zu Reportern und ging zu Fuß durch den Regen zu seiner Kirche zurück.

Gegen Mittag hatte sich auf der Fifth Avenue eine umfangreiche Menschenmenge hinter den Wagen der Fernsehgesellschaften versammelt. Fünfzehn Polizisten waren mittlerweile im Einsatz und stellten Sperren auf, um die Schaulustigen zurück- und den Verkehr in Gang zu halten.

Weitere Freunde erschienen. Jeder wurde bei Ankunft oder Weggang von den Medienvertretern bestürmt. Carly Simon, Jackies Nachbarin in Gay Head, blieb eine Stunde lang. »Sie ist eine liebe Freundin«, sagte sie mit tränenerstickter Stimme. Victoria Reggie, Teds zweite Frau, traf ein, aber Joan kam nicht. Im Laufe des Tages erschienen weitere Nichten und Neffen. Am späten Abend tauchte auch Darryl Hannah, Johns derzeitige Freundin, auf.

Zwei Söhne Ethel Kennedys, Rep. Joseph Kennedy II und Robert, erschienen am Nachmittag. Bobbys Augen war gerötet, und Joe erklärte gegenüber Reportern: »Sie ist sehr krank, und es ist furchtbar traurig. Sie ist in ihrer Wohnung von Liebe und Zuneigung umgeben.«

Enge Freunde, um deren Besuch Jackie ausdrücklich gebeten hatte, waren Rachel (Bunny) Mellon, eine langjährige Freundin, die mit dem reichen Paul Mellon verheiratet ist; Jayne Wrightsman, eine Nachbarin in Palm Beach und Witwe des Ölmagnaten Charles Wrightsman, und Joe Armstrong, der ehemalige Herausgeber der Illustrierten *Rolling Stone*.

In der Wohnung versammelten die Besucher sich in der geräumigen Bibliothek, wo sie sich im Flüsterton unterhielten, und betraten immer zu zweit das Krankenzimmer. Jackie lag still in ihrem Bett, das Gesicht schneeweiß, der Körper ein Schatten seiner selbst, nachdem sie im Verlauf der Behandlung zwölf Pfund verloren hatte. Jackie konnte mit jedem Besucher reden und dessen Hand halten.

Caroline, John Jr. und Ed Schlossberg gingen ständig ein und aus. Maurice Tempelsman wich nicht von ihrer Seite.

Um 2.30 Uhr drängten die Medien sich zum Eingang des Wohnhauses. John und Caroline kamen heraus, gefolgt von Ed. Johns Gesicht war ernst. Carolines Gesicht war ausdruckslos, und man fühlte sich an das sechsjährige Kind mit den toten Augen erinnert, das nach Hickory Hill kam, nachdem sein Vater, der Präsident, ermordet worden war, und das weder lachen noch weinen wollte. Bobby, der selbst von tiefer Trauer übermannt war, sagte, daß er fast geweint hätte, als er den Ausdruck in Carolines Gesicht sah.

In Washington ließen Präsident Bill Clinton und First Lady Hillary Rodham Clinton sich ständig über Jackies Zustand berichten. Laut Aussagen von Bediensteten des Weißen Hauses waren beide tief betroffen.

Sogar noch während der Abendstunden erklärte Nancy Tukkerman, daß Jackie sich nicht in unmittelbarer Lebensgefahr befinde. »Es ist nur eine besonders schwere Phase ihrer Krankheit, die sie mit großer Tapferkeit zu meistern versucht«, sagte sie. Aber nach einer Weile reagierte sie nicht mehr auf Anfragen der Medien.

Ted, der offenbar überzeugt war, daß Jackie noch länger am Leben bleiben würde, verließ das Haus um 8.30 Uhr abends.

Aber kurz nach 9.00 Uhr fiel Jackie in ein Koma.

Um 10.15 Uhr abends, am 19. Mai 1994, kaum mehr als zwei Monate nach ihrem vierundsechzigsten Geburtstag, starb Jacqueline Kennedy Onassis, umgeben von ihrer Familie.

Am nächsten Morgen trat John in einem der bewegendsten Augenblicke seines jungen Lebens vor die Tür der Wohnung seiner Mutter und erklärte mit fester Stimme:

»Vergangene Nacht gegen 22.15 Uhr verstarb meine Mutter. Sie starb im Kreise der Freunde, der Familie, der Bücher, der Menschen und Dinge, die sie liebte.
Sie starb auf ihre ganz eigene Art und Weise, und wir alle sind dankbar dafür. Nun ist sie in Gottes Händen.
Eine Unmenge Genesungswünsche ist von überallher eingegangen, sowohl aus New York als auch aus anderen Orten. Ich spreche für meine ganze Familie, wenn ich erkläre, daß wir überaus dankbar sind. Jeder war außerordentlich mitfühlend. Und ich hoffe, daß wir, nachdem Sie Bescheid wissen, wenigstens die nächsten beiden Tage in einiger Ruhe verbringen können.«

Am nächsten Tag gegen 11.00 Uhr wurde am Boteneingang der Wohnung in der Fifth Avenue ein mit einer grauen Decke verhüllter Sarg von einem silbernen Leichenwagen der Bestattungsfirma Frank E. Campbell angeliefert. Sechs Männer in dunklen Anzügen luden ihn ab und transportierten ihn in den vierzehnten Stock.

Den ganzen Sonntagabend, den 22. Mai, pilgerten Tausende von Menschen zum Eingang des Hauses in der Fifth Avenue und drängen sich bis zur 84th und zur 86th Street. Einige blieben nur ein paar Sekunden lang, aber die meisten harrten mehrere Stunden lang aus, weinten und schienen nicht von der Stelle weichen zu wollen. So viele Blumen wurden rechts und links neben der Haustür abgelegt, daß das Hauspersonal sie mehrmals wegräumen mußte, weil sie den Bürgersteig versperrten.
Um sechs Uhr abends wurde eine private Totenwache in der Wohnung abgehalten. Mike Nichols, der Drehbuchautor und Regisseur, seine Frau, die Nachrichtensprecherin Diane Sawyer, Maria Shrivers Ehemann, Arnold Schwarzenegger, und etwa 150 weitere Personen drängten sich durch die Men-

ge zum Hauseingang. Ein Tuch aus alter Seide bedeckte den geschlossenen Mahagonisarg mit den sterblichen Überresten von Mrs. Onassis. Monsignore Bardes sagte: »Liebe Brüder und Schwestern, wir glauben, daß all die Bindungen an Freunde und all die Sympathien, die wir im Laufe unseres Lebens erfahren, nach dem Tod nicht zerbrechen.« Father Rafael Jiminez de la Sopa, ebenfalls ein enger Freund, sprach Gebete auf spanisch und englisch.

Später traten John jr., Caroline und Darryl Hannah auf die mit einem Geländer versehene Terrasse von Jackies Wohnung mit Blick auf den Park. Als die Menschen auf der Straße sie entdeckten, brandete lautstarke Anteilnahme auf. Irgendwo stimmte eine männliche Stimme »The Battle Hymn of the Republic« an. Kaum hatte sie die erste Zeile gesungen, fielen andere mit ein, und schon bald intonierte ein umfangreicher Chor das »Glory, glory, hallelujah« des Finales. Es war Bobby Kennedys Lieblingshymne, und sie war seinerzeit gesungen worden, als seine sterbliche Hülle über die Memorial Bridge gefahren wurde, um nicht weit von seinem Bruder entfernt am Fuß des Hügels mit dem Curtis-Lee-Mausoleum auf den Nationalfriedhof von Arlington beerdigt zu werden.

Bereits vor Anbruch des nächsten Tages versammelten sich Menschenscharen vor der Kirche St. Ignatius Loyola und drängten sich gegen die polizeilichen Absperrungen. Die Kirche war für die Totenmesse ausgewählt worden, weil sie fünfzehnhundert Personen Platz bot, St. Thomas More aber nur dreihundertfünfzig Menschen aufnehmen konnte.

Am Sonntag waren mit Boten Einladungen an siebenhundert Gäste verteilt worden, von denen die ersten schon um kurz nach neun Uhr eintrafen. Zu diesen ersten gehörten First Lady Hillary Rodham Clinton und Lady Bird Johnson, die Witwe des ehemaligen Präsidenten Lyndon B. Johnson. Alle Angehörigen der weitläufigen Kennedy-Familie saßen in den vordersten Bänken. Unter den anderen Gästen befanden sich langjährige Freunde, politische Persönlichkeiten, Prominente aus Kunst, Musik und Entertainment sowie Persönlichkeiten, die Jackie die meiste Zeit ihres Lebens nahegestanden hatten wie zum Beispiel der Friseur Kenneth Batelle, der ehemalige Footballstar der Rams, Roosevelt Grier, Pierre Salinger, John Kennedys ehemaliger Pressechef, und die Architekten I. M. Pei und Philip Johnson.

Die Totenmesse selbst wurde nicht im Fernsehen übertragen, doch Reporter und Fernsehkommentatoren konnten sie über die Lautsprecheranlage der Kirche verfolgen.

Um Punkt 10 Uhr wurde der Sarg mit der sterblichen Hülle von Jacqueline Kennedy Onassis auf einen Leichenwagen gehoben und langsam zur Kirche gefahren. Dort nahmen acht speziell dazu bestimmte Sargträger ihn in Empfang.

John jr. erhob sich in der ersten Bank und ging zur Kanzel und verkündete den Trauernden vor dem mit Grünpflanzen bedeckten Sarg mit kräftiger Stimme: »Drei Dinge fallen einem immer wieder ein und bestimmten am Ende unsere Auswahl [dessen, was bei der Messe gesprochen werden sollte]. Es waren ihre Liebe zur Sprache, die engen Bande zu Heim und Familie und ihr unabhängiger Geist.«

Er entschied sich für eine Passage aus dem Buch Jesaja, der als einer der großen Propheten angesehen wird. Es war eine inspirierte Wahl. Jesaja war Stadtbewohner und gleichzeitig Aristokrat. Aber »trotz seiner adligen Geburt und Erziehung befürwortete er die proletarischen Aspekte der Prophetenlehre« laut des Buches *The Bible Designed to Be Read as Living Literature.** John las vor: »Gott wird die Tränen in unseren Gesichtern trocknen.«

Die Totenrede wurde von Edward Kennedy gehalten, der siebenundzwanzig Jahre zuvor mit Tränen hatte kämpfen müssen, als er vor dem Sarg seines Bruders Robert in der St. Pat-

* Simon and Schuster, New York, 1943, S. 413.

rick's Cathedral in New York das Wort ergriff. Diesmal war seine Stimme fest und kräftig, als er über die Witwe des früheren Präsidenten sprach.
Er begann mit einer Anekdote, die viele der Trauernden lächeln ließ. »Im vergangenen Sommer«, erzählte er, »als wir an Deck des Bootes auf [Martha's] Vineyard standen und auf die Ankunft von Präsident und Mrs. Clinton warteten, drehte Jackie sich zu mir um und meinte: ›Teddy, geh runter, und begrüß den Präsidenten.‹ Aber ich erwiderte: ›Maurice ist schon da.‹
Darauf sagte Jackie: ›Teddy, tu du es. Maurice bewirbt sich um keine Wiederwahl.‹«
Danach fuhr er fort:

»Sie war ein Segen für uns und die Nation und eine lebende Lektion für die Welt, wie man richtig handelt, wie man Mutter ist, wie man die Geschichte würdigt und wie man Tapferkeit beweist.
Niemand sah aus wie sie, redete wie sie, schrieb wie sie oder war in seinem Handeln so eigenständig wie sie. Niemand, den wir kannten, war sich seiner selbst in ähnlicher Weise bewußt ...
Niemand erfüllte den Titel der First Lady mit mehr Bedeutung. Die Hauptstadt der Nation verdankt ihr derzeitiges Gesicht ihr allein. Sie rettete den Lafayette Square und die Pennsylvania Avenue.
Jackie holte die bedeutendsten Künstler ins Weiße Haus und rückte die Kunst in den Mittelpunkt der nationalen Aufmerksamkeit. Dank ihrer Inspiration und Weitsicht sind die Künste heute ein wesentlicher Teil der nationalen Politik.
Und schließlich, während jener vier endlosen Tage im Jahr 1963, hielt sie uns als Familie und Nation zusammen. Hauptsächlich dank ihr konnten wir trauern und trotzdem fortbestehen. Sie richtete uns auf und gab ihren Mitbürgern in einer

Phase des Zweifels und der Düsternis den Stolz zurück, Amerikaner zu sein.

Danach, als die Ewige Flamme, die sie entzündete, im Herbst auf dem Friedhof von Arlington zu lodern begann, setzte Jackie das fort, das ihr am meisten am Herzen lag – nämlich Caroline und John großzuziehen und das Leben ihrer eigenen Familie und der Kennedys mit Wärme zu füllen …

Ihre Liebe zu Caroline und John war intensiv und bedingungslos. Sie freute sich über ihre Erfolge, litt unter ihren Sorgen und Nöten und empfand reine Freude dabei, mit ihnen zusammenzusein. Man brauchte nur ihre Namen zu nennen, und schon strahlten Jackies Augen, und sie lachte von Herzen.

Sie sagte einmal: ›Wenn man bei der Erziehung seiner Kinder Fehler macht, dann zählt nichts mehr, was man sonst im Leben erreicht hat.‹ Sie hat keine Fehler gemacht. Auch diesmal zeigte sie, wie man das Wichtigste schafft, was das Leben für einen bereithält …

Ich denke oft an das, was sie über John im Dezember sagte, nachdem er gestorben war. ›Sie haben ihn zu einer Legende gemacht, während er viel lieber ein Mensch gewesen wäre.‹ Jackie wäre viel lieber sie selbst gewesen, aber die Welt bestand darauf, daß auch sie eine Legende ist.

Sie wollte niemals im Blickpunkt der Öffentlichkeit stehen, wahrscheinlich weil dies, so denke ich, schmerzliche Erinnerungen an unerträgliches Leid, das man im grellen Rampenlicht ertragen muß, geweckt hätte.

In all den Jahren seitdem überstrahlten ihre Aufrichtigkeit und ihre Charakterstärke ihre Privatsphäre und berührten die Menschen auf der ganzen Welt. Jackie war 1963 zu jung, um eine Witwe zu sein, und sie war jetzt viel zu jung, um zu sterben …

Sie machte dem amerikanischen Geist ein wertvolles und nobles Geschenk. Aber für uns war sie vor allem anderen eine

wundervolle Ehefrau, Mutter, Großmutter, Schwester, Tante und Freundin.
Sie zeichnete unsere Geschichte aus. Und für jene von uns, die sie kannten und liebten, war sie ein wichtiger Teil unseres Lebens.«

Caroline Schlossberg dachte an die Liebe ihrer Mutter zu Cape Cod, als sie eine Inschrift für ihren Grabstein suchte. Sie hatte in Jackies Zimmer ein Buch entdeckt, erzählte Caroline, das ihr 1946 im Alter von fünfzehn Jahren geschenkt worden war, nachdem sie den ersten Preis in einem Literaturwettbewerb an Miss Porter's School in Farmington, Connecticut, gewonnen hatte. Es war *The Harp-Weaver and Other Poems* von Edna St. Vincent Millay, die ebenfalls in Vassar gewesen war und damals noch lebte (sie starb 1950). Die letzten Zeilen von »Erinnerung an Cape Cod« lauteten:

> Die Winde erstarben. Laß liegen deine Steine im Sand,
> sagten sie, und auch deine Muscheln, und folge uns.
> Wir suchen dir einen anderen Strand wie den in Truro.
> Laßt mich dem Wind in den Eschen lauschen.
> Er klingt wie die Brandung am Strand.

Der achtzigminütige Gottesdienst endete mit »America the Beautiful«, gesungen von Jessye Norman, dem Star der Metropolitan Opera. Der Sarg wurde die Treppen der Kirche hinuntergetragen und auf einen Leichenwagen geladen, der eine Kolonne aus sieben Automobilen die Park Avenue hinunter und über die Triborough Bridge zum LaGuardia-Flughafen anführte. Von drei Polizeifahrzeugen eskortiert, die dort gewartet hatten, begab der Leichenzug sich zum Marine Air Terminal, wo ein Gepäckförderband den Sarg in eine Maschine der USAir lud. John, Caroline, Hillary Clinton, Lee Radziwill Ross, Ethel Kennedy, Maria und Arnold Schwarzenegger gingen an Bord, und um 12.40 Uhr mittags startete die zweimotorige Maschine nach Washington.

Auf dem Nationalfriedhof in Arlington hatten nur etwa hundert Trauergäste Zutritt zur Grabstätte, wo Jacqueline neben ihrem Mann zu ewigen Ruhe gebettet werden sollte. Jackie hatte diesen Platz 1963 ausgesucht, da sie sich daran erinnert hatte, daß John, nachdem sie den Ort einige Jahre zuvor besucht hatten, sagte: »Hier könnte ich für immer liegen.« Der Präsident ruhte unter einem schlichten Stein aus schwarzem Granit mit der Inschrift: JOHN F. KENNEDY – 1917–1963.

Dort hatte dreißig Jahre zuvor Kardinal Richard Cushing, das graue, faltige Gesicht voller Anteilnahme, Jacqueline eine brennende Wachskerze gereicht, mit der sie die Ewige Flamme anzündete. Diese war sofort hell hochgelodert. Ein Trompeter hatte den Zapfenstreich geblasen, und Gewehrschützen hatten einundzwanzig Salutschüsse abgefeuert. Eine Ehrenwache hatte die Flagge, die den Sarg bedeckte, militärisch korrekt zusammengefaltet und ihr überreicht.

In jenem November war das Gelände völlig kahl gewesen. Nun standen hier Bäume um ein Denkmal, das seitdem errichtet worden war. Links neben John Kennedys Grab war eine Grube frisch ausgehoben worden, die mit Kunstrasen bedeckt war. Rechts neben ihm lag ihr Sohn, Patrick Bouvier Kennedy, der nur achtundvierzig Stunden lang gelebt hatte. Links darunter war eine namenlose Tochter begraben, die 1956 tot zur Welt gekommen war. Ein paar hundert Meter entfernt befand sich das Grab Robert Kennedys, markiert mit einem weißen Kreuz.

Präsident Clinton erwartete das Sonderflugzeug mit dem Sarg und begab sich mit der Prozession zur Grabstätte auf dem Grashang. Die Beerdigungszeremonie war kurz und schlicht und dauerte nur elf Minuten.

Präsident Clinton, der hinter John jr., Caroline und Tempelsman stand, lobte Jacqueline ebenfalls für »den Trost, den sie

einer Nation gespendet hatte, die um ihren Präsidenten trauerte«, und für ihre vorbildliche Mutterrolle bei ihren beiden Kindern und ihre Begeisterung für die Kultur.
»Gott schenkte ihr wundervolle Talente«, sagte der Präsident, »und er legte ihr eine große Bürde auf. Sie trug sie mit Würde und Stolz und mit einem ungewöhnlichen Menschenverstand.
Am Ende war es ihr am wichtigsten, ihren Kindern eine gute Mutter zu sein, und die Leben Carolines und Johns lassen keinen Zweifel daran, daß sie das und noch viel mehr war …
Voller Bewunderung, Liebe und Dankbarkeit für die Inspirationen und die Träume, die sie uns allen geschenkt hat, nehmen wir heute von Jackie Abschied.«
Einer der anrührendsten Momente war schließlich der Auftritt von Maurice Tempelsman, der sich bis zu den letzten Tagen zurückgehalten hatte und sich nicht mit Jackie hatte fotografieren lassen wollen, obgleich sie mehr als ein Dutzend Jahre eine enge Beziehung unterhalten hatten. In einem dunklen Anzug, die Schultern eingezogen und mit ernstem Gesicht trat er vor.
Er las ein Gedicht mit dem Titel »Ithaka« von C. P. Cavafy vor.* Ithaka ist eine der größeren Inseln im Ionischen Meer westlich von Griechenland.

Behalte Ithaka stets im Gedächtnis.
Dorthin zu gelangen ist dir bestimmt.
Aber überstürze die Reise nicht.
Lieber laß dir Jahre Zeit.
Damit du alt bist, wenn du die Insel erreichst,
und reich mit allem, was du unterwegs erworben,
nicht in Erwartung, von Ithaka belohnt zu werden.

* Aus Collected Poems, übersetzt von Edmund Keeley und Philip Sherrard (Princeton University Press, 1992).

John und Caroline knieten nieder, küßten den Sarg ihrer Mutter und gingen langsam weiter. John kniete am Grab seines Vaters nieder und legte eine Hand auf den Stein aus schwarzem Granit. Er und mehrere andere Familienmitglieder schritten auch zum Grab Robert Kennedys, knieten nieder und schlugen das Kreuzzeichen.
Die Trauernden entfernten sich.
Jacqueline Kennedy Onassis war mit dem gleichen Anstand und der gleichen Würde bestattet worden, mit der sie gelebt hatte.
Die Reise war zu Ende.
Der kurze, strahlende Augenblick namens Camelot war vorüber.

Coda

Es wird allgemein angenommen, daß Jacqueline Kennedy Onassis eine zutiefst geheimnisvolle Frau gewesen sei. Sie selbst hatte dieser Auffassung Vorschub geleistet, indem sie ein Mona-Lisa-Image kultiviert hatte und nie offenbarte, was hinter ihrem rätselhaften Lächeln verborgen war. Aber die Ereignisse ihres Lebens haben sehr deutlich gezeigt, daß sie kein so kompliziertes Rätsel war.

Wenn man die Mythen durchdringt, die wie ein scheinbar unüberwindliches Gestrüpp ihr wahres Ich verhüllt haben, und den Klatsch, die Gerüchte und falschen »Tatsachen« ignoriert, stellen wir fest, daß Jackie eine Frau war, die schwierige Phasen ihres Lebens überwand und schließlich weitgehend gefestigt in die reifen Jahre ihres Lebens eintrat.

Im Luxus aufgewachsen, führte Jackie ein kaum weniger luxuriöses Leben. Sie wünschte sich eine auf Liebe gründende Ehe und schloß sie auch. Sie wurde als First Lady der Vereinigten Staaten mit einer Mission betraut und erfüllte sie. Viel zu früh wurde sie von furchtbaren Tragödien heimgesucht, zerbrach fast darunter und erholte sich doch davon. Sie fand einen anderen Mann, den sie kurze Zeit lieben konnte, und genoß eine Phase emotionaler Ruhe. Nach seinem Tod stürzte sie sich in das hektische Jet-set-Leben und ging dann, als sie dessen Leere erkannte, eine Beziehung mit einem anderen Mann ein, bei dem sie sich geborgen fühlte, und sie unterhielt eine liebevolle Beziehung zu ihren beiden Kindern.

Jackie bemühte sich, ein empfindliches Gleichgewicht zwischen Macht und Prominentenstatus zu erreichen. Sie wußte sehr wohl, daß sie erstere besaß, und, völlig zu Recht, betrachtete sie sie als wesentlich, um die Ziele zu erreichen, die sie anstrebte. Und sie wußte auch, daß sie einen Prominentenstatus innehatte, den sie weder ablegen konnte noch wollte.

Ihr gesellschaftliches Leben war nicht annähernd so hektisch wie in früheren Jahren, und zwar aus eigener Entscheidung, noch ehe sie an Krebs erkrankte. Die Klatschkolumnistin Liz Smith nannte sie »halbwegs zurückgezogen in New York lebend«. Liz zitierte Jackie mit den Worten, sie wolle »am liebsten ihre roten Schuhe in die Hand nehmen und mich nach Kansas wünschen«, so wie die kleine Dorothy es im *Zauberer von Oz* tut.

Als sie den sechzigsten Geburtstag hinter sich hatte, plante sie ihre weiteren Schritt mit größerer Sorgfalt, lehnte mehr Einladungen ab, als sie annahm, und tat dies sehr höflich und meistens handschriftlich. Praktisch alle Anlässe, an denen sie teilnahm, waren Verlagspartys und Arbeitsessen sowie Wohltätigkeitsveranstaltungen im Zusammenhang mit ihren ganz persönlichen Anliegen.

Stets erschien sie zu einem Jahresgedächtnis in der JFK Memorial Library oder bei besonderen Veranstaltungen wie zum Beispiel Ende Oktober 1993, als das Museum, nachdem es ein Jahr geschlossen gewesen war, mit einer neuen, von Ed Schlossberg gestalteten Ausstellung wiedereröffnet wurde.

Während der Segelpartie vor Martha's Vineyard in diesem Sommer hatte Jackie Präsident Clinton persönlich um seine Teilnahme gebeten, und er hatte zugesagt. Ein großer Teil der weitläufigen Kennedy-Familie war ebenfalls zugegen, darunter Caroline und John jr., die Schwester des verstorbenen Präsidenten, Eunice, dann Patricia und Jean, die neue Botschafterin in Irland, Ethel Kennedy, Rep. Joseph Kennedy, Dr. William Kennedy Smith und Hunderte ehemaliger Mitarbeiter JFKs.

Nach Clintons kurzer Rede, in der er darauf hinwies, daß Präsident Kennedy dem Isolationismus eine Absage erteilt habe zugunsten einer Öffnung zu allen Seiten, ergriff sie seine Hand und sagte: »Das war wunderschön!« Sie ging nicht immer freundlich mit Präsidenten um. Sie tolerierte Lyndon Johnson nur mit Mühe, verabscheute Richard Nixon, ignorierte Ronald Reagan und George Bush und zeigte deutlich, was sie von Jimmy Carter hielt. Am 20. Oktober 1979 nahm Jimmy Carter an der Einweihung der JFK Library teil. Er ging auf Jackie zu und küßte sie auf die Wange. »Sie zuckte zurück, als sei sie von einer Schlange gebissen worden«, bemerkte Richard Burke, damals Berater Ted Kennedys.

Obgleich sie als Kind zerbrechlich und puppenhaft aussah, war sie eine Draufgängerin. Sie war es noch immer, als sie fast fünfundsechzig war. Sie ritt ihre Pferde in Middleburg, Virginia, wo sie Mitglied des Orange County Hunt Club war, bei Wind und Wetter, wenn die Gefahr bestand, daß ihr Reittier ausrutschen und sie abwerfen konnte. Sie war mindestens ein halbes dutzendmal vom Pferd gestürzt, hatte aber deshalb nie im Krankenhaus gelegen bis zum November 1993, als ihr ein schlimmer Sturz auf einer Farm in Upperville, New Jersey, unterlief.

Der Polizeichef Dave Simpson berichtete darüber: »Sie war für einige Zeit bewußtlos.« Sie wurde schnellstens ins Loudoun Hospital Center in Middleburg gebracht und blieb dort für mehrere Tage zur Beobachtung. Danach, lädiert, aber ansonsten unversehrt, ruhte Jackie sich mehrere Tage lang zu Hause aus.

Sie schwamm furchtlos im von Haien verseuchten Wasser vor Kitts Island in der Karibik. Im Winter 1991 sprang sie angeblich von der Yacht Tempelsmans ins Wasser und erlebte eine Szene aus dem *Weißen Hai* am eigenen Leibe. Der Hai umkreiste Jackie, die nichts von der Gefahr ahnte, bis Tempelsman ihr von der Yacht aus eine Warnung zurief. Daraufhin schwamm Jackie so schnell sie konnte zum Boot zurück, während Maurice einem Matrosen den Befehl gab, ein Gewehr zu holen und auf den Hai zu schießen. Während wie immer eine Sprecherin Jackies den Vorfall weder bestätigte noch dementierte, sagte sie immerhin: »Eigentlich war damit zu rechnen. Jackie war immer bereit gewesen, in unsicheren Gewässern zu baden.«

Auch ihr spezieller Humor hatte nicht nachgelassen. Bei einem literarischen Abendessen des Lions Club in der Public Library von New York zu Ehren berühmter amerikanischer Autoren unterhielten sie und John Sargent, ihr ehemaliger Chef bei Doubleday, sich mit der Kuratorin einer besonderen und sehr wertvollen Sammlung. Indem sie die geschmackvoll gedeckten und mit Kerzen geschmückten Tische betrachtete, sagte sie zu Sargent: »Wäre das nicht eine tolle Sache, wenn diese Kerzen ein Feuer entfachten, das all diese wunderschönen Bücher vernichtet?« Die Kuratorin wurde leichenblaß. Die Sammlung war nämlich dicht neben den Tischen im gleichen Saal aufgebaut worden. Jackie kicherte und zwinkerte Sargent zu. Während des ganzen folgenden Abends ließ die Kuratorin die Kerzen nicht für eine Sekunde aus den Augen.

Mario Buatta, ein bekannter Innenarchitekt, der für Lee Radziwill gearbeitet hatte und mit Jackie befreundet war, erzählt von dem Abend, an dem ihm die Hose platzte und Jackie damit drohte, dieses Mißgeschick einer Versammlung berühmter Leute zu offenbaren.

Buatta, der einiges Gewicht angesetzt hatte, wurde zu einer Party in Jackies Wohnung anläßlich des Geburtstags von Lee Radziwill eingeladen. »Ich hatte einen schicken Anzug«, erzählte er, »der zwar ein wenig eng war, aber von dem ich annahm, daß ich ihn gefahrlos tragen könne.« Er konnte es nicht. Er setzte sich vorsichtig auf einen Polsterstuhl und hörte zu seinem Entsetzen das Geräusch von reißendem Stoff. Es war nicht das Sitzpolster.

»Ich habe nicht gewagt aufzustehen«, sagte er, »bis das Büffet eröffnet wurde und ich einen regelrechten kleinen Tanz auf-

führte, mich hin und her drehte, damit die Leute nicht den Riß in meiner Hose sahen. Ich holte mir einen Teller von dem köstlichen Essen, dann ließ ich mich auf einer kleinen Couch nieder. Jackie kam zu mir und leistete mir Gesellschaft.
Nun, ich mußte ihr mein Pech gestehen, und sie hörte mir mitfühlend zu. Kurz darauf stand Placido Domingo auf, um zu singen, wonach ich, wie ich Jackie mitteilte, verschwinden wollte.
›Lieber nicht‹, erwiderte sie. ›denn wenn Sie gehen, erzähle ich jedem die Geschichte Ihrer Hose.‹« Buatta blieb natürlich.
Es gab für sie keine Gipfel mehr zu erstürmen. Sie hatte auf den höchsten Bergen gestanden, hatte Schönes und Tragisches erlebt und, so sagte Buatta, der die Eindrücke vieler ihrer Freunde wiedergab, wollte nur noch ein ruhiges Leben an einem Ort ihrer Wahl führen. Und, so fügte er hinzu, das gelang ihr bestens.
Nachdem sie so viel gesehen und erlebt hatte, so viel Freude und Leid, hatte sie endlich ihren Weg gefunden. Sie wußte genau, was sie wollte und was sie nicht wollte. Sie hatte die totale Kontrolle über sich selbst, lenkte all ihre Energien nur noch in Bereiche, die sie allein interessierten, und tat nur noch das, was sie wollte, und nicht, was die Menschen von ihr erwarteten. Buatta weiter: »Sie war auf dem Weg, eine völlige Ruhe und Abgeklärtheit zu erreichen, und wenn John schließlich heiraten und eine Familie gründen würde, wäre diese Ruhe vollkommen gewesen.«
Schon vor ihrer Erkrankung hatte sie nach und nach den Kreis ihrer Vertrauten verkleinert. Im Mittelpunkt dieses Kreises standen nach wie vor ihre Kinder. Sie wollte, daß die, die sie liebte, ihr immer nahe wären, und sie erfüllten ihr den Wunsch. Anfang Januar 1993, nachdem sie von ihrem Lymphom erfuhr, informierte sie Maurice, der in Tränen ausbrach, dann rief sie Caroline und John in ihre Wohnung. Dort, im Wohnzimmer, setzte sie sie von der furchtbaren Neuigkeit in

Kenntnis. Mutter und Kinder umarmten einander und weinten laut eines Augenzeugenberichts. Außerdem hieß es, daß John danach eine Wohnung in der Nähe bezog, um sofort zur Stelle sein zu können, falls Jackie ihn brauchte.

Jacqueline Kennedy war eine Frau, die in der Kultur zweier Generationen lebte. Sie war eine Frau der fünfziger Jahre, als die Familienwerte, in deren Mittelpunkt der heimische Herd und die Kinder standen, das amerikanische Leben beherrschten. Vielleicht ist das der Grund, weshalb viele Hausfrauen, die in dieser Zeit alt geworden waren, sich zu Hunderten vor ihrem Haus einfanden, um ihre Trauer zu bekunden. Eine von ihnen, Millie Gentile, sagte zu Andrea Peyser von der *New York Post:* »Ich zog meine Kinder genauso auf wie sie. Sie war mehr oder weniger in meinem Alter. Ihre Kinder sind etwa genauso alt wie meine. Irgendwie hatte ich immer das Gefühl, daß sie eine von uns war.«

Und dann, als die Jahre vergingen, wurde sie zu einem weiteren Rollenmodell für die Frau: eine Frau der achtziger und neunziger Jahre, eine berufstätige Frau, die durch ihr Beispiel zeigte, daß eine Frau ihre Ausbildung und Intelligenz nicht verkümmern lassen muß, nachdem ihre Kinder erwachsen sind, sondern durchaus ein produktives Dasein führen kann. »Wenn Jackie es schafft, warum sollte ich es dann nicht schaffen?« sagten Millionen von Frauen und schafften es auch.

Sie war sicherlich eine der gefeiertsten Frauen der Welt, wenn nicht gar die berühmteste von allen, und dennoch, obgleich sie es niemals gewollt hatte, wurde ihr der Mantel der Legende um die Schultern gelegt. Kurz bevor sie erkrankte, äußerte der Komiker Steve Martin sich in einem Artikel im *New Yorker* über sie auch zum Thema Ruhm: »Es ist nichts Gutes daran«, schrieb Martin. »Was daran so demoralisierend ist, ist die Tatsache, daß er nichts mit mir persönlich zu tun hat. Es könnte Oliver North sein. Oder Jack Ruby. Er hat nichts mit meiner Arbeit zu tun. Er wird im Laufe der Zeit immer abstrakter.

Man wird schneller erkannt und hat plötzlich die Macht der heilenden Hände, die man nur jemandem aufzulegen braucht. Die eigene Existenz läßt die Menschen nicht über ihre Phantasien nachdenken, sondern über ihre Realität.«
Ein Freund schickte Jackie diesen Artikel. Und in ihrer zierlichen Handschrift notierte sie am Rand: »Das stimmt.«
Obgleich von ihr nicht gewollt, errang Jackie ewigen Ruhm. Rudyard Kipling schrieb einmal: »Einige Frauen bleiben im Gedächtnis eines Mannes haften, wenn er sie nur einmal die Straße hinuntergehen sah.« Jackie ist viele Straßen in vielen Ländern hinuntergegangen, und sie hat ein Zeichen hinterlassen, das niemals vergessen sein wird.

Jacqueline Kennedy Onassis im Urteil ihrer Mitmenschen

Jacqueline Kennedy Onassis war ein Beispiel an Tapferkeit und Würde für alle Amerikaner und die ganze Welt. Mehr als jede andere Frau ihrer Zeit faszinierte sie unsere Nation und die Welt mit ihrer Intelligenz, ihrer Eleganz und ihrem Charme. Selbst im Angesicht furchtbaren Unglücks ertrug sie den Schmerz ihrer Familie und unserer gesamten Nation mit einer gelassenen Kraft, die uns alle irgendwie beruhigt hat.
Als First Lady hatte Mrs. Onassis ein ungewöhnliches Verständnis für Kultur, das uns allen die Augen geöffnet hat für die Schönheit unseres eigenen Erbes. Sie liebte Kunst und Musik, Poesie und Bücher, Geschichte und Architektur und alles, was den menschlichen Geist bereichert. Genauso leidenschaftlich hat sie sich bemüht, die Lebensumstände zu verbessern. Sie verabscheute Diskriminierung jeglicher Art. Und durch kleine, stille Gesten weckte sie das Gewissen der Nation. Sie war die erste First Lady, die einem geistig Behinderten hier im Weißen Haus Arbeit gab. Und sie sorgte zum erstenmal dafür, daß Kinder von Minderheiten im Kindergarten des Weißen Hauses willkommen waren.
Sie und Präsident Kennedy verkörperten unendlich viel Lebenskraft, grenzenlosen Optimismus und ungeheuren Stolz auf unsere Nation. Sie inspirierten eine ganze Generation junger Amerikaner, die menschliche Größe zu erkennen, die darin liegt, anderen zu helfen und sich aktiv in den Dienst der Allgemeinheit zu stellen.

Präsident Bill Clinton, Erklärung am 20. Mai 1994

Wir haben uns heute hier am Ort des Ewigen Feuers versammelt, das vor einunddreißig Jahren von Jacqueline Kennedy Onassis angezündet wurde, um dieser bemerkenswerten Frau Lebewohl zu sagen, deren Leben für immer das Leben ihrer amerikanischen Mitbürger erleuchten wird.
Ob sie eine Nation tröstete, die um ihren Präsidenten trauerte, oder die Kinder mit der Fürsorge und Privatheit aufzog, die ihnen zusteht, oder ob sie nur eine gute Freundin war, sie schien stets das Richtige auf die richtige Art und Weise zu tun.
Sie lehrte uns durch ihr Beispiel die Schönheit der Kunst, die Bedeutung der Kultur, die Lektionen der Geschichte, die Kraft persönlichen Muts, die Würde des öffentlichen Amtes und, vor allem, die Unverletzlichkeit der Familie.
Gott schenkte ihr große Talente und erlegte ihr schwere Lasten auf. Sie trug sie mit Würde und Stolz und mit einem ungewöhnlichen Menschenverstand.
Es war ihr am wichtigsten, ihren Kindern eine gute Mutter zu sein, und das Leben von Caroline und John lassen keinen Zweifel daran, daß sie das und noch viel mehr war. Hillary und ich sind ihr besonders dankbar, daß sie sich so viel Zeit nahm, darüber zu reden, wie wichtig es ist, Kinder nicht unter den Blicken der Öffentlichkeit aufzuziehen, und wir werden immer an die wunderbare und glückliche Zeit denken, die wir im vergangenen Sommer miteinander verbracht haben.
Voller Bewunderung, Liebe und Dankbarkeit für die Inspirationen und die Träume, die sie uns allen geschenkt hat, nehmen wir heute von Jackie Abschied. Möge die Flamme, die sie vor so langer Zeit anzündete, hier und in unseren Herzen immer heller brennen. Gott segne dich, Freundin, und lebe wohl.

Präsident Clinton bei der Beerdigung am 23. Mai 1994

Die Nation schuldet Jacqueline Kennedy Onassis sehr viel. Und die Nation hat einen Schatz verloren und unsere Familie eine liebe Freundin … Wenn sie uns irgend etwas gelehrt hat, dann war es die Bedeutung von Verantwortung – der eigenen Familie und der Gemeinschaft gegenüber, in der man lebt. Ihre große Gabe des Charmes und der Eleganz und der Würde und des Heldentums ist ein Vorbild, das die Generationen überdauern wird.
Als Mutter hat sie sich für ihre Kinder selbstlos aufgeopfert und hat niemals das hohe Maß an Bedeutung in Frage gestellt, das sie der Mutterschaft und seit kurzem auch der Großmutterschaft beigemessen hat. Sie hat einmal erklärt, wie wichtig es sei, Zeit für die Familie zu haben, und sagte: »Wenn man dabei versagt, seine Kinder aufzuziehen, dann glaube ich nicht, daß alles andere, was man tut, irgendeine Bedeutung hat.« Sie war mir persönlich eine große Hilfe, als ich mich im Sommer 1992 mit ihr über die Herausforderungen und Möglichkeiten dieser Position und auch darüber unterhielt, wie sie es hatte bewerkstelligen können, ihren Kindern den Raum und die Privatsphäre zu schaffen, um zu dem heranzuwachsen, das zu sein sie jedes Recht haben.

First Lady Hillary Rodham Clinton

Sie zeigte uns, wie man das Unglück mit Tapferkeit meistern kann.

Altpräsident Jimmy Carter

Jackie Onassis brachte Würde und Charme ins Weiße Haus und war in der Tat eine reizende und wunderbare First Lady. Barbara und ich reihen uns ein in die Schar ihrer vielen Freunde und Bewunderer auf der ganzen Welt, die ihren Verlust beklagen.

Altpräsident George Bush

Nur wenige Frauen in der Geschichte haben die Herzen der Amerikaner nachhaltiger gerührt und ihre Träume grundlegender beeinflußt als Jacqueline Kennedy Onassis.

Altpräsident Ronald Reagan

Sie war sehr liebevoll zu mir, als auf meinen Mann geschossen worden war und wir nicht wußten, ob er es überlebt oder nicht … Sie schrieb mir und telefoniert mit mir – sie schickte mir einen sehr mitfühlenden Brief und sprach mit mir. Sie hätte wirklich nicht mehr tun können in jener Zeit, als ich es wirklich nötig hatte. *Nancy Reagan*

In Zeiten der Hoffnung nahm sie unsere Herzen gefangen. In der Katastrophe half sie, den Schmerz einer Nation zu lindern. Sie war ein Leitbild an Schönheit und Gefühl und hinterläßt eine große Lücke in der Welt, wie ich sie kannte. Wir hatten eine wundervolle gemeinsame Zeit, und ich habe sie immer als meine Freundin empfunden. Ich spüre ein trauriges Gefühl des Verlustes und denke, daß die Nation es noch schmerzlicher empfindet. *Lady Bird Johnson*

Wenn man in der Rückschau Jackie betrachtet, dann erscheint sie als die traditionelle First Lady, und dennoch, wenn man es genau überlegt, war sie revolutionär. Sie veränderte das Weiße Haus und schuf sich eine eigene Identität, die sich grundlegend von der des Präsidenten unterschied. Das ist eine große Leistung für eine First Lady. Sie war stets eine Frau ihrer Zeit. *Sally Quinn, Autorin*

In einer Zeit voller Reize und falschem Glanz und ständiger Enthüllungen beschäftigte sie sich mit jener Sache, die so schwierig zu beschreiben, jedoch so leicht zu erkennen ist, der Apotheose von Würde … Stets war diese Person mit ihrem weltberühmten Gesicht und ihrer makellosen Haltung das letzte Überbleibsel eines von Zauber erfüllten Lebens, das uns alle eine Zeitlang gefangennahm und dann zerbrach, und es blieb ihr überlassen, die Trümmer aufzusammeln. Jetzt ist sogar sie von uns gegangen. *Anna Quindlen, New York Times*

Sie war Witwe. Mutter. Eine Legende. Einer jener Menschen, mit deren Tod man niemals rechnet. Sie war Jacqueline Kennedy Onassis. Jackie O. Sie war vierundsechzig Jahre alt, als sie sich entschloß, nach Hause zurückzukehren, um in Würde zu sterben, in der Abgeschiedenheit ihres Heims, umgeben nur von den Menschen, die ihr jemals etwas bedeutet haben – ihren Kindern, Freunden und Familienangehörigen. Sie ist für immer ein fester Bestandteil unserer Geschichte und unserer Kultur. Und ihr ganzes Leben hindurch lehrte sie uns, wie man sich benimmt. *Mike Barnicle, The Boston Globe*

Jacqueline Bouvier Kennedy Onassis war die berühmteste und privateste Frau. Sie äußerte sich nicht über sich selbst. Sie schrieb keine Memoiren oder ließ sich über ihre Enttäuschungen ausfragen. Man kann es Distanziertheit nennen oder Schüchternheit, auch Zurückhaltung, Reserviertheit. Man suche sich das passende Wort, das ständige Zurückgezogenheit am besten beschreibt. Darf ich den Begriff Würde vorschlagen? Am Ende einer Ära entschied Jacqueline Bouvier Kennedy Onassis sich erneut für ihren eigenen Weg. Sie starb mit Würde. *Ellen Goodman, The Boston Globe*

Sie hatte offenbar beträchtliche Talente, einen beträchtlichen Ehrgeiz und Intelligenz. Man muß ihr Leben als bedeutsames und prägnantes Zeichen für die Entfaltung der Frau betrachten. Sie war die schöne, traurige Heldin unserer Zeit.

Betty Friedan, Autorin

Sie war privat witzig, voller Wärme und kreativ, wie sie in der Öffentlichkeit eindrucksvoll und elegant war. *Bill Moyers*

Sie war immer da – für unsere ganze Familie – auf ihre ganz spezielle Weise. Sie war für uns und für die Nation ein Segen – eine lebende Lektion für die Welt, wie man etwas richtig macht, wie man Mutter ist, wie man die Geschichte würdigt und wie man tapfer ist.
Niemand sah aus wie sie, redete wie sie oder war so einmalig wie sie in dem, was sie tat. Niemand, den wir jemals kennengelernt haben, hatte ein besseres Gespür für sein Selbst …
Sie wollte kein öffentliches Aufsehen – zum Teil deshalb, so denke ich, weil es schmerzliche Erinnerungen an ein unerträgliches Leid mit sich gebracht hätte, das sie dann im grellen Schein von Millionen Lichtern hätte ertragen müssen.
In all den Jahren überstrahlten ihre Einmaligkeit und ihre Charakterstärke den Schirm der Zurückgezogenheit und erreichten die Menschen. Jackie war 1963 zu jung, um Witwe zu werden, und zu jung, um jetzt zu sterben …
Sie machte dem amerikanischen Geist ein seltenes und edles Geschenk. Aber für uns war sie in erster Linie eine wunderbare Ehefrau, Mutter, Großmutter, Schwester, Tante und Freundin. Sie war ein Segen für unsere Geschichte. Und für jene unter uns, die sie kannten und liebten, war sie eine Auszeichnung für unser Leben. *Senator Edward Kennedy (D-MA)*

Ich denke, daß nach Eleanor Roosevelt die anderen First Ladys unsichtbar waren. Frauen sind im allgemeinen nicht zu sehen. Dann, als Jackie die Szene betrat, machte sie die Frauen wieder sichtbar – in den Augen der Öffentlichkeit und im neuen Medium Fernsehen. Und sie war für sich selbst begabt und vollkommen, wie sie auch die Partnerin ihres Mannes war.

Senatorin Barbara Mikulski (D-MA)

Als wir die Rede aussuchten, bemühten wir uns, Worte zu finden, die das Wesen meiner Mutter trafen. Drei Attribute kamen immer wieder zur Sprache. Es war ihre Liebe zu Worten, die Bande an das Zuhause und die Familie und ihr Mut zum Abenteuer.

John F. Kennedy, jr.

Aber nun ist die Reise zu Ende. Zu kurz, leider viel zu kurz. Sie war erfüllt mit Abenteuer und Weisheit, Lachen und Liebe, Heldentum und Tugend. So lebe wohl, lebe wohl.

Maurice Tempelsman

Anmerkungen

Gedanken, Empfindungen und Einstellungen, die Jacqueline Kennedy Onassis in diesem Buch zugeordnet wurden, wurden von ihr entweder geäußert oder schriftlich niedergelegt oder von Dritten geäußert, von denen viele zitiert wurden. Spezielle Quellen für Aussagen dieser Art, die zu zitieren der Autor für notwendig hielt, werden hier aufgeführt. Anmerkungen wurden überall dort weggelassen, wo die Quellen im Text angegeben sind.

1. Kapitel: Die Frau, die sich selbst erfand

Seltsame Frisur: Anderson und Boxendale, S. 169, *Women's News Service*, 15. Sept. 1969; vertrauliche Quellen.
Künstliche Flüsterstimme: Quellenangabe im Text. Andere: »Weshalb schreist du mich an?«- und »Du Hurensohn«-Anekdoten: Kelley, *Jackie, Oh!*, S. 148, 149; Streit mit Onassis: David und Robbins, *Jackie und Ari*, S. 99.
Kommentar John Baker: Interview durch den Autor, *Publishers Weekly*, 10. April 1993.
Kommentar James Brady: Interview durch den Autor.
Kommentar Cassini: *In My Own Fashion*, S. 304.
Jackies Geiz: Gallagher, *My Life With Jacqueline Kennedy*; Heymann, *A Woman Named Jackie*; Kelley, op. cit., passim.
Nonnen bei RFK-Ritualen- und Ethel-Anekdote: Taylor und Rubin, *Jackie, a Lasting Impression*, S. 148.

2. Kapitel: Was es bedeutet, Jackie zu sein

»Mehr als gleichrangig neben europäischem Adel«: Giglio, S. 272.
Aussagen Quigley, Carter: Interviews durch den Autor.
Fotos von nackter Jackie: Heymann, S. 527; Birmingham, *Jacqueline Bouvier Kennedy Onassis*, S. 167–68; Magazine *Screw, Hustler, Boston Herald, New York Post*, zahlreiche andere Zeitungen.
Jackie als modisches Vorbild: Edith Head, zitiert in Cassini, S. 298; *Philadelphia Inquirer*, 23. Juli 1989; Kommentar Brady; Interview durch den Autor.
Vergleich Pat Nixons Kleidung mit Jackies: David, *Lonely Lady*, S. 116.
Jackie und Rocklänge: Bender, *The Beautiful People*, S. 44.
Schuluniformen bei Miss Porter's: Birmingham, op. cit., S. 16.
Betrachtung Curtis: Bender, op. cit., S. 46.
JFK »ging an die Decke«: West, *Upstairs at the White House*, S. 211–12.
Götter und Göttinnen: Bender, op. cit., S. 46.
Weiterhin Modevorbild: *Philadelphia Inquirer*, 23. Juli 1989.

3. Kapitel: Sie lieben, sie nicht lieben

Quellenangaben im Text.

4. Kapitel: Junge Jackie, junger John

Die zuverlässigsten Quellen für Jackies frühe Jahre finden sich in *Jacqueline Bouvier Kennedy Onassis* und *A Woman Named Jackie* sowie in Davis, *The Kennedys* (McGraw-Hill, 1984), wie im Text erwähnt.

Für John Kennedys frühe Jahre sind die besten Quellen *A Hero of Our Time* (Kenneth P. O'Donnell und David F. Powers, mit Joe McCarthy, Little, Brown, 1972); *The Founding Father* (Richard J. Whalen, New American Library, 1964); *A Time to Remember* (Rose Kennedy, Doubleday, 1974); *The Cape Cod Years of J.F.K.* (Leo Damore, Prentice-Hall, 1967).
Inga Arvad, abgetan als »Inga-Binga«, wurde nur eine Fußnote im Leben JFKs zugestanden, sie spielte jedoch eine weitaus wichtigere Rolle. Wer sich ernsthaft für das Leben John Kennedys interessiert, sollte die persönlichen Unterlagen JFKs zu Rate ziehen, und zwar Korrespondenz, 1933–1950, Box 4A, in der JFK Library, aus der die leidenschaftlichen Briefe entnommen wurden.

5. Kapitel: Die Wahrheit über die Ehe

Die Mary-Pinchot-Meyer-Affäre ist noch immer ein trübes Kapitel im Leben von JFK. Felsenthal (in *Power, Privilege and the Post*, op. cit., S. 188–189) stellt lediglich fest, daß JFK sie geliebt habe, liefert aber keine Bestätigung. Wahrscheinlich ist, daß die bildschöne Vassar-Absolventin nur eine von vielen Eroberungen JFKs war. Heymann erwähnt ihre »Vertrautheit« und beschreibt eine Gelegenheit, bei der der Präsident und die Pinchot im Juli 1962 im Weißen Haus Marihuana geraucht haben (S. 375), geht aber nicht so weit zu behaupten, daß JFK sie geliebt habe. Die nicht sehr zurückhaltende Kitty Kelley sagt, daß Mary eine der vielen Frauen war, die Washington-typische Affären mit John Kennedy hatten; sie nennt die Affäre eine »Romanze« (S. 118–120) und schildert ebenfalls die Marihuana-Episode. Kelley sagt, Mary habe ihrem Freund James Truitt, einem Journalisten, gestanden, daß sie in den Präsidenten verliebt sei, erwähnt jedoch nicht, daß Kennedy dieses Gefühl erwidert habe. Offenbar ist »Romanze« nach Kelleys Sprachgebrauch kein Liebesverhältnis, sondern eher eine Affäre.
Mary Lynn Kotz' Aussagen, die über ihre Co-Autorenschaft bei den Memoiren von J. B. West hinausgehen, wurden gegenüber dem Autor gemacht.
»Black Jack« Bouviers Rat an Jackie: Anderson und Boxendale, op. cit., S, 170, 172.
Frances Spatz Leightons Äußerungen, die über ihre Co-Autorenschaft bei den Memoiren von Mary Barelli Gallagher und Traphes Bryant, *Dog Days at the White House*, hinausgehen, wurden während mehrerer Gespräche mit dem Autor gemacht.
Kennedys Reaktion nach dem Tod von Baby Patrick: Dave Powers, Interview mit dem Autor.
Jackies Wunsch nach der Bezeichnung Camelot: White, *In Search of History*, op. cit., S. 520–525. Teddy White berichtete dem Autor: »Ich habe schon viele Interviews gemacht, aber das war das schwierigste. Die Frau war so verzweifelt, so überwältigt von den Ereignissen, daß man es kaum mit Worten beschreiben kann.« Danach nahm Teddy einen tiefen Schluck von seinem Drink (beim Festessen der American Society of Authors and Journalists anläßlich seiner Auszeichnung als »Autor des Jahres«, die ihm zu überreichen der Autor dieses Buchs die Ehre hatte), schüttelte den Kopf und wandte sich einem anderen Thema zu.
Was Liebe fordert: Symonds, *The Dynamics of Human Adjustment*, op. cit., S. 542–550.

6. Kapitel: Jackie und die Politik

Total gelangweilt und schweigsam: Martin, *A Hero for Our Time*, op. cit., S. 100.
Aussage Schlesingers: Schlesinger, *A Thousand Days*, op. cit., S. 17.
Buchübersetzungen: ibid., S. 103.
Aussage Bartletts: Heymann, op. cit., S. 347.

Jackies Geschick als Wahlkämpferin: Der Autor befragte Journalisten, die den Wahlkampf begleiteten, zwecks genauerer Informationen darüber, wie geschickt Jackie aufgetreten ist. Die meisten sind sich darin einig, daß Jackies Anteil an JFKs Wahlkampf stark unterbewertet wurde. Siehe auch Anthony, *First Ladies*, op. cit., S. 588–589, und Martin, op. cit., S. 142–143. Sie fesselte das Publikum in ethnischen Wohngegenden, indem sie sich in fließendem Spanisch, Französisch und Italienisch an sie wandte. Aufgrund ihrer Unerfahrenheit unterliefen Jackie jedoch einige Fauxpas. Zum spaßigsten kam es, als sie in Kenosha, Wisconsin, auf die Bühne gebeten wurde, um das Publikum »aufzuwärmen«, ehe der Kandidat auftrat. Unvorbereitet, wie sie war, nahm Jackie an, daß ein Lied das Publikum in eine freundliche Stimmung versetzen würde. »Laßt uns alle ›Southie Is My Home Town‹ singen«, sagte sie. Die Leute sahen sie völlig verwirrt an. »Southie« ist in Süd-Boston praktisch eine Nationalhymne, in Kenosha jedoch völlig unbekannt.
Mission in Kambodscha: Magazin *McCall's*, Juni 1968.
Einfluß auf amerikanische Kultur: Sorensen, *Kennedy*, S. 430.

7. Kapitel: Tage des Ruhms

Kommentar Clifford: *Counsel to the President*, S. 261.
Jackies Angst vor Mamie: David und David, *J.F.K., The Wit, The Charm, The Tears*, S. 113.
Kommentar Walton: Goddard, *John Fitzgerald Kennedy ... As We Remember Him*, S. 106.
Bernstein-Anekdote: Bernstein, OH, JFK Library.
Mamie wütend: West, *Upstairs at the White House*, S. 196.
Ankunft von Gemälden und Kunstobjekten: Salinger, *With Kennedy*, S. 366.
Stuhl-Zwischenfall: op. cit., S. 307–308.
Pressekonferenz: op. cit.
Isabelle-Shelton-Geschichte: *Scranton Times*, 7. Dez. 1972, vertrieben von der North American Newspaper Alliance.
Hervorragende Quellen für Jackies Restaurierungsarbeiten im Weißen Haus: *Jacqueline Kennedy: The White House Years* (Mary Van Rensselaer Thayer, Popular Library Ausgabe, 1967, 1968, 1971). Zu Rate gezogen wurden außerdem die Archive von *The New York Times*, *Washington Post*, *Washington Star*, *Boston Globe* und *The Boston Herald*.
Brief an Clifford: Thayer, op. cit., S. 291.

8. Kapitel: Angst vor dem Zusammenbruch

Informationen über Jackies Gemütszustand nach dem Attentat stammen aus Interviews mit Lemoyne K. Billings, Kenneth P. O'Donnell, Autor und Journalist Joe McCarthy und anderen, die im Text genannt werden. Spezielle Quellen sind:
Birmingham, op. cit., erwähnt Jackies tiefe Verzweiflung auf S. 122–123 und äußerte sich zu den Befürchtungen ihrer Freunde in einem Gespräch mit dem Autor.
In den Hintergrund gedrängt durch William Manchesters hervorragende Darstellung des Attentats, op. cit., wird Jim Bishops minuziöse Schilderung der Vorgänge, *The Day Kennedy Was Shot*, op. cit. Siehe auch Tom Wickers Bericht vom Attentat in *The New York Times*, 23. Nov. 1963, wahrscheinlich die beste Reportage von dem Vorfall.
Hugh hält Jackie fest: mehrere Quellen, darunter Anderson und Boxendale, op. cit., S. 180.
Gespräch mit West: West, *Upstairs at the White House*, op. cit., S. 277–279.

Erklärung Cushing: *Jackie Oh!*, op. cit., S. 20.
Aussage Jackies: Band 5, President's Commission on the Assassination of President Kennedy, S. 178–181.
»Ich bin ein Freak«: *Jackie Onassis*, John Thomas Church, Text veröffentlicht von *National Mirrors*, New York, 1978.
Jackie und Caroline am Strand: *The Kennedy Case*, op. cit., S. 328.
Jackie in tiefer Depression: *A Hero for Our Time*, op. cit., S. 570–571.
»Crazy Aunt Beale«: *Jacqueline Bouvier Kennedy Onassis*, op. cit., S. 122.
Aussage Baldwin: *Billy Baldwin Remembers*, op. cit., S. 109–113.
Einzelheiten über Carolines frühe Jahre: Gespräche des Autors mit zahlreichen Quellen, unter anderem mit Freunden, Hausangestellten, bei Besuchen in der Schule, in Restaurants usw.
Würdigung Jackies: Illustrierte *Look*, Sonderausgabe, 17. Nov. 1964.
Hätte Manchester niemals den Auftrag gegeben: *Jackie Oh!*, op. cit., Lyndon B. Johnson Library.

9. Kapitel: Ein Grieche mit Geschenken

Rauhes Footballmatch: Gespräch mit dem Autor, Salinger.
Briefe an Gilpatrick: *Time*, 23. Feb. 1970.
Onassis' Leben wurde ausführlich beschrieben. Zwei zuverlässige Quellen sind *Onassis* (Willi Frischauer, Meredith, 1968) und *Onassis: An Extravagant Life* (Frank Brady, Prentice Hall, 1977).
Die Ehe und die Beziehung zu Caroline und John: Zahlreiche Gespräche in Griechenland mit Freunden und Bekannten von Onassis und Christine.
»Ich hasse dieses Land«: Kelley, op. cit., S. 271; Heymann, op. cit., S. 486; Collier, Horowitz, op. cit., S. 366.
Der Aufbau von Skorpios: *London Daily Express*, 19. Okt. 1968, Artikel von Willi Frischauer.
»Mami, Mami, sie sind so schön!« *Time*, 1. Nov. 1968.
Ari und John jr.: Gespräch des Autors mit Freunden von Onassis.
Meinung der Kirche: AP, 21. Okt. 1968; UPI, 22. Okt. 1968.
Gespräch mit iranischem Journalisten: *Scranton Times*, 25. Mai 1972, AP-Story.

10. Kapitel: Die Wahrheit über *diese* Ehe

In Griechenland unterhielt der Autor Jan Robbins sich mit zahlreichen Verwandten, Freunden, Geschäftspartnern und auch Feinden von Jackie und Ari, während der Autor dieses Buchs ähnliche Gespräche in den USA führte. Beide gewannen aus den erhaltenen Informationen die Überzeugung, daß diese beiden anscheinend kaum zusammenpassenden Menschen während der ersten Jahre ihrer Ehe eine tiefe Zuneigung zueinander empfanden. Pearl Buck, in *The Kennedy Women*, op. cit., beschreibt ebenfalls ein glückliches und zufriedenes Ehepaar. Das Zitat »Er liebt sie« findet sich auf S. 93. Es muß darauf hingewiesen werden, daß Mrs. Bucks Buch 1970 geschrieben wurde, zwei Jahre nach der Hochzeit und ehe die ausführlich publizierten Feindseligkeiten einsetzten, die die öffentliche Meinung über diese Ehe entscheidend beeinflußten.
Maria unendlich verliebt: *Maria*, op. cit., S. 142.
»Gelungenste Vorstellungen«: *Maria Callas*, op. cit., S. 294.
Aussage Juan Cameron: Gespräch mit dem Autor.
Onassis nach Alexanders Tod verzweifelt: *Jackie and Ari*, op. cit., S. 132–133.

»Körper gegen sich selbst gewandt«: *Maria Callas*, op. cit., S. 24.
»Ehebruch ist ein Nationalsport«: *Maria*, op. cit., S. 143.
Jackie und Christina an Aris Krankenbett: *Sunday Mirror*, London, 11. Mai 1975.

11. Kapitel: Jackies Kinder – Caroline

Ted jr.s Alkoholprobleme: *The New York Times*, 10. Dez. 1991; David, *Good Ted, Bad Ted*, S. 204-205; Collier, Horowitz, op. cit., S. 414; *Ladies Home Journal*, März 1992.
Die Einzelheiten aus Carolines Leben stammen aus folgenden Quellen: Besuche des Autors in Concord und in der Concord Academy sowie Gespräche mit Einwohnern, Mitschülern und Schulpersonal; Dave Powers, der im Laufe der Jahre umfangreiches Material beisteuerte; Archive Londoner Zeitungen mit einer Vielzahl von Artikeln über Carolines Aufenthalt im Jahr 1975; Reporter von *The Daily News*, die von ihrer kurzen Tätigkeit als Reporterin berichteten; zahlreiche Besuche in Harvard und in der Columbia University, wo Freunde und Kommilitonen ausführlich von ihren Jahren in Cambridge und an der School of Law erzählten; Ed Schlossberg, der sich als wertvolle Quelle über Carolines Schwangerschaft und ihre Kinder erwies; der Herausgeber ihres Buchs und die Bewohner von Chester, Massachusetts, wo Caroline und Ed ein Feriendomizil besitzen.

12. Kapitel: Jackies Kinder – John

»John-John«-Anekdote: Dem Autor von Dave Powers berichtet.
»Unruhig und ungestüm«: Illustrierte *People*, 20. März 1989.
Sandy Boyer über Johns Schauspielkunst: Gespräch mit dem Autor.
Interview mit Connie Chung: Mit freundlicher Genehmigung von NBC.
Maria Cuomo »Meine Chance verdorben …«: *McCall's*, Juni 1989.
Bemerkungen von O'Neill, Smathers, Powers über John und die Politik: Gespräche mit dem Autor.
»Ich bin Johns Mutter«: vertrauliche Quelle.

13. Kapitel: Nahaufnahme

Sämtliches Material in diesem Kapitel stammt aus Dutzenden von Gesprächen mit Familienangehörigen, Freunden und Geschäftsleuten aus der Nachbarschaft sowie aus eigenen Betrachtungen des Autors. Jackies Wohnung, ihre Dinnerpartys und Gäste wurden dem Autor ausführlich von Freunden beschrieben, die dort eingeladen waren und teilgenommen haben. Alle äußerten sich sehr freizügig über ihre Eindrücke, baten jedoch darum, anonym zu bleiben.

14. Kapitel: Ihr geheimnisvoller, wichtiger »Neuer«

Tempelsman als Jackies »wichtiger Neuer« wird in folgenden Quellen genannt: *Vanity Fair*, August 1989; *Jackie O.*, Whatney, op. cit., S. 371; *USA Weekend*, 4.–6. Okt. 1991; *New Idea*, 6. Mai 1993.
Kommentar Helen Gaillet: Birmingham, op. cit., S. 224–225.
Angaben zu Tempelsman: Recherchen des Autors, zahlreiche Gespräche mit Kollegen aus der Diamantenindustrie; außerdem Magazin *Insight*, 12. August 1991; Birmingham, Heymann, Watney, op. cit., passim.; diverse Ausgaben von *Star* und *National Enquirer*; Kwitney, *Endless Enemies*, S. 8–9; Besuche des Autors in Hyannis Port und Martha's Vineyard, wo Gespräche mit Bewohnern sowie Restaurantbesitzern und Yachthafenverwaltern usw. geführt wurden.

Tempelsman und Lazare Kaplan: Gespräche des Autors mit dem Pressesprecher von Kaplan.
Jackie keine herrische Person: *Vanity Fair*, August 1989.

15. Kapitel: Die berufstätige Frau

RFKs Desinteresse für Minderheiten: His OH, JFK Library.
Aussage Wofford: Gespräch mit dem Autor.
Letitia Baldridge: Tish bewies während der Camelot-Jahre häufig ihr loses Mundwerk. Sie war effizient, neigte aber bei Pressekonferenzen zu vorschnellen Kommentaren. Einmal erklärte sie Reportern mit todernstem Gesicht, daß man zur Not Gemälde übereinander hängen würde, wenn an den Wänden nicht genug Platz für alles sei, was die First Lady dort unterbringen wolle. Die scherzhafte Bemerkung wurde pflichtschuldigst von den Medien weiterverbreitet und löste bissige Kommentare und zahlreiche Telefonanrufe und Briefe an die Redaktionen aus. Bei einer anderen Gelegenheit verärgerte sie den soeben gewählten Präsidenten, als sie gegenüber den Medien erklärte, daß Mrs. Eisenhower noch nicht ins Weiße Haus eingeladen worden sei, woraufhin in der *Washington Daily News* eine Überschrift erschien, in der es hieß, Jackie habe »keine Gewissensbisse« wegen der noch nicht erfolgten Einladung Mamies. John, wohl wissend, daß er die Wahl nur äußerst knapp gewonnen hatte, und darauf bedacht, sich soviel öffentliche Zustimmung wie möglich zu sichern, äußerte gegenüber seinen Beratern: »Bringt dieses verdammte Weib zum Schweigen, ehe sie noch mal den Mund aufmacht!« In ihrer Wohnung im ersten Stock verlangte er von Jackie, Tish zu verbieten, weitere Pressekonferenzen zu veranstalten. Die dreijährige Caroline, die Zeuge der Auseinandersetzung wurde, fragte Maud, ihr englisches Kindermädchen: »Was hat diese verdammte Lady getan, daß Daddy so wütend ist?«

16. Kapitel: Jackie und die Kennedys

Aussagen von Luella Hennessey Donovan: Gespräch mit dem Autor.
Jackie imitiert Rose: Gail Cameron (*Rose*, Putnam's, 1971), S. 175–176; Zitat Gallagher, op. cit.
Jackie haßte Football: Sparks, *The $ 20 000 000 Honeymoon*, S. 215, Zitat Ted Sorensen.
JFKs spektakulärer Fang: Rogers, *When I Think of Bobby*, S. 74.
Jackie über Ethel: Taylor und Rubin, *Jackie, A Lasting Impression*, S. 35. David, Ethel, S. 11–13. Telefon-Anekdote wurde Sparks von Freunden Lee Radziwills berichtet.
Freundschaft mit Maria Shriver, Carolines und Johns derzeitiger Lebensstil: Illustrierte *McCall's*, August 1985 und September 1987.

17. Kapitel: Eine finanziell unabhängige Frau

Der größte Teil der Beschreibung des Anwesens in Gay Head und die Schilderung der Reaktionen der Einwohner stammt aus Gesprächen des Autors, die er auf Martha's Vineyard führte. Zu Rate gezogen wurden außerdem die Archive von *People*, *Newsweek*, *The Boston Globe*, *Boston Herald*, *Christian Science Monitor*, *Newsday* und *Vineyard Gazette*. Brauchbare Schilderungen von Gay Head finden sich in Kelley und Heymann, op. cit., passim.
Angaben zu Jackies Vermögen: *Vanity Fair*, August 1989; *Los Angeles Herald Examiner*, 7. Juli 1989, Heymann, op. cit., S. 604; Gespräche mit Immobilienmaklern und Bankangestellten.

Jackie als Großmutter: Aussage Schlossberg; Gespräch mit Autor; *Daily News*, 26. April 1992; 28. Januar 1989; *National Enquirer*, 24. Januar 1989; eine hervorragende Quelle war auch Doris Cerutti.
Jackie bei Viking: Illustrierte *McCall's*, Februar 1976; Gespräche des Autors mit Angestellten.
Kühler Empfang und Kündigung bei Viking: Watney, op. cit., S. 370, 376. Liz-Smith-Kolumne, 17. Okt. 1977.
Jackie bei Doubleday: Gespräche des Autors mit Lektoren und persönliche Besuche in der Firma.
Aussage Michael Jackson: *Toronto Star*, 12. Jan. 1988.
Baker-Interview: *Publishers Weekly*, op. cit.
Aussage Betty Friedan: *The New York Times*, 15. Sept. 1993.

18. Kapitel: Die Kämpferin

Das umfangreiche Archiv der Municipal Art Society in New York City war eine unschätzbare Quelle für die Kontroversen um die Erhaltung historischer Gebäude von New York City und Jackies Rolle bei den Streitigkeiten.
Aussage Charlotte Curtis: *The New York Times*, 25. Feb. 1986.
Aussage John Taylor: Illustrierte *New York*, 5. Okt. 1987.
Jacky in Albany: Archiv von *The New York Times*, *New York Post*, andere Zeitungen.
Aussage Liz Smith: *Daily News*, 2. April 1991.

Literaturhinweise

Anderson, Alice E., and Hadley V. Boxendale. *Behind Every Successful President*. New York 1982.
Anthony, Carl Sferrazza. *First Ladies: The Saga of the Presidents' Wives and Their Power. 1789–1961*. New York 1990.
Bass, Jack. *Taming the Storm: The Life and Times of Judge Frank M. Johnson, Jr*. New York 1993.
Baldwin, Billy. *Billy Baldwin Remembers*. New York 1974.
Bender, Marilyn. *The Beautiful People*. New York 1967.
Birmingham, Stephen. *Jacqueline Bouvier Kennedy Onassis*. New York 1978.
Bishop, Jim. *The Day Kennedy Was Shot*. New York 1969.
–, *J. F. Kennedy, ein Tag im Leben des Präsidenten*. München 1964.
Boller, Paul F., Jr. *Presidential Wives: An Anecdotal History*. New York 1988.
Bradlee, Benjamin C. *Conversations With Kennedy*. New York 1975.
Brady, Frank. *Onassis. An Extravagant Life*. Englewood Cliffs, New Jersey 1977.
Brady, James. *Superchic*. Boston 1974.
Brussel, James A., M. D. *The Layman's Guide to Psychiatry*. New York 1961.
Bryant, Traphes, with Frances Spatz Leighton. *Dog Days at the White House*. New York 1978.
Buck, Pearl S. *The Kennedy Women*. New York 1972.
Burke, Richard E., with William and Mary Hoffer. *The Senator: My Ten Years With Ted Kennedy*. New York 1992.

Cassini, Oleg. *In My Own Fashion*. New York 1987.
Church, John Thomas. *Jackie Onassis*. New York 1979.
Clarke, Gerald. *Truman Capote: Biographie*. München 1990.
Clifford, Clark, with Richard Holbrook. *Counsel to the President*. New York 1991.
Clinch, Nancy Gager. *Kennedy Wives, Kennedy Women*. New York 1976.
Dallas, Rita, R. N., with Jeanina Ratcliffe. *The Kennedy Case*. New York 1973.
David, Lester. *Good Ted, Bad Ted: The Two Faces of Edward M. Kennedy*. New York 1993.
–, *The Lonely Lady of San Clemente: The Story of Pat Nixon*. New York 1978.
–, and Irene David. *JFK: The Wit, The Charm, The Tears*. New York 1988.
Davis, L. J. *Onassis, Aristotle and Christina*. New York 1986.
Dempster, Nigel. *Heiress: The Story of Christina Onassis*. New York 1989.
Fairlie, Henry. *The Kennedy Promise: The Politics of Expectation*. New York 1973.
Felsenthal, Carol. *Power, Privilege and the Post: The Katherine Graham Story*. New York 1992.
Gallagher, Mary Barelli. *My Life With Jacqueline Kennedy*. New York 1969.
Giglio, James N. *The Presidency of John F. Kennedy*. Kansas City, Kansas 1991.
Guthrie, Lee. *Jackie: The Price of the Pedestal*. New York 1978.
Heymann, C. David. *A Woman Named Jackie: An Intimate Biography of Jacqueline Bouvier Kennedy Onassis*. New York 1989.
Kwitny, Jonathan. *Endless Enemies: The Making of An Unfriendly World*. New York 1984.
Lieberson, Goddard, ed. *John Fitzgerald Kennedy … As We Remember Him*. New York 1965.
Lilly, Doris. *Those Fabulous Greeks: Onassis, Niarchos and Livanos – Three of the World's Richest Men!* New York 1970.
Rogers, Warren. *When I Think of Bobby: A Personal Memoir of The Kennedy Years!* New York 1993.
Salinger, Pierre. *With Kennedy*. Garden City, New York 1966.
–, *An Honorable Profession: A Tribute to Robert Kennedy*. Garden City, New York 1968.
Smith, Sally Bedell. *In All His Glory: The Life of William S. Paley*. New York 1990.
Sorensen, Theodore C. *Kennedy*. New York 1965.
Sparks, Fred. *The $20,000,000 Honeymoon: Jackie and Ari's First Year*. New York 1970.
Spoto, Donald. *Marilyn Monroe: die Biographie*. München 1993.
Stancioff, Nadia. *Maria: Callas Remembered*. New York 1987.
Stein, Jean and George Plimpton. *American Journey: The Times of Robert Kennedy*. New York 1970.
Stassinopoulos, Arianna. *Die Callas*. Hamburg 1981.
Sullivan, Michael John. *Presidential Passions: The Love Affairs of American Presidents from Washington and Jefferson to Kennedy and Johnson*. New York 1991.
Symonds, Percival M. *The Dynamics of Human Adjustment*. New York 1990.
Vanden, Heuvel, William and Milton Gwirtzman. *On His Own: RFK 1964–1968*. Garden City, New York 1970.
Thayer, Mary van Rennssalaer. *Jacqueline Kennedy: The White House Years*. New York 1967.
Watney, Hedda Lyons. *Jackie O*. New York 1990.
West, J. B., with Mary Lynn Kotz. *Upstairs at the White House: My Life with the First Ladies*. New York 1972.
White, Theodore A. *In Search of History: A Personal Adventure*. New York 1978.